拘小节
成大事

夏志强 编著

拘小节 成大事

职场中不可忽视的58个细节

经济管理出版社
ECONOMY & MANAGEMENT PUBLISHING HOUSE

图书在版编目（CIP）数据

拘小节　成大事/夏志强编著．—北京：经济管理出版社，2011.12

ISBN 978－7－5096－1718－2

Ⅰ．①拘…　Ⅱ．①夏…　Ⅲ．①成功心理—通俗读物　Ⅳ．①B848.4－49

中国版本图书馆 CIP 数据核字（2011）第 250478 号

出版发行：经济管理出版社

北京市海淀区北蜂窝 8 号中雅大厦 11 层

电话：（010）51915602　　邮编：100038

印刷：三河文阁印刷厂　　经销：新华书店

组稿编辑：张　马　　责任编辑：张　马

责任印制：黄　铄　　责任校对：李玉敏

880mm×1230mm/32　　12.5 印张　　300 千字

2012 年 2 月第 1 版　　2012 年 2 月第 1 次印刷

定价：29.00 元

书号：ISBN 978－7－5096－1718－2

前　言

“泰山不拒细壤，故能成其高；江海不择细流，故能成其深。”

泰山之所以能有那样的高度，是因为它从不拒绝渺小的土壤，一石一沙堆砌而成才有了如今的雄伟挺拔；江海之所以有那样的深度，也正是因为它从不拒绝细小的溪流，容纳百川才汇聚成如今的规模。在我们的工作中也是一样，凡成大事者都必须从小事做起，注重每一个细节问题。细节就像一粒石一滴水，把工作中的细节事情做好做透，日积月累，成功才会来陪伴你，才能成就伟大的事业。日常工作中切忌只拥有口若悬河、滔滔不绝的口才，或者拥有只扫天下而不扫一屋的念头，那样成不了什么大事。只有注重工作细节的员工，才能深刻体会到细节决定自身成败的真正含义。不善于观察细节、不能从工作细节中汲取营养总结经验的人难以获得不断进步，当然也就更不可能领略水到渠成的成功快感。

《拘小节　成大事》一书正是从避免我们忽略细节的重要性这一思想出发，以职场上每天都会遇到的58个值得注意的细节为切入点，向渴望成功的职场中人阐释如何把细节工作做细做好，如何使我们成为一名优秀的员工并最终迈向成功道路。

危机往往都是在不经意间积累的，同样每一个成功也都是由许多细节累积而成。很多时候，一个人的成败正是取决于那些不怎么被人注意的细节问题上。本书或许并不能直接引领你走向成功，在阅读之后，如果能为你在成功的道路上少走一些弯路提供些许的帮助，将是我们最大的收获。

目　录

事前准备对一个人提高办事效率及其成功是非常关键的。

愚者错失机会，智者善抓机会，成功者创造机会。当你对待生活中的任何事都能做到事前准备，当机会来临时你就能很快地发现并抓住它。

机会只给有准备的人，这准备二字并非说说而已，必须要从平时的细节做起。

1. 睡前多几分钟准备，工作少几小时麻烦

思则有备，有备无患。

——《左传》

对于一名“上班族”来说，一天忙碌的工作结束后，多数人总会感觉到有些疲惫，有的人回到家后会选择及早休息或倒头就睡；而有的人却会在临休息前拿出几分钟时间为第二天的工作做些准备。如果你能在睡前花几分钟时间准备一下第二天的工作内容，将直接关乎你第二天的工作效率，并且极有可能影响到你今后的工作前途。

睡前有准备和睡前无准备，两者之间有很大的差别。有准备的员工第二天做起事情来沉着冷静，对自己也会信心十足；而对于没有准备的员工来说，则会显得焦躁、手足无措，自然也会影响到这一天的心情，做好手头的工作也就变得困难重重。

小张刚毕业没多久，对紧张的工作有些不适应。每天挨到下班，人已经很累，只想有一个很好的睡眠让疲惫的身体尽快休整。

每一个清晨来临，小张都是急急地抓起昨晚丢在角落里的公文包，直奔公司。这天来到公司后，领导向他要一份文件，并且

要他对这份文件提一些自己的看法。小张花了15分钟时间才找到了那份文件，从头到尾大致看了一遍，就急忙去见上司。当领导问他对文件的看法时，他尽量让自己保持镇定从容，说完之后，领导微微皱了下眉头，说："我知道你刚工作没多久，对工作还能适应吗？"小张原以为上司会因自己事先没有准备而责怪自己，回答道："还可以。"领导接着说了句："那就好。这样吧，你回去把这份文件再好好看一下，胸有成竹之后再来找我。"

小张回到自己的座位，开始仔细研究这份文件。一边在担心领导会不会炒他的鱿鱼，一边又想集中精神看文件。1小时之后，小张敲开了领导办公室的门。领导说："我想你现在一定准备好了，不过我不听了。你不需要担心，我只想通过这件事向你说明一个道理，想要第二天得心应手地工作，事先就需要多做些准备工作。你觉得呢？"

小张被领导的一席话说得哑口无言，有些木讷地站在那里。

领导虽没有直接责怪他，不过这已经令小张很下不来台了。其实这样的尴尬场面完全可以避免，如果小张能在睡觉之前把这份文件细看一下，做到心中有数，那么像故事中的这种状况就不会出现，小张也就不会给上司留下一个不好的印象。

事半功倍与事倍功半，就相差在做事之前的准备工作是否充分上。这相对于一天的工作过程来说，只是一个不起眼的小环节，是细节问题，但不能不引起每一位员工的注意。睡前多一些准备工作或许会耽误你的休息时间，但第二天能使你的工作得心应手、事半功倍，这相比那几分钟的休息时间每一个人都会觉得很值得。

睡前多几分钟准备决定着每一位员工的工作效率，我们需要铭记的是：成功往往垂青那些有准备的人。

米勒是一名记者，她身在职场多年，深知事先准备的重要性。那时她刚做记者时间没多久，报社要她采访一位公司总裁。任务接得很急，并且得知这位总裁第二天将要去外地。为了了解他的身世背景以及如何创业并取得成功的，米勒花了整整一晚上的时间来做准备工作。

第二天米勒直接来到他的公司。秘书说总裁一会儿就要坐车去机场，恐怕没有时间接受采访。米勒没有放弃，她说，我不会耽误总裁很多时间，请问可否在车上采访？这位总裁心想自己要去机场，路上耗时也不过30分钟的时间，便同意了。

一路上米勒与总裁聊得很愉快。由于米勒准备得相当充分，对这位总裁的一些情况已经十分了解，所以米勒提出的问题都相当关键。下车时，这位总裁夸奖米勒："我想你为了这个采访一定下足了工夫，谢谢你这一路上与我聊天，我想我这次出行会很顺利的。"

正是这30分钟，让米勒完成了一个漂亮的采访。米勒因这个出色的采访而得到领导的表扬与奖励。从此，米勒也习惯了每天晚上睡觉前理一理自己第二天要做的事情，这个习惯她保持了20年。正是这20年来的这一工作细节使米勒成了世界上大名鼎鼎的记者，获得了无数荣誉。

"因小失大"的故事很多。身在职场就应该知道工作中事无大小之分，如果你把睡前准备当做无关紧要可有可无的小事看待，那么，它必然会成为你工作中的一大隐患，当这些隐患越积越多终有一天会全面爆发，到时你必将无力还击，使你陷入失败的深渊。

威尔逊是个机智灵活的人，他在一家网络公司靠着自己的机敏打拼到了部门经理的位置。多年以来的经验使得他工作起来如鱼得水，有时候甚至只需看一下文案的标题就可知道所讲的内容。威尔逊升做部门经理之后，心想整个部门都归自己所管了，还有什么可担心的。

一天上午，总经理临时决定下来视察工作。威尔逊原本准备这天开月销售报告的会议，这样他就不用看那些烦琐的文字报告了，总经理这一来会议只能推迟。令威尔逊没想到的是总经理偏偏问及他所在部门这个月的销售情况，威尔逊一时心中没有了底，虚报也不是办法，只能含糊作答。

最喜剧化的一幕是，总经理坐在威尔逊的办公桌前，在他的办公桌上就有一份本月销售报告。这本应该是威尔逊昨天晚上看完的文件，今天好与部下一起商讨，可他图省事每次开会时都让各人直接作简要汇报。这个细微之处并没逃过总经理的眼睛，在听威尔逊说话的时候，总经理就在看这份报告。威尔逊早已是一头的汗水，说话声音明显底气不足。

总经理回去之后便下达了命令：威尔逊因工作失职而被调离部门经理职位。威尔逊对此虽有怨言，不过他也只能藏在肚子里，他怨不得谁，要埋怨的话也只能埋怨他自己，大好的前程就这样葬送在自己的一次看似细小的失误中。

商场如战场，威尔逊有此结局并不让人意外。作为部门经理，如果连最基本的事前准备一事都想办法逃避，又怎能带领好一个部门呢?

职场中很多员工都存在像威尔逊这样的侥幸心理，心想凭借自己的小聪明应该就可以应付每一天的工作。但是，当你因为毫无准备而遇到突发事情被打得措手不及时，很多人会深深地自责，并后悔当初没有多做些准备。

竞争激烈的当今社会，想要在职场上始终处于不败的地位，每一位员工都应该做到的最基本的要求，就是在睡前让自己对第二天的工作了然于心，也只有这样你才能每天都从容地面对一天的工作压力，即使出现突发状况也不会慌乱无章。

睡前准备并不是可有可无的小事，是每一个渴望成功的员工都应该重视起来的细节。

［提示］

1. 睡觉之前，把第二天工作所需的文件细读一下。有异议处可用笔做出标记，这样方便查找和与人沟通交流。

2. 想一下第二天需要与谁联系，商谈什么事情，把其姓名、电话与所要谈的事情都记录在备忘录中，以防忙起来之后忘记。

3. 把第二天所需的文件在睡前检查一遍，妥善保管。比如：把文件习惯性地放在公文包里的固定位置，第二天工作所需之时就不会出现四处翻找文件的情况。

4. 睡觉之前，把自己的公文包放在显眼的位置，即使第二天起来晚了也不会因遗漏文件而导致工作精神不佳。

5. 如果实在太累，至少躺在床上睡着之前在脑中过一遍第二天工作特别要注意的事情，这样也有利于你第二天随时想起首先该做的事情。

在职场中，不要以为欲成大事就可以不拘小节、邋邋遢遢、不注重仪表。一个人的着装往往决定着给人印象的好坏。在日常工作中，着装有可能直接影响上司或同事对你的专业能力和任职资格的判断。

着装对一个人的仪表起着决定性的作用，绝大多数人对另一个人的认识就是从其着装开始的，着装直接反映一个人的气质、性格和内心世界。因此，作为职场中人要想成功，就不能不对自己的着装重视起来。

2. 着装比你想象的更重要

> 我深信，再也没有比着装对于人的发展会有这样惊人的影响。
>
> ——列夫·托尔斯泰

一个人如果风度翩翩、穿着潇洒，就能产生使人乐于交往的魅力，而不修边幅、邋遢的人就不会吸引他人的注意，甚至让他人产生厌恶的情绪。整洁的穿着能给人以信赖感，作为一名职场中人，将自己包装得越好，你就越容易让上司或同事接受你，甚至在这一点上，有时会对你的成功起到决定性的作用。

上班时的着装胜过千言万语的表达。一条颜色搭配适中的丝巾，会给人一种既清爽又智慧的感觉；一条与西装搭配和谐的领带，会让人看起来格外俊雅、舒服。千万别意外，这对于很多职场中的人来说并不是可以忽略的小事，正是这些细节，显露了一个人的工作能力与职业修养。

方小姐作为一家公司的英文翻译，经常需要和经理去见客户。方小姐本人对穿衣戴帽也很在行，她会针对不同的客户穿不同的衣服。

一次，方小姐和经理去跟一个法国商人谈业务。方小姐选择了一件桃红色的高领羊毛衫，配上一条暗红色羊绒筒裙，鞋子是一双质地柔软的翻皮高筒靴，还在羊毛衫的左胸别上了一枚闪闪发光的胸针，使她原本姣好的面容更加的光彩照人。

方小姐和经理与法国商人刚一见面，方小姐的衣着就引起了法国商人的注意，一直夸方小姐会穿衣服，他还特别提到了那枚胸针，说方小姐的那枚胸针使他想起了很多美好的回忆，他的初恋女友曾经也有一枚这样的胸针，20 多年过去了一直在他的脑海里留存着。

就这样，一枚小小的胸针已经使谈判双方拉近了距离，自然而然整个谈判过程都无比的轻松愉快，方小姐所在的公司也以一个很好的价格在同行的激烈竞争中赢得了这次宝贵的合作。

当然，方小姐也得到了公司的奖赏——经理起用她作为公司的形象顾问。经理还在一次全体员工大会上这样说："作为公司的员工，你的形象直接关系到公司的形象，甚至有可能关乎整个公司的命运。着装并不是你们想象的那么不重要，请大家记住，如果你懂得如何着装，可能就会有非同一般的机遇降临到你的头上。"

方小姐对着装细节的把握，使法国商人对她所在的公司产生了很好的印象，也促成了她公司的一大笔生意，可以说是着装起到了决定性的作用。

很多时候，与人交往的第一印象在没开口说话之前就已经形成，你的着装给人的印象立竿见影。从一个人的着装可以看出一个人是心思细腻还是粗心大意，如果老板让你选择一个雇员，想必你也不会选择那个粗心的人。

如果你不把着装当成一件大事来做，在职场中一开始你就会比人差一大截。着装上的细节，体现了一个人对工作、对生活的态度。“人靠衣妆马靠鞍”，如果你希望树立自己的良好形象，并在职场中有所作为，你就会觉得着装比你想象的要重要得多。

某公司在竞聘总经理助理的过程中，该公司总经理在会场说了这样的一番话：“大家好！我1个月才来这里1次，今天有幸和大家说上几句。刚走进这个会议室，你们中的一部分人就给了我这样一种气息：其中有人超过1周没洗过澡，甚至有人超过3天没洗过脚。”

他说完这些话后，就见下面在座的人有的在笑，有的不好意思地脸红了。总经理自己也笑了起来。他接着说：“这是空气传达给我的信息。第二个信息就是，我从你们的着装可以看出谁是认真对待这次竞聘，谁只是跟着来这里看看热闹的。”

这时，没有人再笑。

“其实，我还可以从你们的着装中看出，谁性格活泼好动，谁有些内向沉默。当然这不是我们这次竞聘的主要看点，我们注重的是一个人的能力，不过，如果你给人的第一印象就不是很好，即使你再怎么有能力，你也很难得到一个发挥自己才能的空间。”很多人都在深思。

“我知道今天你们会答一些题，明天有一些人将不在这里出现。我希望明天出现在这里的人，都以一种崭新的姿态出现。男职员要穿西装、打领带、穿皮鞋，没有的，可以在正式上班之前弄到；女职员可以稍微打扮一下自己，涂点口红，看起来就会很有精神。”

经理以一种诙谐的方式告诉他的员工：要想在众人中脱颖而出，第一步就是一个人应该懂得着装。

很多人觉得上班干吗非得穿职业装，给人一种拘束感。然而，想要成为一名优秀的员工，对于着装细节就不能不注意。很多时候，无论同事、上司还是你的客户都会从你的着装看你对待工作的态度，这也是着装给人的一种职业印迹。着装正式合体，首先会给人一种干净利落的感觉，再进一步就会让人觉得你是否是一个工作认真、干练的人。如果穿着不正规讲究，自然会让人觉得你是个闲散甚至是不负责任的人。

但是，着装也并非要刻意到讲究过度，只要适合自我与需要，能形成自己特有的着装风格就行，这样也能赢得同事、上司乃至客户的好评。

不论收入是否能够满足你对着装的要求，干净舒适、朴实大方是最基本的要求，再在工作中体现出你自己特有的职场亲和力，你就会给人一种落落大方的感觉，这样也能赢得别人的青睐。

作为一名想在职场中打拼出一番天地的人，你希望给人一种什么样的感觉呢？

张小姐刚刚毕业 1 年，就职于一家中美合资企业，公司虽说不大，但在入职培训时，也明确要求，例如无特殊原因员工在单位应着职业装。

大学 4 年从没穿过职业装。在上班后的 1 个月里，工作的新鲜感和挑战给张小姐带来了无尽的乐趣。身着职业装让她觉得自己是一个白领丽人，走在 CBD 不禁有些飘飘然了。但是过了一段时间，张小姐就觉得职业装也和校服一样，穿久了就会感到乏味。夏天时还会有些热，而且束手束脚的。

于是她就做了一个大胆的决定，一个周五不穿职业装，而是牛仔裤、运动鞋，吊带衫外加一件小衣服，就上班去了。借口她也已经找好了，就说回了父母家，没有衣服换又怕迟到。张小姐怀着忐忑的心情来到单位，同事的表情各异，但大多还是羡慕并夸她漂亮。也有少数几个同事提醒她，小心主管发作。

上午的工作快结束了，部门主管到张小姐的办公桌附近转了两次，但都只是看了一眼就走了。就在她感到庆幸的时候，主管还是把她叫到了办公室。“怕的事情还是来了，部门主管批评了我。不管我借口如何，还借给我500元，让我马上去买一套衣服。后来经过协商，他同意我在午休时间回家换衣服，但不许耽误下午工作，还说这次给我留面子，还在整个部门进行批评。”她回忆说。

下午急匆匆回家换好职业装的张小姐到办公室还没坐定，主管就到部门里宣布，必须要严格遵守公司的着装制度。为了一次出格，张小姐付出了代价。

很多职场中人都认为，专业知识和能力胜于一切，对于着装只要不离谱就行了。然而，虽然一个人的成功并不完全依赖着装，但不可否认，对大多数职场中人来说，着装的确占据了他们成功中的很大一部分，着装几乎决定着一个人的工作前程，当一个职场中人开始尝试穿出成功时，他就会比其他竞争者更迅速地取得优势。

以前，职场中的女人职位越高越要穿得像男性，而今，女人甚至在高级管理层当中，穿着比男人拥有更多的选择自由。职业形象虽然限制了人们随意去挑选衣服，但也绝不会使你无法用服装来表达个人意愿。

尽管过去女人要以传统的外表出现，但是作为女人你可以加进自己的个性而不失传统：一条丝巾、一个适合自己的颜色、一个别致的款式或是一些昂贵的配饰。高雅并充满品位的着装风格，令她们显得与众不同。穿得时髦、雅致并不是年轻人、漂亮人和富人的专利。时装也不是人们所理解的“入时”的服装，而是指能使女人更具优雅整洁的着装风格的服装。所以尽量在职业服饰中凸显女人味，可以令你在男性世界里得到更多帮助。

职业装，我们每天都要穿，但不是所有的人都能穿得优雅。要想使自己穿得与众不同，其实也不难：简洁的设计，别致的色彩，巧妙的配饰，一切都是那么适合自己，得体并充满品位。如何穿着职业装，既要干练大方又不过于严谨呢？就像这样，普通的黑色套装，只要选择好一条适合自己风格的丝巾，是不是立刻显得时尚又体现出女性的气质？

现代职场上的女性，不一定非要穿着传统严肃的黑白灰，选择最适合自己的金橙色，搭配上苔绿色的抹胸，不但融入自己的个性穿出了风格，而且又不失其稳重。

千万别把着装当做一件小事而不去重视，从一个人的着装可以看出很多东西来。职场着装已经不是简单的穿衣戴帽，严格地说，它既是一门技巧，更是一门艺术。站在礼仪的角度来看，着装是一门系统工程，更是指由此而折射出的一个人的教养与品位。

从本质上讲，着装与穿衣并非是一回事。穿衣，往往所看重的是服装的实用性，它仅仅是马马虎虎地将服装穿在身上遮羞、蔽体、御寒或防暑而已，而无须考虑其他。着装则大不相同，着装实际上是一个人基于自身的阅历、修养或审美品位，在对服装搭配技巧、流行时尚、所处场合、自身特点进行综合考虑的基础上，在力所能及的前提下，对服装所进行的精心选择、搭配和组合。在各种正式场合，不注意个人着装者往往会遭人非议，而注意个人着装的人则会给他人以良好的印象。

在竞争如此激烈的职场中，对一个人的着装感受和要求如此细腻，超出了任何人的想象，你的衣着、谈吐、行为与反应等，都纳入了考察员工是否敬业和优秀的范畴。如果你想成为职场精英，那么对于着装这个你一直以为是不起眼的细节，从今天起就应该重视起来。

[提示]

男士着装细节

男士上班应着装正式，穿西装，打领带，穿皮鞋。此外，还得注意与鞋袜的整体搭配。在穿西装时，男士应该注意如下几个问题：

1. 买回西装后要做的第一件事就是撕掉袖口上的商标。很多人认为商标是衣服名贵的象征，不舍得剪掉，为防止其脱落反而用线加固。其实袖口的标签只是为了方便地告诉人们衣服的尺码，如果你为显示西装的名贵而让它随你起舞的话，会贻笑大方。穿单排扣西装上衣时，两粒纽扣的要系上面一粒，三粒纽扣的要系中间一粒或是上面两粒。

2. 领带是西装的“点睛”之处，领带打好之后的长度相当重要，其下端应在皮带下 1.5 厘米左右。领带的质地以真丝为最佳，领带的图案与色彩可以各取所好。如果打条纹领带或格子领带的话，就不应该穿条纹西装、条纹衬衫或格子西装、格子衬衫。如果你对颜色没有研究的话，就要慎用颜色多、花样复杂的领带，建议采用传统型的领带，比如条纹、格子。穿西装不打领带时，内穿的衬衫应当不系领扣。

3. 领带夹在西装的穿着上也有讲究。在室外行走，可以不用领带夹，但在正式场合，例如上班或者大型聚会，领带夹也是必带的。如果是六颗纽扣的衬衫，领带夹应别在从下向上第 4 颗纽扣的位置。不要使领带夹的位置太往上，有意暴露在他人的视野之内，领带夹只是用来固定领带，并没有装饰作用。

4. 衬衫的尺码一定要合适，不要穿肩过宽或者领口过紧的衬衫。衬衫的领子应高于西装衣领 1.5 厘米左右，袖子应在西装上衣袖口之外露出 1.5 厘米，这样主要是为了西装的整洁。男士一定要每天更换衬衫，就不会给人一个你一夜未归的印象。

5. 穿西装时切忌穿白色袜子。如果穿白色袜子，你举手投足间会闪过一道白光，袜子变成了最抢眼的地方，会让人感觉很不舒服。因此穿深色西装一定要搭配深色袜子。而且不要把袜子上端提得过高，松紧刚刚好最佳。

6. 对于职场男士来说，鞋子相当重要，应该把预算的大部分花在漂亮的鞋子上，而且要随时注意脚上的鞋是否有瑕疵。在西装襟袋里加一条丝质方巾，再配上一款象征身份与地位的手表，一个成功商业男士形象便充分显现出来。

7. 现在很多公司发现衣着舒适的员工工作效率高，所以不是业务人员，着装的要求也并非十分严格。夏天，一件时髦运动衫，再配一条西裤；春秋，夹克或者毛衣再配以颜色协调的衬衫，加上一条深色西裤，也是不错的选择。不过，运动鞋绝对不适合一个希望成为成功商人的男士穿着。

女士着装细节

1. 女士着装以套裙为宜，长袖、短袖不受局限，无袖露肩不宜。裙子不宜过短，最好恰至膝盖或者膝盖上部。所穿丝袜的袜口应被裙子下摆所遮掩，而不宜露于裙摆之外。

2. 女士着装尤其避免性感暴露，谨慎服饰也应当避免。过长至地的衣裙也不宜穿着。

3. 首饰会让人质疑女性的专业特性，太大、太耀眼之类的首饰上班时不适宜佩戴。全身佩戴的饰物最好不要超过 3 件。

4. 手提包应该保持光亮、干净，工作时不易把手提包放在桌上。

5. 在化妆上不要太夸张，以身边的人看不出你化妆为宜。补妆时不要在公共场合，应该去洗手间。化妆品不要用浓香型的。

遵守时间是纪律中最原始的一种，无论上班、开会还是赴约都必须准时到达。遵守时间是信用的礼节，也是一名优秀员工必备的职业操守。

3. 遵守时间

世界上最快而又最慢，最长而又最短，最平凡而又最珍贵，最容易被人忽视，而又最令人后悔的就是时间。

——高尔基

人的一生就那么几十年，属于我们每个人的时间，就如同一笔再也不会增加的财富，我们必须用心计划着来花属于我们生命的这笔“钱”。从这个意义上讲，遵守时间就是在执行我们“花”生命之“钱”的计划。

大凡遵守时间的人都有很强的自律意识和责任心，他们善于尊重别人，办事讲求效率，做人做事讲究诚信严谨。反之，不遵守时间的人就会表现出没有自制能力，凡事放纵自己，严以律人、宽以待己，对事业对工作没有责任心，遇事先考虑自己，工作得过且过，什么事都无所谓，甚至不尊重他人，为人处世不讲信誉。

林霖大学毕业后来到一家私企，尽管表现不错，但经常因为一些他自认为是“小节”的问题，被主管批评。主管对他的评价是“大毛病没有，小毛病不断”。林霖觉得自己是一个男生，大大咧咧点是很正常的事情，但主管却对这些“小节”很较真。

林霖每天上班总是险些迟到，因为这个主管没少找他谈，并且告诉他，作为一个员工遵守时间是最基本的个人操守。不过，林霖并没把这当回事，他总是觉得反正又没有迟到，这叫做刚刚好。

林霖开会总是最后一个到场，会议刚结束他就第一个走，这些都被主管记在心上。后来终于有一次迟到了，被主管扣掉了他当月的奖金。

有次与一个重要客户洽谈业务林霖竟然也迟到，回到公司之后，主管相当生气，他解释说是因为塞车而迟到的。主管厉声道，塞车根本就不是迟到的理由。明知道那个时间段会塞车，为什么不提前点出发？你就是从根本上没有重视。

林霖现在很郁闷，工作也提不起精神。

林霖大大咧咧惯了，觉得遵守时间不过是一件小事，主管不必那么苛刻。像林霖这样觉得反正没有迟到就好的员工大有人在，但是，对于一名员工来说遵守时间是多么的重要。也许林霖并没有把工作看得不那么重要，只是他不能早到那么几分钟而已，但正是这点使他给主管留下了一个时间观念不强的印象。其实上司正是从日常的这些小事当中来看他的员工对于工作的态度与重视程度的。

一些年轻人刚到新的单位，对于规章制度看得较轻，工作上虽然十分卖力，却不遵守时间，做任何事都经常迟到早退。但是要知道，迟到早退却是很多优秀的公司所不能容忍的，他们觉得遵守时间是一个员工最基本也是最重要的品质。

“只要大错不犯就好”的想法是最要不得的，既然身在职场，就应该知道遵守时间的重要性，这也是各种职业交往中最基本的承诺，也是体现诚信最基本的要求。然而在很多人的意识中，依然觉得遵守时间只是件小事，殊不知，他们的这种行为正是别人认为你不诚信的开始，会给人留下一种做事拖拉的感觉。你想，上司怎么会放心把重要的工作交给这样的人去做呢？

遵守时间和诚信是紧密相连的，守时与守信是成为一名优秀员工最基本的要求。不少人把“言而有信”看得很重，但却视“相约准时”无关紧要。其实，遵守时间是在与时间有关问题上的守信。做事要从简单入手，因为简单往往是复杂的基础，基础打不好，复杂的事即便一时能做好，也是难以巩固、极易反弹。

守时就是诚信的基础，无突发意外的不守时，实际上就是没有诚信的思想基础。

肖杰作为一名优秀毕业生来到一家私企工作。在培训的时候，他就意识到这是一家时间观念很强的公司。同样都是新员工，在上班的第一天，肖杰是第一个来到公司的人，这样一个小细节让上司感觉他是一个十分重视工作的人。

在以后的工作当中，肖杰每天都是第一个来到办公室，最后一个离开。没过多久，上司就把一个重大的项目交给他去完成。项目的另一方是韩国人，韩国人的时间观念很强。洽谈业务的当天，肖杰提前10分钟到达，熟悉了一下周围的环境，在原地没等多久，韩国人来了。肖杰以自己过硬的专业技能让韩国人诚服，项目谈得也很愉快。双方签完字之后，肖杰以主人的身份带着韩国人浏览了一下四周，韩国人还以为肖杰的公司就在附近，肖杰说，不是，我的公司距离这里很远。只不过我早到了一会儿，在周围转了一下。韩国人投以欣赏的目光。

回到公司之后，上司对于肖杰这次任务完成得这么顺利也就更为信任他。半年之后，肖杰提升为部门主管。

故事中的肖杰正是通过遵守时间这一点让上司与韩国人对其产生了信任，也正是遵守时间使他赢得了快速晋升的机会。

不要以为遵守时间是小事，正是这样的“小事”却能够影响一个人的命运。连遵守时间这样的“小事”都做不好的人，又岂能担当什么大事？又何谈诚信？连遵守约定时间的承诺都经常做不到的人又如何能做到需要他付出更大代价的承诺呢？

不遵守时间，也就失去了诚信的底线。不管一个人的工作能力有多强，如果不遵守时间，谁都不会对其产生信任感。

遵守时间不仅仅是对自己的一种约束，也是对他人的一种尊重。不按时赴约甚至干脆毁约的人，首先是在轻视对方，同时也是在轻视自己。不按时赴约甚至毁约的行为，是在告诉对方，你对我并不重要，我并不在乎我的迟到会给你造成什么不便甚至损失。但是你想过没有，这样做的本身其实是在告诉对方，我是个不讲信用的人，所以我是一个不值得你重视和信任的人。这样的人，绝对不是一个具有人格魅力的人。

小王跟一位朋友约好晚上七点聚餐，这位朋友却整整迟到了20分钟。也许是太熟的缘故吧，他一句表示歉意的话也没有，只是一边翻看着菜谱，一边说："路上车堵得厉害，这城市交通啊！"听罢他苍白的解释，一时间小王觉得下巴掉在了桌面上，也没什么好说的。

小王是外企干了近10年的老白领了。舞台上有个术语叫角色置换，小王想：如果坐在他面前的不是我，而是他的外国老板的话，他还会这样泰然自若吗？

在工作期间，不遵守时间的后果轻则会给客户留下不好印象，从而影响到你所在企业的形象；重则一桩本来有望成交的大买卖就会告吹。你辛苦奔忙的全部过程可能就在不守时这个"小河沟"里翻船搁浅，许多心血由此而付之东流。商业行为讲究的是"信誉"二字，守时不仅仅是信誉的体现，也是信用的表现形式。跟缺乏信用的人谈生意，谁不得好好掂量一番？

身为职场中人，你的职业化水准岂止仅仅体现在你的职业技能上，不积跬步，无以至千里；没有规矩，又岂能成方圆？不守时是一种不良的个人习惯，一旦养成又不及时根除的话，很可能会从日常生活中迅速扩展到你的工作中。

守时是一种礼貌、一种尊重、一种信誉。在崇尚信誉消费的今天，绝不可等闲视之。

也许会有人认为这等区区小事何足挂齿，是在小题大做。事实上不少人正是漠视这等区区细节小事，而使自己在别人心目中的信誉度下降，从而耽误了很多本可以办成的大事。

当然，不遵守时间之类的事例在职场中也非稀罕。一个小职员某日忽然晋升为管理人员，心态以及对自己的要求就难免会发生变化，升了职连走路都有些姿态了。原先风风火火、开会非常守时的一个人，一旦"加冕"后，经常在业务会上全体下属都准时到场后，姗姗来迟，嘴里还不停地为自己辩解："忙啊，太忙了！"每天早上视迟到为基本守则的一个人，记起别人的迟到来却像秋风扫落叶一般残酷无情。严以待人、宽以律己的他（她），信誉度急剧下降，终于有一天从没有坐热的管理者宝座上栽了下来。

1779 年，德国哲学家康德计划到一个名叫珀芬的小镇，去拜访老朋友威廉·彼特斯。康德动身前曾写信给彼特斯，说自己将于 3 月 2 日上午 11 时之前到达。

康德 3 月 1 日就赶到了珀芬小镇，第二天早上租了一辆马车前往彼特斯的家。老朋友的家住在离小镇 12 英里远的一个农场里，小镇和农场中间隔了一条河。当马车来到河边时，细心的车夫说："先生，实在对不起，不能再往前走了，因为桥坏了，很危险。"

康德下了马车，看了看桥，中间的确已经断裂了。河面虽然不宽，但水很深，而且结了冰。"附近还有别的桥吗？"康德焦急地问。

车夫回答说："有，先生。在上游6英里远的地方还有一座桥。"

康德看了一眼怀表，已经10点了。

"如果赶那座桥，我们以平常速度什么时候可以到达农场？"康德问车夫。

"我想大概得12时30分。"车夫答道。

康德又问："如果我们经过面前这座桥，以最快速度什么时间能到达？"

车夫回答说："最快也得用40分钟。"

康德跑到河边的一座很破旧的农舍里，客气地向主人打听道："请问你的这间房子要多少钱才肯出售？"

农妇大吃一惊："您想买如此简陋的破房子，这究竟是为什么？"

"不要问为什么，您愿意还是不愿意？"

"那就给200法郎吧！"

康德付了钱，说："如果您能马上从破房上拆下几根长木头，20分钟内把桥修好，我将把房子还给您。"

农妇把两个儿子叫来，让他们按时修好了桥。马车平安地过了桥，飞奔在乡间的路上，10时50分康德赶到了老朋友的家。

在门口迎候的彼特斯高兴地说："亲爱的朋友，您可真守时啊！"

康德在与老朋友相会的日子里，根本没有对其提起为了守时而买房子拆木头过河的经过。

后来，彼特斯在无意中听到那个农妇讲了此事，很是感慨，他给康德写了一封信，信中说道："您太客气了，还是一如既往地守时。其实，老朋友之间的约会，晚一些时间是可以原谅的，何况您还遇到了意外。"

一向一丝不苟的康德，在给老朋友的回信中写了这样的一句话："在我看来，在一定意义上可以说，无论是对老朋友，还是对陌生人，守时就是最大的礼貌。"

遵守时间就是遵守承诺，按时到达事前约定的地点，没有借口，任何时候都要做到。即使因为特殊原因不能按时到达，也应该提前打电话通知对方，并表示自己的歉意。遵守时间绝不是一件小事，它代表了一个人的素质。

在节奏越来越快的现代社会中，遵守时间已经成了作为一名优秀员工所应具备的基本素质。

［提示］

1. 上班、会议、会谈等活动都应该准时到达。若能提前几分钟到更好，可以把相关的资料看一看。

2. 参加招待会、宴会等活动，可以略迟两三分钟，但也不要太晚到达。

3. 一些正式、隆重的大型聚会千万不能迟到。

问声“早上好”，就是打破从昨天下班后到今天早上一直处于停顿状态的同事关系、朋友关系甚至是上下属之间的关系，重新开始一天的工作接触与交流。

一句“早安”往往在向对方暗示你已经忘记了昨日的不愉快，期待着新的一天。“早上好”三个字一出口，奇迹就会出现：彼此的界限消除了。

4. 向你周围的人问声“早上好”

人有礼则安，无礼则危。

——《礼记》

清晨，朝霞满天，新的一天又开始了。

无论你是性格开朗的人还是性格内向的人，“早上好”都是你与周围人说的第一句话。不知你注意到没有，这简单的三个字对于你的人际关系有时却能起到非凡的效果。

职场中，每天早上向周围的人问声“早上好”，不仅可以表现出一个人的礼节，而且还可以体现出一个人的工作状态。不管昨天有多累，昨天都已经过去了，在这新的一天里，都要精神抖擞地向你周围的人问声“早上好”，尤其要向你的老板和同事们问声“早上好”。

也许你会觉得说早安只是件太平常的事，甚至认为根本没有这个必要，还有些人虽然也会每天向别人道一声“早上好”，但他们的声音连自己都听不到，含糊其辞、蜻蜓点水地一带而过；有的人则极不情愿，毫无感情色彩地例行公事而已。这样的人或给人精神委靡不振之感，或让人觉得不愿意答理人，长此以往，他们就不可能与公司同事相处得很和谐。

向你周围的人问声“早上好”，特别是对你的老板和同事道早安，就如同你公司的上班铃声一般，也像你上班签到一样，从这一句“早上好”开始，就表示你已经进入了工作状态，准备迎接新一天的工作挑战了。

无论你是希望在新的一天当中自己人际关系更加圆满新鲜，还是想在当天有个好心情，都应该清新、明朗、面带微笑地向周围的人道声“早上好”。

在去芝加哥上班的路上，一车的人谁也没有讲话，大家躲在自己的报纸后面，彼此保持着距离。汽车在融雪后泥泞的路上前进。

“注意！注意！”突然一个声音响起，“我是你们的司机。”他的声音威严，车内鸦雀无声。“你们全部都把报纸放下，现在转过头去面对着坐在你身边的人，转啊！”全部照做，无一人露出笑容，这是一种从众的本能。“现在，跟着我说……”像是军队教官喊出的命令：“早安，朋友！”大家跟着说完，情不自禁地笑了起来。一直以来怕难为情，连普通的礼貌也不讲，现在腼腆之情一扫而光，彼此界限消除了。有的说了一遍后还彼此握手、大笑，车厢内洋溢着欢声笑语……

“早安，朋友！”四个字一出口，奇迹就出现了，彼此的界限消除了，为什么这四个字有如此巨大的魔力呢？“早上好”是一句问候语，是亲善感、友好感的表示，更是一种信任和尊重。“早上好”一旦说出口，双方就有了亲切、友好的愿望，彼此间的距离缩短了，不仅增进了信任，还沟通了情感。

在日常工作生活中，说“早上好”的对象既包括与你关系不错的人，也包括与你一向不和的人。如果做到这些，你会发觉一句轻松愉快的“早上好”，就像在向周围的人宣布：“昨天是昨天，今天是今天，昨天已经过去了，今天又是愉快的一天。”这就等于你向不和的人传达出这样一个信息：你已忘记了过去的不愉快，正期待着新的一天有好的开始。

张亮和郭明同为一家设计公司的设计师，两个人都有些恃才傲物，在公司里谁都不觉得自己比对方弱。今天他们因为在一个文案上意见不一致而吵了起来，各持己见，直到下班的时候也没有达成共识，二人就这样气呼呼地离开了公司。

第二天上班的时候，真是不巧，他们两个人在电梯里撞见了。张亮先一步进的电梯，向周围的同事问着“早上好”，看到郭明进来了，他出于礼貌也向郭明问了声“早上好”，郭明自然也回应了一声“早上好”。两人一起走出了电梯，郭明主动跟张亮说：“我昨天回去想了一下，其实你的设计挺好，我就是一个臭脾气，你可别往心里去。”张亮笑了：“你看你说什么呢，昨天的事情我也有不对的地方，今天我们再研究一下，如何?”郭明也笑了，点头示意答应了。

两人又都看了一遍昨天的那个设计，相互说出了自己的意见，最后结合二人设计的长处，完成了一个很漂亮的设计。

一句不经意间的“早上好”，就能够化解前一天彼此之间的隔阂，而且可以令这一天的工作都有一个好心情。同事关系友好了，工作起来也就感觉轻松快乐，这样的好事情何乐而不为呢?

早上问声“早上好”，是一天工作情绪的好开始，是精神充实的保证，更是建构人际关系、给人留下良好印象的开始。当你对上司和同事精神饱满地说：“早上好”，可以让上司和同事对你保持“这家伙今天还是干劲十足”的好印象。

很多员工都觉得自己缺少与老板或上司沟通的机会，殊不知，一句“早上好”就可能拉近你与老板或上司之间的距离，达到相互沟通的效果。

一句“早上好”不仅可以增进老板或上司对你的了解，加深对你的好印象，而且他们的这一印象可能会左右你这一整天的工作表现，从而影响你一生的职业命运。

小赵是一个内敛羞涩的人，在学校里同学们就送给他一个“青橄榄”的外号。毕业工作之后，小赵觉得他与人交往上出现了问题，很多时候他想与同事打招呼，可就是张不开口。他也知道这样不好，于是他就想了个办法：每天下班回到家中，他都要对着镜子练习说“早上好”，并且观看自己当时的表情，尽量让自己自然一点。

这个方法还是有成效的，以后上班的时候，只要遇到同一个公司里的人，小赵也不管认识不认识，都面带微笑地说声“早上好”，他自己都没有意识到自己的举动很有亲和力，大家都知道了公司有个刚来的小伙子逢人就会打招呼。

一天，小赵与往常一样来上班，遇到同事还是像平时一样说声“早上好”，其中有一个人觉得小赵的微笑是发自内心的，就开口了：“早上好！你是刚来的大学生吧？”

“是，是的。”小赵又开始紧张了起来，脸颊微红。

“小伙子，紧张吧？”那个人问道。

“是啊，我每天只练习说一句‘早上好’，能不紧张吗？”小赵一下子把这个都说了出来，意识到自己说漏了嘴，脸红得更厉害了。

那人听了这句，好奇了起来：“为什么就练习了一句‘早上好’啊？”

小赵只好把事情的始末都说了。

那人笑了起来：“没有事情的，你刚才做的不是很好吗？跟总经理说话也很顺嘛。”

小赵没想到自己今天撞见了总经理，也正因为这样他给总经理留下了很深的印象。有一次开会，总经理在会议上还提到了这件事，说像这样勇于克服自己缺点的年轻人一定前途无量。

小赵没想到自己误打误撞会与总经理不期而遇，总经理也没想到一句“早上好”的背后却隐藏着这样一个不为人知的细节。想必是小赵下苦心纠正自己羞涩的行为让总经理印象深刻，小赵得到了总经理的赏识，并很快被提升为总经理助理。

如果你是老板，像小赵这样一个可以认真矫正自己缺点的员工，你还会对他的工作态度表示怀疑吗?

在漫长的工作生活中，向周围的人问声“早上好”确实是一件不起眼的小事，不过说者无心听者有意，同样是三个字的一句话，却能看出说话者是出于真心的还是完全是一种迎合。你真诚待人，他人也会真诚待你，不要为了迎合而迎合，你的态度谁都看得出来。

那些早上与周围的人连一句“早上好”都不说的人，往往会被人认为太高傲、看不起人，从而让人产生一种不好的印象，甚至产生厌恶的心理。试想，他们怎能赢得好人缘，又怎会在职场上有所成就呢?

［提示］

1. 每天都向公司的同事问声“早上好”，你就会被公司的同事所接纳与支持，遇到工作任务的时候，你就能得到大家的帮助，使工作得以顺利地进行。

2. 不管对方是茶水阿姨还是暑期实习生，每天早上都应向他们问声“早上好”，说话时都要面带微笑，这样就能给人留下友善的印象，赢得公司上下的好感。

3. 问声“早上好”是举手之劳的事，何乐而不为?你对人问好，他人也会对你问好，你在公司就不会有孤立无援的尴尬。

4. 不要只对上司问好，这样的话一定会引起众怒，同事会把你视为只懂奉迎上司的势利眼，你无疑会给自己到处树敌。

成功与失败往往只有一步之差，切不可因为自己的懒惰而与成功失之交臂。

如果每天上班都能提前五分钟开始工作，就会有充足的准备，成功的机会只留给有准备的人。

切记：晚到不如准时，准时不如早到。

5. 提前5分钟开始工作

要比对手提前5分钟抢占制高点。

——拿破仑

职场之事无大小，上班时早到5分钟也是这样，很多人会觉得就那么5分钟，晚到与早到不会有多少不同。然而，当你仔细地去观察一下这两种人，就会发现他们有很大的区别：早到5分钟的员工，可以对今天的工作先有个准备；而迟到或准时到达的员工，你会发现他们上班时都有些手忙脚乱，他们的工作效率也自然不如早到5分钟的员工。

如果你是老板，你会如何看待这两种员工呢？不说他们平时的工作表现如何，单从对待上班时间这一点上，你就会觉得提前5分钟开始工作的人对于这份工作的重视程度远远高于迟到或准时到达的那一个员工，如果遇到什么特殊情况，说不定你一气之下还会把迟到的那位员工给炒了鱿鱼。

或许有人会问，短短的5分钟我能做什么呢？是的，相对于一生的职业生涯，5分钟虽然短暂，但有人却可以在这短短的5分钟里创造出奇迹来。我们先看下面的真实故事。

有一年的情人节，张强和女友一起坐车回家。劳累而烦躁的俗事让他们疲惫不堪。颠簸的客车卷起大片大片的灰尘，所有的眼睛都像是熄灭的灯，无数的心灵漆黑一片，整个车厢里的人，大概没有谁还记得这一天是情人节。

张强的眼睛是唯一亮着的灯，他的心灵春光无限，尽管车窗外面灰尘滚滚，可是他却依然努力寻找风景。女友轻轻拥着他的手臂，微闭双眸。透过窗子，在不远的小山上他发现了一片盛开着的迎春花，在灿烂的阳光下，迎春花开得异常烂漫。他轻轻唤醒身边的女友，对她说，看，春天来得真早。

“请给我5分钟时间，只要5分钟。”张强走到司机身旁请求道，担心他不同意，他答应司机愿意拿10元钱来交换这5分钟。

大概是金钱的作用吧，司机答应了张强的请求。

张强迅速跳下车，朝那盛开着迎春花的小山坡跑去。5分钟之后，他气喘吁吁地回来了，手里捧着一束灿烂的迎春花，仿佛整个春天都已经被他握在了手里一样。他把这束花献给了女友，女友被这突如其来的幸福烧红了脸。

不知从什么时候开始，车厢内响起了一片热烈而又持久的掌声。那掌声，好像在人们心底囚禁了许久，终于得到了释放一样。所有的眼睛重新点亮，无数的心灵都普照着春光。

当张强掏出10元钱要给那位司机时，司机拒绝了，他说：“请也给我一束小花吧，我要将它送给我的妻子。”

张强在5分钟里不仅让女友怦然心动，而且令全车的人心里都充溢着幸福。不管时间的长短，想要有所作为，千万别小看这5分钟的时间。

任何事情的发生都有时机的问题，太早了时机可能不成熟，而太迟了又会丧失机会，因此，你比你的对手提前5分钟抢占了制高点，你不仅可以把握住时机，当机会来临的时候首先光临的也必定是你。

提前5分钟开始你的工作，你会赢得5分钟对当天工作的准备时间，当别人还在为当天的工作手忙脚乱地做准备时，你已经鼓足了干劲，全身心投入到工作中去了。如果你能每天都提前5分钟开始工作，那么，你会发现你的工作成绩越来越好，并越来越受到上司的青睐。

小张和小李同为一家公司的实习生，在实习期快结束的时候，他们面临这样的一个问题：他们中间只有一个人将被留用，而另一个人只能另找工作。

俩人工作起来都很卖力，在工作表现上也差不多，这就让经理有些为难，经理就开始从一点一滴的小事上来权衡。

在实习期结束的时候，经理作出决定：小李被公司正式聘用。

小张有些不服气，直接找经理，他问："我哪里做得不如小李，为什么留下来的是他而不是我？"

经理看着眼前这个血气方刚的小伙子，笑了笑说："我开始的时候也被这个问题难住了。你们的资历一样，工作能力也相差无几，后来我开始在小事情上把你们两个人做比较。我之所以最后留用小李，是因为小李每天都比你提前5分钟开始工作，也就是说他每天都比你早到一点，也比你更快地进入工作状态。他每天都比你提前5分钟开始工作，你可以想一下，一个月下来，他比你多出多少时间，也就是说他对于工作的准备要远远比你多得多。就是这个原因，我决定留用小李。"

听了经理的这番话，小张哑口无言，耷拉着脑袋离开了这家公司。

成功与失败往往只有一步之差，而这微小的差别却决定着人们在社会上将处于什么样的地位。想要获得成功就得关注你日常工作中的每一个细节，在竞争中找到竞争对手的长处，采取微弱优势战略，只要超越对手一点点，你就会成为优胜者。其实想超越对方并不是什么难事，如果你能每天坚持提前 5 分钟开始工作，日积月累，你就会离成功越来越近。

成功者之所以成功，并不在于他们有多聪明，而在于他们关注工作中的每一个细节，在每一个别人注意不到的细小方面他们都会特别的注意并比别人略高一筹，哪怕是仅仅提前 5 分钟开始工作这样的“小事”上。拿破仑曾说，“在每一次危机中，一些细节往往决定着全局。”

成功给予每个人的机会都是均等的，问题是机会来了以后你怎么抓住，成功者的人生经验就是“比别人提前 5 分钟”。比如：等公共汽车，你早 5 分钟等车，上车后有座位的概率就会比别人大；每天上班提前 5 分钟开始工作，你就会多出一份准备，同时也多出了一份迎接机会来临的信心。

某部门主管新官上任，上班第一天，故意提前 5 分钟到达办公室，扫地、擦桌子以示自己不脱离群众，不摆官架子。结果职员们的闲话就放出来了：“主管提前 5 分钟上班，是不是我们得提前 10 分钟上班才行呀？单位上班的时间是不是得改为七点五十呀？”

这件事情很快就传到了主管耳朵里，在其上任开的第一次会议当中，他就提到了这个问题：“我有一个习惯，就是每天上班的时候提前 5 分钟开始工作，这也是我多年的工作经验所得。有人会觉得 5 分钟能做出点什么来，5 分钟里可以做的事情很多，我可以在 5 分钟里把昨天的工作回忆一下，对于今天工作的安排做到心中有数，这样我在一天的工作中就会信心十足……”

下面的职员鸦雀无声地听着，细细品味着这位新主管话中的含义，每个人都觉得很有道理，不禁暗自在心中佩服他。

这位部门主管用自己真切的话语让他手下的员工明白，他并不是在苛刻地让他们提前到达公司，而是让他们每个人都心悦诚服，你比别人提前5分钟开始工作，你就会比别人多出一份心理准备，也会对当天的事项多一分了解，如果每天都能够比他人提前5分钟开始工作，那么你就会距离成功越来越近。

提前5分钟开始工作可以看出一个人是否具备高度的工作责任心与良好的个人素质。

有位卡耐基总部的副总裁来香港给培训老师讲课。培训中心地处铜锣湾，这位副总裁下榻的饭店也在铜锣湾，从饭店到培训中心不过5分钟的路程，可他第一次来上课却整整提前了半个小时。

培训中心的老师有些不解就问他："您为什么要提前这么早来呢?"

这位副总裁就说："我早到心里就踏实，就能镇定一下，就会更有自信。我们搞心理培训的人都明白，一旦迟到，就很容易心怀愧疚，在课堂上的发挥以及在逻辑思维、语言表达方面都会大打折扣。"每次培训他都提前出发，这样即使遇上交通堵塞，也有富余时间。

卡耐基总部的这位副总裁提前到达培训中心，不仅可以让他自己充满信心，而且还可以对周围的环境有一定的了解，也可以看出他对工作的重视程度。

同样的道理，在工作上如果能够提前5分钟开始工作，那么你所收获的不仅仅是比别人多出来的5分钟时间，更重要的是你拥有了比他人更充实的自信心。在这一天的工作当中，这种自信的感觉会一直包围着你，工作起来也会轻松愉快。相反的，如果你迟到了，那么你就会手忙脚乱，糟糕的心情也会整天缠绕着你，即使是简单的工作你都会时不时地出现错误。

试想一下，这两种工作心情，你更想要哪一种？

有一个曾在国家机关工作的人去外企面试，他在面试前突然想去洗手间，但因为对写字楼的环境不熟悉，面试前也没去过，自然一时搞不清洗手间到底在哪里。好不容易找到了洗手间，又由于一时着急结果竟一头撞进了火警通道，还冒失地按了火警铃，结果整个楼响成一片，着实轰动了一把。

为了不让自己给面试主考官留下一个冒失的印象，他就慌慌张张地躲了一阵之后才去了洗手间，等到再去面试的时候，早已错过了预约的时间，此时面试主考已起程去机场了，他也就失去了就职这家公司的机会。

这位冒失鬼如果也能够像卡耐基总部那位副总那样，想必他就不会出现那样的状况了。当然，如果他对于这次面试相当的重视，就会提前一些到达，对于周围的环境就不会如此的不熟悉。

很多成败得失就是在这样的细节上体现出来的，假如对这样的细节不加注意，那么你距离成功就总会那么遥远。小事情上做得出色，在大事情上才不会出什么差错，想要成为一名优秀的员工，对于像提前5分钟开始工作这样的“小事”就不应该不加以注意。

［提示］

1. 提前5分钟开始工作，你就会给上司留下一个“这家伙真是干劲十足”的好印象，这样有重要的工作，上司就会放心地交给你去完成，你也就有了发展的机遇。

2. 提前5分钟开始工作，你在同事的眼里就会是一个有事业心的人，对待工作认真负责的人，同事之间的合作也会更加顺利。

3. 提前5分钟到达公司，你就可以整理一下自己的办公桌，也能整理出整天的好心情，这样你做起事来一定干劲十足。

4. 提前5分钟，你就有充裕的时间计划一下自己当天要做的工作，这样就能使自己做起事来得心应手。

5. 提前5分钟，你还能整理一下上班路上凌乱了的仪容，让自己在公司有一个好的形象，每天都给人留下好印象。

千万不要把迟到看做是“小毛病”，认为即使是迟到了也只不过被上司说两句，没什么大不了的。在时间就是金钱、效率就是生命的社会里，一个平素拿迟到不当回事的人，肯定会被人看成缺乏责任心、事业心和上进心。

要想成为一名优秀的员工，既要抓大事，也不能忽视迟到这样的“小事”，要注重纠正“小节”，在“吹毛求疵的细节”上做文章。只有这样，才能不断提高自身的素质，适应时代的需要。

6. 不要以为迟到只是小事

醒来吧——你的良宵已经来临！醒来吧——每一瞬间贵如黄金！

——普希金

在职场中，每一名员工都会遇到迟到的问题。迟到或许是发生在自己身上，也可能发生在别人身上；可能发生在上班的时候，也可能发生在开会的时候……不管是何种，在职场中都是应该尽量避免的。

现代生活的快节奏，使人们对时间观念越来越看重。守时不迟到，已经成为现代人所必备的基本素质。但是，迟到的情况却经常在我们的身边发生。有时候我们会遇到这样的情况：通知了几点开会，却总有那么几个人迟到；约会时间已到，有人就是不见踪影……

表面上看，迟到只不过是一个是否遵守时间的问题，但往深里看就没有那么简单了。如果你约见客户而迟到，就有可能丢失一个客户，而且这个客户很有可能还是一个大客户；如果你上班迟到，可能会被扣罚当月奖金，但更重要的是你可能会给上司或老板留下对工作不重视的印象，甚至有丢失这份工作的可能。

迟到有客观因素，也有主观因素，但总体上来说，主观因素占的比例要更大一些。如果你从一开始就对你的工作很重视，那么你就会提前几分钟到达，也就不会出现迟到的情况了。

有一个朋友从家到公司要横跨大半个城市，她只有很早出门才能保证不迟到，而很早出门路况就会比较好，所以她总是提前20分钟到达办公室。同事暗示她住得那么远，并且她又很得老板的器重与欣赏，即使哪天迟到了也不要紧，何必每天起得那么早，让自己那么累呢。

她却说，我家距离公司远，这是我自己的问题和公司无关，老板欣赏的只是我的工作表现，而不是我的其他方面。我并不能因为老板对我的赏识，就漠视公司的规章制度，要是每个员工都这样想，那公司还怎么管理。“没有规矩不成方圆”，我作为公司的员工，就应该遵守公司的制度。

后来这个朋友果然说到做到，并凭借自己的实力成为公司的高层管理人员。

故事中的那位朋友对于迟到这样的“小事”并没有觉得那么简单，因此她也不会因为这样的“小事”而去给自己寻找借口，她知道再美妙的借口对事情的改变都无任何用处，与其把诸多时间浪费在寻找借口上，不如主动反思、检讨自己的不足以及改进这些不足，并提出建设性的方法。当你把迟到与否看做是判断一个人职业精神的标准时，你就不会寻找借口去晚那么几分钟了。

很多人觉得“我就迟到了那么一点点，没什么关系”，其实迟到的后果就其本身来说，耽误的不仅是自己的时间，也直接浪费了别人的时间，比如一个会议你迟到了5分钟，那么其他所有等待你的人也都浪费了5分钟，5个人加起来就是25分钟，10个人就是50分钟，严重点说这无异于是在谋杀。在发展越来越迅速的当今，无任何正当理由的迟到无疑会受到所有人的深恶痛绝。

迟到的后果扩展开来讲，不仅涉及你的职业操守，更是你工作态度和生活态度的直接体现。影响的不仅是众人对你的评价，还有可能影响到你大好的职业前程和一帆风顺的职业生涯，甚至包括你的终身大事。

日本已故首相田中角荣年轻的时候最厌恶别人迟到，他是一个惜时如金的人。

一次，他约一位相处不久的女朋友吃饭，时间定在晚上六点半，结果到了预定时间，女友还踪影皆无，田中角荣这时就暗下决心，如果20分钟后，女友仍然不来，那就与她分手。

20分钟以后，田中角荣大步走出饭店，这时，女友正从街角向这边走来，可是田中角荣对她视若无睹，直接坐上的士飞驰而去，只留下女友瞠目结舌地望着远去的车影。

试想一下，田中角荣的女朋友如果能够早到5分钟，那么她给田中角荣的印象就会完全不同，相信他们也会有一个非常愉悦的约会，甚至有可能成就一段美好的姻缘。

当然这是一个很极端的例子，不过，别以为没人注意到你的出勤情况，上司和同事可全都睁着眼睛瞧着呢！如果能提早一点到单位，在别人眼中你就会显得很重视这份工作。每天提前一点到达，你就可以对这一天的工作做个规划，当别人还在考虑当天该做什么的时候，你自己已经走在别人前面了！

某公司原本规定9点上班，可是老板发现经常有人迟到。考虑到上班高峰路况拥堵，老板说以后9点30分上班。没想到，竟然还是会有员工不断迟到。

老板很生气，命令前台员工以后每天记录迟到者的名单以便按照迟到多少时间扣除相应的奖金。前台员工看到老板生气的样子，已经知道这事很严重，自然不敢怠慢，从9点27分开始每隔30秒报一次时，凡是在9点30分0秒后踏入公司大门的同事全部被记录在案。

被记录点名的同事觉得很不服气，都说：老板就住在离公司开车3分钟的豪宅，而我们普通员工都不得不提前1个多小时出门，一路上要经过公交车转乘地铁，地铁再转地铁，甚至公交转轻轨再转地铁的长途跋涉，才可到达公司，这其中不可抗拒的因素实在是太多了。

然而，说归说，迟到的现象却一天比一天有所减少，毕竟谁都不会拿自己赖以生存的工资作赌注，所有员工都再也不敢对公司规定的上班时间熟视无睹了。

在扣发一点奖金的情况下就能杜绝迟到的现象，只能说明这些需要强制性才能不迟到的员工的时间观念与自我意识不够强，再往深一点的地方想，这样的员工就是在日常工作中也一定会拖拖拉拉，是那种不拉就不走、不打就不跑的主儿。这样的员工能成为优秀的雇员，那简直就是天方夜谭。

每个公司在对待迟到的问题上都有自己的一套解决方案，大致上来说不外乎奖惩并重，没有其他什么太好的办法，因为迟到在日复一日的工作中确实只是一件说大不大说小又不小的事。然而，制度毕竟只是制度，对于迟到这样的现象只能由员工自我约束，把忠于职守、勤奋工作、尽职尽责看成是自己必须履行的义务，那么迟到也就不会只是一件小事了。

若想在激烈的职场竞争中生存下来，首先必须要时刻记得遵守时间，不要迟到。迟到往往是不能得到谅解的行为，因为一旦你迟到了一次，就有可能给上司或老板留下你对工作不够重视的印象，以后要想抹去它可就难上加难了。

有些人在工作上十分卖力，而对公司的规章制度却看得很轻，经常迟到，但迟到往往是纪律严明的公司所不能容忍的，因为他们认为守时是最基本也是最重要的品质，这样的员工在上司或老板的印象中不只是大打折扣，而是立刻会一落千丈。

常常迟到既会让事情变得杂乱无章，又会妨碍全体成员的工作进度。这样的人无法为他人所信赖，更无法让上司或老板信任。每个人都希望别人讲信用、守时间，那么你又该如何做呢？如何在自己的身边营造出一个守时重信的氛围呢？

张洁是一名装饰公司的设计师，单说他的工作能力，大家对他都是刮目相看，他的设计理念总是独树一帜，而且又能够紧贴客户的意愿。然而他却有一个不好的习惯，就是时间观念不强，经常迟到，不管是平日里的正常上班时间、公司的例行会议还是约见客户他都会迟到。老板为这事没少找他谈话，但是，张洁却觉得自己的设计理念能得到大多数客户的认可，客户也从来没在意过自己所迟到的那几分钟，并且设计师这样的职业本身就不应该有时间限制，所以他每次都没把老板的话放在心里。

有一次，装饰公司竞标一个大的设计项目，公司就派张洁作为首席设计师跟随公关团队去竞标。原本约定好的时间是下午两点半，结果张洁却三点多才到项目客户的公司，而团队的其他成员虽然早他到达，但因为设计构思是张洁一个人策划的，其他人根本就无从插手，所以在等待张洁的过程中，装饰公司失去了阐述设计理念的机会。那个大客户也因为被另一家装饰公司所传达的清晰的设计理念所折服，而选择了那家装饰公司。

因为张洁的迟到丢失了一个大客户，装饰公司的老板大为恼火，他说：“我宁可聘请几个知智平庸点的设计师，也不要一个拿迟到当家常便饭的天才！”

在当今的信息时代，时间的价值已远非自然经济或工业经济时代可比。迟到已经被提到既浪费了自己的时间也浪费了别人的生命的高度。

不管是上班还是日常生活中，守时不迟到就是遵守承诺，它并非小事，人们往往以它来衡量一个人的素质高低，因此对于迟到这个问题你必须做到没有例外，没有借口，任何时候都得持否定的态度。

一旦你对别人的时间不尊重，你也就不能期望别人会尊重你的时间。如果你迟到，你就会失去影响力或者道德的力量；如果你能重视迟到的问题，你就会赢得同事、助手、货商和顾客等与你接触的任何人的好感。

[提示]

1. 如果你因特殊的原因迟到了，就应该提前打电话通知上司、客户或其他你预约的人，向对方表示你的歉意。这不是一件小事，它代表了你的素质和做人的态度。

2. 每天提前一点到达公司，你就不会迟到并且可以对这一天的工作做个规划，当别人还在考虑当天该做什么时，你已经走在别人的前面了。如果每天都能够早那么一点点，一个月下来，你会比其他人更好地处理工作，不仅可以在老板心中留一个时间观念强的印象，而且你会离成为一名优秀员工越来越近。

3. 如果上班迟到了，除了立即报告上级负责人并讲述迟到的真正原因外，还应该立即投入工作，把你迟到的时间弥补回来，用更高的工作热情完成你当天的工作。

4. 如果遇有恶劣天气或其他不可控制因素而迟到时，应该按公司统一规定自觉接受处罚，不要去上司面前理论或私下没完没了地嘀咕。

从日常工作习惯上看，办公桌杂乱无章并不是什么大事，但是在这样的表象里却隐藏着你给人忙而无序的印象。事实上，杂乱的办公桌不仅会加重你的工作负担，也会影响到你的工作质量和效率，甚至你的工作热情。

不管你有多忙，借口有多少，你都要让办公桌保持整洁、有序。有时候整理办公桌，会让你整理出一天愉快的工作心情。

7. 保持办公桌的整洁有序

人类创造了环境，同样环境也创造了人。

——马克思

办公室是一个团队所在地。在这个团队中，如果你想要表现出自己的个性，除了着装之外，还有一个地方也可以体现出你的个性色彩，那就是办公桌。一张办公桌就如同一本书，办公桌上有什么内容，它的主人就有什么内容，从你的办公桌的陈设就能看出你是一个什么性格的人。

办公室就像一个港湾，是公司员工停留时间最长的地方，它是员工心灵的守望者与停泊地，我们在这里起航，在这里休憩，在这里奋斗。而办公桌就是你的一个码头，所以没有理由不让自己的“码头”保持整洁有序。

办公桌或许不到 1 平方米，说起来应该算是一个很小的地方，可就是这样的一个小地方足以体现其主人的个性与性情。设想一个连这么大地方都收拾不好的人，谁还放心把工作交给他完成？千万不要觉得办公桌只是你一个人的“地盘”，想怎么弄就怎么弄，精明的老板只要一看员工的办公桌，就能对这个员工的性格有个八九不离十的了解，很多时候，在你还没开口说话之前，老板一看你的办公桌就知道了你的工作能力，所以保持办公桌的整洁有序很有必要。

林晓的办公桌一直都很有风格，除了整洁之外，还有一种怀旧的气息。在办公桌的左上角摆放着一个相框，相框本身就有点老旧的感觉，里面夹着的那张照片就更老了，是一张黑白的，看起来像一家三口，那是林晓小时候和父母一起照的全家福。

一天，经理经过林晓的办公桌，对这个照片十分感兴趣，就与林晓聊了起来。后来知道林晓的老家在很远的地方，老人家怕花钱一直也没有和林晓再照过相，林晓一直就把这张照片带在身边，一方面在想家的时候可以解相思之苦，另一方面也在时刻鞭策自己，一定要努力工作，让父母过得更好一些。

没过多长时间，林晓提升为经理助理。在一次与经理外出的时候，林晓说起自己提升的事情，他觉得自己除了认真工作并没有过人之处，对于经理的决定有些不解。经理说，其实我一直都在考虑应该把谁提升为我的助理，有很长一段时间我拿不定主意。我就分别和这几个人聊天，你也是其中之一，他们都在炫耀自己有多了不起，而你不一样，首先从你的办公桌的陈设我就知道你不单是一个怀旧情结很重的人，而且也一定是一个责任感很重的人。我就是需要这样的一个助理。

有的员工办公桌上物品摆放有板有眼，做起事情来肯定会有条不紊，说明此人思维敏锐，就是在复杂的情况下，也能够很快找出头绪并把它处理好；有的员工喜欢在办公桌上摆设几盆小盆景，通过这个可以看出此人冷静、稳重而谨慎，做事情肯负责任；有的员工办公桌上什么装饰品都没有，但整洁干净，这样的人是把私生活与工作分得很清楚，工作就是工作，工作之余才是属于自己的生活。

很多时候领导者看重的并非是一个员工有没有过人之处，关键是这个人在细节上所体现出来的个人素质。林晓就是在不经意间通过对办公桌的陈设而赢得了这样一个提升的机会。机会对于每个人来说都是均等的，为什么有的人就能抓住机会，而有的人就会与之擦肩而过呢？获得机会的人有很多事先并不知道自己会有这样的一个机会，他们只是在一点一滴的小事情上做好了自己应该做的一切罢了。

沈威刚进杂志社的时候，社里没有具有创造性的工作交给他，他每天的工作基本上就是打打文案，复印一下文件什么的。不过，沈威却有一个理想，那就是要做一名出色的记者。在这段时间里，沈威并没有因为自己手头上的活儿不如意而垂头丧气，这从他的办公桌就能看出来。由于要打印的文件有时候会很多，他办公桌上的东西总体上看有些乱，不过各种文档都经过分门别类，排列得也很合理，逻辑性很强，不管是一个文件夹还是一支笔都放在属于它们的地方。

也是因为沈威在那段时期良好的表现，没过多久，社里就把一个要紧的采访工作交给他去完成。需要去外地，在走之前，沈威比资历老的同事更快地找到了所需的资料，引得社长很奇怪，就对沈威的办公桌好好地研究了一番，这才知道他的办公桌由于归类摆放的原因，所以他找起东西来不费劲，也使社长对他刮目相看。

出发之前，社长拍了拍沈威的肩膀，对他说："小伙子，从你的办公桌就能看出你很适合做记者，相信你一定会很出色。"

想要获得上司的青睐，也不是一件多难的事情，有些时候不需要你开口，甚至不需要你完成多么重要的事情，从小事做起，先从你的办公桌的陈设做起就足够了。大的道理谁说起来都差不多，但想要在职场中有所作为，你就必须关注像保持办公桌整洁这样的细节。

试想一下，如果你看到一张办公桌上的文件档案散乱得到处都是，而且这些文案还有向其他领域扩张的倾向，这样的办公桌会给你留下什么印象？首先你一定会觉得它的主人很忙，但转念一想，同样都是在工作为什么就这张办公桌出现这样的局面呢？继而你就会想到这张办公桌的主人一定是个工作起来毫无头绪的毛糙鬼，这样的人工作效率会高到哪里去呢？而且你还会觉得这样的人肯定总是把时间浪费在那堆档案里了，让谁从这杂乱的文件堆里找到想要的文件都是一件困难的事情。

张杰的办公桌一直以来都是杂乱无章的，而且他并没有觉得有什么大不了的。不过，一件事情的发生让他改变了看法。

张杰精心设计了一个文案，在会议上原本想把他熬了数个通宵的成果向同事展示，可是开会在即，当经理等着看他精彩的企划案时，张杰却怎么都找不到他的文案。面对桌子上一堆混乱的文件，他万分焦急，最后他只能硬着头皮用口头报告的形式来应对，原本精彩的企划内容根本无法得到完整的展示，张杰的心血与专业技能也大打折扣。

之后，张杰经过反思，觉得都是因为自己不注重办公桌的摆设而造成的。深刻认识到办公桌的整洁有序对工作的重要性之后，他的办公桌有了很大的改观，他把自己的创意与重要文件都归纳到一个随时都能找到的地方，从此，他的工作效率也有了很大的提高。

堆积如山的文件资料、回复之后没有丢掉的传真和留言条，再加上电话、日历、杯子、装饰品等，身处这样的办公桌前，很容易让你的脑袋乱糟糟。如果让你在整洁干净而上面的东西又摆放有序的办公桌前工作，你的心情就一定有所不同，工作起来自然也心情畅快。

小微是一家文化公司的职员，平时工作也相当不错，可就是得不到提升的机会，她自己也有些郁闷，郁闷的是她自己根本就没有找到问题究竟出在哪里。

一天，她的一位闺中好友王红因业务上的事情到她的公司找她，在公司中把相关的事项说完之后，相邀小微一起出去吃午饭。

在饭桌上，小微把自己的烦恼说给王红听，王红也帮她分析了一下，在工作上真的没有什么要注意的地方。接着王红说到了小微的办公桌，你办公桌的摆设给人太小孩子气的感觉，你就没有想过是不是这个问题导致自己不能够提升？

小微想了想自己的办公桌，电脑主机上摆放了好几个卡通玩偶，桌子的右边还放着一个不大点的小丸子，就连相框里都是史努比，哎呀，是显得太小孩子气了。后来她又想到怪不得有些重要的案子自己都没有机会接，原来正是这些小细节给他人一种自己是个“小孩子”的感觉，也会让上司觉得自己不够成熟而无法信任自己。

小微回去之后立刻让自己的办公桌焕然一新，把那些小饰品统统换掉了。这样自己看着也很舒服，也给自己很大的信心。没过几个月，小微因在一个比较大的事项上有独特的见解，而得到了上司的提升。

将办公桌弄得太孩子气了不好，不过也不要把办公桌搞成个人“战利品”的展示台，摆满了你引以为骄傲的各种凭证，有公司给你的种种奖励，甚至连猜谜语比赛的获奖证书等都摆在那里，要是这样，你就会给人一种“我是一个很了不起的人”的感觉，无形当中是在炫耀自己以前的成绩，要明白这些都代表过去，办公桌是用来办公用的，不是你展示炫耀自己的舞台，办公桌上不需要这些东西，而要想取得更大的成绩就应该关注现在。

办公桌只要摆放工作所需的物件，并且让它们整洁干净有序就好，如果想让你的办公桌有个性，可以适当摆放些装饰品，不过不要过多。

[提示]

1. 如果在办公室用餐，一次性的餐具最好立即扔掉，不要长时间摆放在办公桌上或茶几上，气味不好，也会影响你办公时的情绪。

2. 对于没有看完的报纸杂志，也不要长时间摆放在办公桌上，最好能养成把你觉得有用的文章剪下来放到剪贴本里的习惯。如果报纸在办公桌上摆得时间过久，你也有可能不再看了，还不如干脆把它丢掉，这样办公桌就不会很杂乱。

3. 办公桌上的笔筒里不要放着一堆的笔，铅笔、圆珠笔、荧光笔、钢笔……一样有好几支，新的旧的都放在里面，完全可以挑选几支好用顺手的，其他的都需要处理掉，这样办公桌就会清爽许多。

4. 对于不断增多的名片不要任其堆放在办公桌的角落里，可以把用得到的名片资料放在电脑里或者记在记事本上，那些占用空间的卡片就可以扔掉。存在电脑里就会方便得多，在你需要的时候，只要动一动手指就能找到想联系的人，也会帮你节省不少时间。

5. 如果办公桌上装饰品太多也很麻烦，相框、玩具、小饰品，这样会造成混乱局面，分散你的注意力，无法专心工作。把具有纪念意义的装饰品留下一两件，就不会感觉眼花缭乱。

6. 文件太多也会心烦，可以按急缓情况分类：着急做的放在显眼的位置，不仅伸手可得，还可以起到提醒的作用。

7. 文件可以给它们做标签分类，比方按照业务部、行政部、行销部、财务部等或者依照合约类、工作报告、商品资料等分类，既能摆放整齐，找起来的时候也一目了然。

这是一个充满热情的时代，热情是你获得成功的原动力，更是你成就事业的源泉。想要成为一名优秀的员工，千万不要觉得有没有热情只是无足轻重的事。在工作中热情饱满，并且让别人看到你的工作热情，你在职场上的成功机会就越大！

8. 让别人看到你的热情

幸福不在于拥有金钱，而在于成功的喜悦和工作的热情。

——富兰克林·D. 罗斯福

人类一旦缺乏了热情，就无法创造出美妙的音乐和打动心灵的诗歌，也不能征服自然界各种强悍的力量，更不会用无私崇高的奉献去打动这个世界。如果你在生活中缺乏热情，你即使有再美好的愿望也无法将它变成现实。

一个对工作毫无热情的员工，就会觉得自己工作辛苦而单调，而一个对工作充满热情的人，即使睡眠时间比平时减少一半，工作量超出平时的两到三倍，都不会觉得疲倦。

热情是一种状态，作为职场中人，只要你拥有对工作的极大热情并让人看到你的这种热情，即使你不具备超人的才气，都会获得极大的收获——不论是物质上还是精神上。

现代企业需要有工作热情的员工，他们是企业这支大军的先锋队，在任何困难面前一个充满工作热情的团队都能将之化解。

想要让自己具有工作热情也并非难事，首先要对自己的工作充满新鲜感和好奇心，比尔·盖茨曾经说过："一个最优秀的员工具有两大优良品质——老人一样的经验和小孩一样的好奇心。"好奇心是工作热情的导火索。职场中的职员，只有始终保持一颗如幼童般的好奇心，才会在工作中充满热情并不断去探索和求新，从而提高工作效率，也会在自己的工作领域中取得辉煌的成就，并成为职场中的佼佼者。

比尔·盖茨还有句名言："每天早晨醒来，一想到所从事的工作和所开发的技术将会给人类生活带来巨大影响和变化，我就会无比兴奋和激动。"他的这句话阐释了他对工作的热情。在他看来，一个成就大事业的人，最重要的素质就是对工作的热情，而不是能力、责任及其他（虽然它们也不可或缺）。他的这种理念，成为微软文化的核心，像基石一样让微软王国在IT世界傲视群雄。

微软亚洲研究院前任院长李开复回忆起这样一件事：一位微软的研究员经常周末开车出门，说去见"女朋友"，一次偶然的机会，李开复在办公室里看见他，问他：女朋友在哪里？他笑着指着电脑说："就是她呀！"

为了让员工的热情得到充分而持续的发挥，微软公司努力创造一种融洽的氛围。以中国台湾微软公司为例，该公司宣称微软的企业文化是：我们拥有一种寓工作于乐的气氛，让所有的成员都能从中得到成就感，并享受工作。

如果员工对其从事的工作或研究的产品缺乏热情，他就不会想方设法地研究它，改善它，而产品是一个企业管理运作的中心和安身立命之本，是一个企业员工工作的中心。对产品漠视和缺乏应有的好奇心，也即意味着他对这份工作缺少热情，意味着他对这个团队没有多少眷恋。人们完全可以想象得到，那些对公司产品和工作不感兴趣的员工，他心底滋生的淡漠和厌恶是不会允许他积极、主动、高效地去完成工作。

很多员工也许认为，在工作中如果表现得过于充满热情，会让人觉得你不稳重，觉得你无知和缺乏深度。但是实际上并非如此，一个员工的能力是通过工作来表现的，而不是那些表面的功夫。不承认自己的无知才是双倍的无知，而热情正是对自己某一方面的不足的正视和对克服这类不足的渴望。正是这种渴望，使人爆发出无尽的激情和动力，把工作做得更好。

一家公司想在海外拓展业务，公司内部熟悉业务的人才很多，可是要分辨他们当中谁更适合去做好这件事情却很难。为此老板想了一个办法，他对所有人说："二楼角落里的那个房间从现在开始谁都不许进去！"

员工们都觉得奇怪，不过既然老板这么说了，大家都不想多生事端、自找麻烦，于是大家都自觉地不私自进入那个房间。可是有一个人却很好奇："里面究竟有什么？为什么不让我们进去？"于是他就偷偷地进去想看个究竟。

当他打开门走进那间屋子的时候，发现桌子上放着一张老板留下的纸条，上面写着："拿上这张纸条来办公室找我。"

第二天，老板当众宣布了这个充满好奇心的人成为新地区的业务经理。大家听到这个决定的时候都很不服气，有人反驳说："作为一名员工，服从命令是很重要的品质，他违反了您的吩咐，私自进入了那个房间。您为什么不惩罚他，却反而提升了他？"

老板解释道："没错，在日常工作中，无条件的绝对服从是一个员工的必需条件，可是对于新业务的拓展，热情和干劲却是第一位，如果没有了好奇心，就不可能有十足的热情。"

大家听了都心服口服。后来新上任的业务经理果然没有辜负老板的期望，在新的地区干得十分出色。

热情就像是摘下来的水果，一旦不再新鲜，就会变得很乏味。而一旦失去了对工作的新鲜感和好奇心，热情也就会随之丢失，所以想要维持工作的热情就需要保持对工作的新鲜感。

有的员工也许会说："新鲜感？我同样的工作干了几年了，就算是成天面对一个绝色美女，几年下来也不可能有什么新鲜感了。不厌烦已经不错了。"实际情况并非如此，有些工作确实是很单一，但是再单一的工作只要你的工作方法得当，总是会找到维持新鲜感和工作热情的诀窍。

一位老板在视察车间的时候发现，包装流水线上两个工人也是在忙碌着，但是却和别人的面无表情不同，他们脸上洋溢着灿烂的笑容。

于是他走过去问道："你们是新来的吧？"其中一个工人说："不是啊，我干了6个多月了，他时间更长有一年半了。"

老板疑惑地问："包装工作又累又枯燥，很多人干了没几天就想换到别的部门，你们为什么能做得这么开心？"

一个工人说道："枯燥?！那要看你如何对待这份工作，那些成天在办公室工作的人不枯燥吧，工作又不累，还可以喝喝茶上上网，可是他们还不是整天一副苦瓜脸？其实自己多想想法子，干什么样工作都会乐趣横生。"

另一个说："我在和他比包装速度和质量呢。输了晚上请客，他已经欠我两顿饭了。"旁边的又接过话说："要不是我实验我的新包装办法，才不会输给你呢！不过也没什么，这个月我们完成的工作量又比别人多很多，多出来的奖金够请你吃半个月的。重要的是这样干活带劲。"

老板被两个朴实工人的谈话深深感动了，后来他们两个一个被升任为包装车间的主任，一个被升任为包装部的经理。正是这种充满热情的干劲才让他们在最枯燥的工作岗位上做出了成绩。

从一名员工的面部表情上就可以看出这名员工对待工作的态

度，如果成天紧绷着脸，那么就会给人一种死气沉沉的感觉，还谈什么工作热情。或许你觉得自己什么样表情与他人无关，但是在老板的眼中可不是这样认为的，这样的小细节会直接影响到你给老板的印象。就像上面故事中的两个员工那样，老板就会觉得他们不仅重视这份工作，而且工作起来很有热情，所以他们才能得到提升。

一个具备热情和新鲜感的团队是不可战胜的，现在不少企业都意识到了这一点，参加过微软招聘新员工面试的人都知道，他们的面试题目往往如天马行空，其中涉及专业知识的很少，更多的是考察员工的好奇心和工作热情。因为微软的管理层知道，现在的高新技术企业不缺乏那些拥有专业知识的人才，缺乏的是工作的热情，所以他们把好奇心与工作热情作为跨入微软大门的第一个门槛，要想进入微软，先得带上你的工作热情。

小叶在一家外资公司实习4个月后，顺利地成了这家公司的一名员工。同事大部分都有丰富的经验，有的甚至是CPA兼MBA。每每开会，看到他们的建议和意见，小叶总是感到差距很大，为什么自己就没有想到？紧张与压力使她始终处于一种莫名的兴奋之中，于是，她悄悄地努力着，每天6点就起床，对着图表忙上半天，制订出自己的工作计划。这样每天的工作都很充实，就算忙得没有时间吃中饭，小叶依然很开心，因为工作有挑战，给她以与大学生活完全不同的感受。

小叶这种激情四射的工作状态，几乎是每个职场新人都会经历的。可是，这份激情却只是来自对工作的新鲜感，以及对工作中不可预见问题的征服感，一旦对工作驾轻就熟，激情也会往往随之湮灭。

但小叶却能一直保持着这种工作的激情，不久就在工作上做出了很大的成绩并得到了提升。

现在的一些高新技术产业，特别是IT行业，大部分员工都是一些年轻人，为什么会这样？老员工经验丰富，但是长年累月下来往往都缺乏那种工作中的热情，而热情，正是这些企业所不可或缺的宝藏。

乔丹带领着公牛队连续获得过多次NBA总决赛冠军，创造了世界篮球史上的神话。他的教练在评价他的时候说："乔丹最伟大的地方并不在于他那完美的球技，而在于他在场上表现出来的那股热情，他可以感染全队成为全队的灵魂和统帅，他就像一把火，让整个球队在比赛中的每一秒钟都在燃烧！"他的队友也说："只要看到他的微笑，就会使你充满力量，和他在一起比赛从来就不会想到输。"

热情在体育比赛当中往往会产生出人意料的效果，球迷的热情呐喊可以让运动员发挥得更出色，所以许多球员更愿意在主场比赛。企业中也是如此，一个充满工作热情的员工可以感染一大群人，这种感染力会让这个团体都活跃起来，这样的员工在企业里，哪个老板会不重视？哪个主管又会不喜欢？

作为一名员工，你或许无法控制自己的工作环境，但是，你可以试着培养自己的工作热情，以刺激自己更有创造性地思考和工作。如果你想成为一名优秀的员工，那么就去接近热情，它会引领你走向成功的道路。

拿破仑发动一场战役只需要两周的准备时间，换成别人则需要一年。在时间上之所以会有这么大的差别，是因为他那无与伦比的战争热情。战败的奥地利人目瞪口呆，不得不称赞这些跨越阿尔卑斯山的对手："他们不是人，是会飞行的动物。"

与拿破仑军事才能相比，他所具备的那股热情更能给法兰西带来胜利，拿破仑统率下的每一个战士，都对胜利充满了狂热的渴望，正是这种渴望，让他征服了整个欧洲大陆。

拿破仑每经过一个地方，都会聚集成千上万自发组织起来的欢迎他的居民，即使是一个毫不相关的旁观者，也不得不被当时热烈的情绪所感染。

我们敬佩拿破仑，但我们更应该赞美拿破仑手下那些具有充沛热情的士兵，他们才是最伟大的人。

对于一个职员来说，是否具有工作热情并不是一件小事。每个员工都是企业的一名士兵，一个充满热情的员工必然会感染周围的每一个人，一起为企业赢得更大的胜利。

［提示］

1. 想要让自己保持工作热情，那么在工作中对于“截止××时间”或者“时间已到”这类具有紧迫感的时间限定用语，不要过度重视。这一类的词汇，虽然能使工作进行得快些，但是，如果这种限定意识过度，反而会使注意力不集中，而且容易陷入不安。

2. 每天在上班之前可以听一段热情奔放的音乐，这样上班的心情也会变得饱满，对待工作当然就会热情起来。

3. 如果一天下来感觉自己有些身心疲惫，那么不如跳一段劲舞，这样不仅可以有一个充足的睡眠，还可以带动起自己第二天的工作热情。

4. 要保持长久的工作热情，与自身的努力是分不开的。全心全意做好自己的本职工作，工作出色了，有了业绩，自己会产生一点成就感和优越感，也就有了工作的动力。工作做好了，也会赢得别人的尊重，工作起来也会想更上一层楼。我们往往是在爬坡的时候感到干劲十足，充满热情。当爬上山顶的时候，反而觉得迷茫。所以工作达到一个阶段的时候，给自己树立新的目标，有了方向、有了动力，自然能保持高涨的工作热情。

5. 家庭的支持对职业中人很重要。所以，工作之余，别忘了多陪陪老人和孩子，体贴你的另一半，使他们了解自己的工作，支持你的工作。家庭里弥漫着欢声笑语，自己每天都能以充足的精力和愉快的心情上班，工作不再是一种负担，热情自然就有了。

6. 年轻的心态对工作也很重要，千万别因为已经工作了好几年就觉得自己老了。人未老，心更是不应该老。平时，多和年轻人沟通交流，感染他们对工作、生活的热情。给自己定下一个近期的、容易实现的目标，激发自己不服输的精神。

7. 在工作中，还要学会放弃。有人认为工作热情从某种意义上说，就是一个人能够心情愉悦地努力工作。不要为琐碎的事情生气，不要计较眼前利益。有些时候，该松手时就松手，同事之间、朋友之间，多多谦让一点，大家的关系融洽了，也就创造了一个和谐的工作氛围。快乐是最重要的，心情愉快了，做什么事情都有精力和热情，把工作当成一种享受，就能保持工作热情。

8. 多参加一些体育活动，不仅可以丰富自己的业余生活，还能练就健康的身体，保持一个最佳的身心状态，工作起来自然就会有热情。

职场中虽说事情没有大小之分，不过终日面对着一堆需要完成的工作，再怎么活力四射的人也会有一种压迫感。

其实，谁眼前的工作都不算少，为什么有的员工就没有这样的感觉呢？那是因为他们每天都给自己当天的工作进行一次小小的排序，懂得如何制订合理有效的工作计划，从最重要的事着手，使自己成为工作中的统率者，而不会被成堆的工作搞得到处乱撞，跟无头苍蝇似的。

9. 先做最重要的事

人类的重要任务就是将主要事务放在主要位置。

——史蒂芬·柯维

想要成为工作中的统率者，就需要分清工作的轻重缓急，简单点说就是分清主次——最重要的事情先做。世事难料，这是很多人的感叹，事实也确实如此，毕竟人还没有到料事如神的地步。然而，我们却可以事先对各种情况进行研究，并确认什么是最重要的，又该怎样去对待它。

古人云，预则利。在你的预案中分清了主次，一旦遇到突发性事件时，就会举重若轻、纲举目张地把它化解掉。否则，你就会“剪不断，理还乱”。幸福来自简单的生活方式，而简单则在于你能把握最重要的事。

每天花费几分钟制订合理有效的工作计划，并非是一件小事，它可以让你认清当天的工作中什么是最重要的事情，你就可以先着手做最重要的事情，从这点上就能看出一名员工对待工作的态度与责任心，它可以让你成为工作的统率者。想象一下，当你先把最重要的事情完成之后，怎么会没有一种成就感，而这种成就感正是一名员工面对繁杂的工作最需要的身心激励。当你被这种成就感充溢着的时候，不管多琐碎的事情，你都会有很高的工作热情去完成它。

人活在世上和自己有关系的事情太多。有喜事，有悲事，当然也有最重要的事和次要的事。那么究竟是最重要的事第一还是非重要的小事第一？这个问题看上去好像一目了然，回答是肯定的，当然最重要的事第一了，但是在我们的工作和生活中，往往由于性格等原因，把最重要的事给耽搁了，最后悔之晚矣。

凯瑞大学毕业后，在求职上并没有费多少周折，很顺利地进入一家著名的跨国公司。她精明能干、善解人意，当然很受老板的赏识，进这家公司没有多久，很快就由普通员工提拔为经理助理，她工作更卖力了，每天的工作都帮老板安排得井井有条，和同事关系处理得也是很好，单位的同事都很亲切地待她。

凯瑞在这里的工作用她自己的话来说是得心应手，心情也很舒畅。在同届毕业生当中她目前的处境是最好的，所以难免会有同学打电话咨询她一些工作上的事情。这些电话大多是长途，作为善解人意的她接个电话也是无可厚非的。帮助他人也是她的天性，所以每个电话她都会很认真给对方出谋划策。

为此，经理也批评过她，说这些小事下班再说，以免误了公司最重要的事。当然，说也只是不痛不痒地说，毕竟凯瑞的工作能力很强，这种人情上的事情做了也就做了，况且她在工作上与经理也配合得相当默契。

一次国外的老板打电话过来，结果电话一直占线，这一次老板已经打电话通知中国区经理让他等电话有个重要的合同，结果他一直等了半个多小时才把电话打进来，了解电话占线的原因不是因为中国区经理把他的话当做耳旁风，而是凯瑞在接一个电话。当然，外国老板那次也没说什么。

直到有一天，凯瑞正在修改一份广告内容时，有人敲门，而她习惯性地说了句等一等，当她开门后方知是外国老板，这才慌忙地给他倒茶。他离开中国之后，做出了一个决定，并给中国区经理发了一份传真：

凯瑞很出色，也很努力，但是她没有很清楚地分清事情的重要性与非重要性。我希望下次见到的不是凯瑞，而是一名能把最重要的事情时刻放在心上的员工。

经理看后傻了眼，他好像以前并没有太在意凯瑞那些小事，只知道她把工作都做得很好。凯瑞被辞退了，同事们都感到很吃惊，不过这家公司在后来的招聘面试题中就多了这样一项，最重要的事第一，还是非重要的小事第一？

凯瑞的工作经历是不是给我们一个警示：有的时候，看似很小的事情，却能影响我们的工作、生活。那位外国老板的想法并不是没有益处的，那些生活琐事表面上看似乎并不影响大问题的解决和处理，但它浪费时间和精力。

员工主要的职责就是快速、准确、高效地完成上司交给的任务。这也是得到上司认可的一个重要途径，这样上司才有可能提拔你，使你通过被重用而更好地实现自身价值。相反，如果你连最起码的主次都分不清，甚至连上司交给你的最简单的任务都无法完成，那么你肯定不会得到上司的认可，也许还有一种最坏的可能在等待着你，那就是被炒鱿鱼。

要想出色地完成上司交给的任务，首先就要分清主次——先做最重要的事。将最重要的事情放在首位是在职场中得以生存的核心问题。几乎每个人都被自己想做的、上司要求我们做的以及自己担负的许多细小工作给搞得精疲力竭，甚至有种疲于奔命的感觉。如何最好地分配自己的时间先做最重要的事，最大化地提高工作效率，就显得尤为重要。

这是一个致命的问题，它能左右你职场上的一切。那么，是什么在困扰着你？是你分不清摆在面前的问题到底哪个是最重要的。

对一个不重要的问题做出决定并不难，可以说是轻而易举的事情，并且能很容易地发现自己对于工作的主次分配有问题。但是对于大多数的人来说，上司交给的事情都是重要的事情，问题不在于“重要”与“不重要”，而在于“重要”与“最重要”。所以“最重要”的敌人常常是“重要”。它就像雾一样常常迷住你的眼睛，使你找不着北。

罗伟毕业后，应聘到一家大型公司做助理。刚到任时，总经理给他谈了公司的情况与现状，并且交给他两件需要办理的事情，一件是资金周转问题，另一件是公司员工的日常需要供给问题。罗伟学的是会计专业，且认为有筹集资金的特长，因而产生了一个很实际的想法，将解决资金周转的问题放在了最重要的事情上。

罗伟为解决资金周转问题在各个部门跑来跑去，但没有像以前的助理那样处理日常事务。这引起了公司绝大多数员工的强烈不满，因为以前的助理把主要精力放在满足公司员工的日常需要上。但是罗伟却不这么做。

公司员工对于他的这种做法极为不满，就派了一个代表到总经理那里要求换新助理，或者让罗伟彻底改变自己的做法。总经理了解罗伟的做法，替他解释说：“放心吧！他会将你们的问题解决得很好的。但是，你们要给他一段时间。”

没过多长时间，公司资金周转问题解决了。罗伟这才开始着力解决公司员工的日常需要问题。虽然他后来将问题处理得很好，但是由于他没有将员工问题放在首要位置解决，许多员工对他已有成见，他在公司的情况可想而知，变得众叛亲离，最终，他只得离开那家公司。

后来，罗伟这样说道："我的失误在于团队建设做得不够，解释工作做得不足，与公司同事的沟通太少。没有将总经理交给的任务分清哪是最重要的，哪是重要的。如果我将员工实际问题放在最重要的位置，也许会出现截然相反的结果。但是，现在说什么都已经太迟了。"

那么，对于你来说，上司交给的任务什么是"最重要的"？什么使你无法将时间和精力放在你本想做的"最重要"的事情上？是因为太多"重要"事情需要你做吗？对于大多数人来说，情况就是这样，而这样做的结果是，他们对没有将工作中的首要事情放在首要位置而感到不安。

上司在分配给你任务的时候，有时是间接的，有时是刚刚给你下达了一个命令，接着又下达了另一个命令。这时，你就要分清哪个是"最重要"的，先做好"最重要"的事情，再做"重要"的事情。这就需要你准确领会上司的意图，如果仅靠表面上的意思去理解上司的话，可能你无法体会到上司的真实意图。特别是有些上司在说话中习惯用一种暗示，就更需要引起注意。这时，你就要用你聪慧的大脑认真地领会。

例如，上司如果对你说，我最近整天忙得团团转，开会、写文件、赴约。对了，我让他们做的统计表怎么还没送来，我今晚需要看一看，还有你将我的公文包整理一下，一会儿我要去参加一个很重要的会议。这时，你就应该先把上司的公文包整理好，不要耽搁上司去开会这才是最重要的事，然后，再抽空去看看统计表的完成情况，如果他们做好了，就拿过来放在上司的办公桌上；如果他们没做好，就要提醒他们加紧点，上司今晚要用。聪明的下属一般都会这样做。

没有哪个员工不想在事业上取得成功，那么对于工作中的细微小事就得特别关注，只要你投入极大的工作热情，分清"最重要”的与“重要”的，相信你的事业一定会像芝麻开花一样，节节高。

想要成为一名优秀的员工，你就需要分清工作的主次——最重要的事先做。

在时间管理方面有一个很有名的二八定律，也就是用你80%的时间来做20%最重要的事情，因此你一定要了解，对你来说，哪些事情是最重要的，是最有生产力的。

谈到时间管理，有所谓紧急的事情、重要的事情，然而到底应做哪些事情？

当然第一个要做的一定是既紧急又重要的事情，通常这些都是一些突发困扰、一些灾难、一些迫不及待要解决的问题。当你天天处理这些事情时，表示你时间管理并不理想。成功者花最多时间在做最重要可是不紧急的事情，这些都是所谓的高生产力的事情。然而一般人都是做紧急但不重要的事。你必须学会如何把最重要的事情变得很紧急，这时你就会立刻开始做高生产力的事情了。

当然，分清主次在我们的生活中，也是一件重要的事情，这样才能给自己留一些时间去享受生活。假如还像以前，无论什么事情都往日程里安排，我想一个人即使有三头六臂，也还是不能圆满完成工作，所以，分清主次是高效享受生活和完成工作的前提。只有把事情有主有次地分开，才能避免浪费更多的宝贵时间。

［提示］

1. 每天开始工作之前，先拿出10分钟的时间制订一下当天的工作计划，把最重要的事情列在首要位置，并且对其进行思考，想好如何去做才能够完成得更为圆满。

2. 你需要明白，自己是一个团结协作团队中的一分子，有些事情光靠自己完成起来就会显得势单力薄，如果你可以请求同事的帮助，不仅可以提高工作效率，而且也有利于同事之间的沟通与协作。

3. 不要让突如其来的电话、电子邮件干扰了你既定工作的进行，从而你不得不加班。为了排除干扰，你可以这样做：将电话转为语音邮件，并且只需回复那些确有急事的电话；把每隔10分钟查看一下电子邮件的习惯改为每隔几小时，并且做有针对性的回复。

4. 在工作当中，不要让私人事务使你分心，例如一个朋友的电话就说了半个小时，你要知道你不可能放下电话之后立刻投入工作中，那种情绪也一定会对你有所影响，从而使你原本可以完成的工作而不得不延迟。既然这样，那么不如简短地说几句，既表示了你对朋友的关心，又不会影响工作的正常运作。

5. 增强你的时间观念，就是在既定时间里完成任务。上司在给你下达任务的时候，一般都会提出相应的完成时间。记住时刻将时间与质量这两个要求贯穿在完成任务的整个过程，最好能提前完成。一个每次都可以按期完成或提前完成工作的员工，即使不天天加班加点，不显得终日忙忙碌碌，也会让上司觉得你是一个让人放心的人，永不会天天追着你问工作进度如何。

作为职场中人，你不仅仅是埋头劳作的老黄牛，有时候也需要抬头看看，主动地向上级汇报一下自己的工作情况，让上司知道你都做了些什么，这不是邀功请赏，不只是对上司的一种尊重，它是成为一名优秀员工所应具备的素养。

10. 主动向上级汇报自己的工作情况

> 我的一生所主张的，就是对生活、对人们必须持积极的态度。
>
> ——高尔基

作为员工，没有哪个人不想得到上司的赏识，但是如何才能得到上司的赏识呢？其中很重要的一点就是主动向上级汇报你的工作情况。很多员工都觉得这只是一件小事，只要自己努力工作就够了，实际情况真的是这样吗？答案当然是否定的。

及时主动地向上级汇报你的工作情况，首先你会赢得主动，在上司眼里你不仅尊重他，而且还会觉得你是一个工作认真细致的人；反过来站在上司的位置来看待这个问题，上司成天看到你都很忙碌，可是他并不知道你究竟在忙些什么，难道他就不会觉得你在瞎忙？其实，作为上司，他心里很想了解自己下属的工作情况，当然不是只看工作报告那么简单。作为上司，他很希望下属及时主动地向他汇报工作情况。

假如你是上司，你手下有这样的两个员工，一个在工作中总是很及时主动向你汇报工作情况，有时候即使他外出跑业务，你也会有他就在眼前工作的感觉，因为你对于他当天的行程了如指掌，那么，你就会觉得这个员工让你很放心；而另一个员工，你成天都看不到他的身影，好像他真的很忙，可是你就是不知道他到底在忙些什么，甚至你有时候都会想他会不会假借跑业务之名在外面玩而不愿意回公司，遇到这样的员工，你岂能放心得下？到了令你实在没办法的地步，你只能强令他向你汇报最近一段时间的工作情况。身为上司的你，面对这样的两个下属，你会更赏识哪一个呢？

谜底不用我揭晓，在你的心中想必已经有了答案。别把主动向上级汇报工作情况当做一件小事，上司正是从这样的细节上对员工在心中有了不同的打分，从中可以看出你对他是否尊重与信赖。如果你想要成为一名优秀的员工，你就得注意这样的细节，你必须及时主动地向上司汇报你的工作情况，赢得上司对你的好评。

小张是个工作起来很拼命的人，不过不懂得及时向上司汇报自己的工作情况。最近，他为了一个宣传活动忙得焦头烂额，即使在工作中遇到很大的困难，他也不向上司说明，他总觉得自己可以独立完成，而且感觉如果把自己碰到的困难向上司说明，可能会给上司留下一个不好的印象。

小张一直到工作结束之后才去向上司汇报，当他把自己的工作业绩递给上司的时候，并没有收到他事前预料到的结局——得到上司的表扬。上司只是从头到尾浏览了一下，然后说："你比我计划的完成时间晚了两天，下次你要多加注意。"小张也只能满口答应。

走出上司的办公室之后，小张的心里很不平静，他觉得自己很委屈，自己克服了那么大的困难才取得这样的成绩，上司不但没有表扬他，反而还说他晚了两天完成。他感觉自己心里有苦说不出，可是上司对他还不理解，有种打掉了牙齿只能往自己肚子里咽的滋味，工作中的艰辛倒没有什么，想想上司的话，一种辛酸的感觉挥之不去，他也因为这件事搞得心情不好。

连续好几天小张工作都提不起精神，关键是他并没找到自己究竟错在哪里。

看过这个故事之后，你是否有和小张一样的感触。其实问题很简单，说白了就是小张不懂得及时向上司汇报自己的工作情况这门艺术。向上司汇报自己的工作情况，对于一名员工来说就是一门学问，有的人懂得运用这门学问，而有的人就像小张那样执迷不悟。

说起来，及时主动向上司汇报工作情况，是员工应该做到的本分。主动向上级汇报自己的工作情况，对于员工来说，让上级知道你的工作成绩，在工作中碰到什么困难，如果自己能解决，既可以在上司面前及时反映出你的工作能力；如果不能解决，又可不失时机地向上司请教。上司毕竟是上司，不论是工作时间还是工作经验都比你要多，你向上司请教问题，不但可以显得你虚心好学，而且你还能够获得上司的帮助，这样不仅可以给上司留下一个好的印象，对于你工作的完成也会达到事半功倍的效果。对于上司来说，他不可能时时刻刻监控每一个员工的工作，但是他们都希望知道下属在干什么，经常汇报自己的工作情况，也是积极与上司沟通的一种极佳方式。

特别是那些市场部的工作人员，主动向上司汇报工作情况更是非常必要的，因为他们一天到晚在外面跑，有多辛苦别人谁也不知道，上司也不知道他们都做了些什么，甚至还以为他们成天就在外面玩，如果能做到及时向上级汇报，就可以让上司知道你是如何开展工作、如何克服困难并取得了什么样的成绩。

李红平时总看到 Lily 他们常去敲经理的门。Lily 作为秘书，与经理打交道多并不奇怪，但是为什么王明他们也三天两头地去经理那呢，就有些让人丈二和尚摸不着头脑。

有一天中午她和同事们聚在一块吃饭，说出了自己的困惑。

其中小刘感叹道："好酒也怕巷子深啊。"

小刘看到一脸迷惑的李红，解释说："也就是说他们去经理那儿是在向经理汇报自己的工作情况。"

这时李红才恍然大悟。

另一个同事想了想说："但也不用经常去啊，感觉像在邀功，我还是觉得默默奉献好。"李红觉得挺在理，也赞同地点点头。

不过，小刘听了"扑哧"一下笑了出来，他说："你们真是榆木疙瘩。虽说外企不像国企，员工经常要写什么工作总结，但是道理是一样的。你总是在默默奉献，经理怎么知道你到底都做了些什么呢？他想知道自己的属下都在忙些什么，只是作为一个领导，碍于面子，他不好意思向你问，其实他很想知道的。你主动向经理汇报自己的工作情况，不仅可以让经理知道你在忙些什么，而且对于工作中遇到的难题，他还可以给你提出宝贵的意见和建议，对于你完成工作也是一种帮助，这也是与领导沟通的一种方式，难道不是吗？你主动地向上司汇报工作情况，他就可以十分明确地知道，你为了完成这项工作都做了哪些努力，克服了多少困难，对于你取得的成绩他也会知道其中的分量。主动向上司汇报自己的工作情况，对一个员工来说真的很重要，它并不是在邀功，而是让领导对你的工作放心的一种传达途径。"

李红觉得小刘说得很有道理，在工作中不能只是做埋头苦干的穿山甲，一天到晚只知道工作。她更加感觉自己做得不够好，自从她负责这个项目以来，真的遇到了不少困难，她都是咬牙熬过去了。现在工作已经快要收尾了，可她却没向经理正式汇报过工作情况。一方面是怕经理认为她工作能力不强，二是自认为工作还没有结束，没有什么可汇报的。即使经理问起，她也都故作轻松地说一切进展都很顺利，但其中艰辛也只有她自己清楚。

听了小刘的话，李红深感自己可真是块榆木疙瘩。李红一下子加快了吃饭的速度。

"你干吗突然吃得那么急啊?"小刘问道。

李红反倒吃得更快了，说："我急着回去整理工作情况，下午就去向经理好好汇报汇报。"

想要成为一名优秀的员工，只知道埋头苦干是远远不够的，在整个工作团队里你并不只是单一的个体存在，你需要让你的上司知道你都在忙些什么才行。上司作为你的领导者，他毕竟有你所没有的经验，而这些经验往往对于你工作的完成会有很大的帮助。

那么，在你进入职场以来，你有多少次及时主动地向上司汇报工作情况呢?

在管理学里有这样一句经典名言：职员给予上司的报告永远少于上司对他们的期望。因此，想要成为一名优秀的员工，越早养成及时主动向上司汇报工作情况的习惯越好，你也就能越早得到上司对你的赏识。

李小姐作为一名毕业生来到一家酒业公司实习，刚出校园，对于工作上的事情懂得不多，不过，李小姐有一个好习惯，那就是遇到不明白的地方就去向上司请教，久而久之，在上司眼中，她不仅很好学，而且对待工作十分认真。

没过多久，上司把一个业务交给李小姐去完成。她自然很高兴，这毕竟是自己接到的第一个业务，在喜悦的同时，她也告诫自己需要小心行事，因为自己毕竟没有什么工作经验。

那天李小姐去那家约好的饭店谈生意，饭店负责人看她年龄小，估计没有经验，就在合同上列出在卖啤酒的同时赠送多台冰柜的事项。李小姐看到这条的时候，心里没有底，自己对于这个事情并不是很清楚。于是，她借去洗手间之名，给她的上司打电话，确定公司是否有这项业务，经过向上司汇报情况，李小姐了解到了这样的一个事实，她所在的啤酒公司赠送冰柜的事情是要根据饭店的地理环境等诸多因素综合考虑的，李小姐也因为及时向上司汇报自己遇到的问题，让公司避免了一次不必要的损失。

事后，李小姐总结到作为实习生一定要做到多请示、多汇报，如果出现拿不定主意的情况，就向客户说明需要再考虑一段时间，千万不要自作主张。而且，实习生刚走出校园，难免有一些孩子气，所以说话办事更要三思而后行，必要时需要及时与上司取得联系。

李小姐也因为自己在实习期间的出色表现，实习期结束的时候成为该公司的正式职员。

试想一下，如果李小姐当时害怕上司说她没有工作能力而不打这个电话向上司汇报情况，无缘无故地免费赠送出多台冰柜，那么对于公司将是一笔不小的损失。

成功与失败往往就在细节上体现出来，作为在职场上打拼的人，没有谁不想成为一名优秀的员工，如果你也是那样，那么你就得像李小姐那样，做事情多向上司汇报自己的工作情况，不要逞一时之勇，导致无法弥补的后果。

[提示]

1. 不要等到上司下命令，你才去向他汇报自己的工作情况，也不要把它当做一种负担。上司要你向他汇报工作，从另一个角度来看也说明他很关注你的工作，所以，与其等上司下命令，还不如自己主动去汇报，这样还能争取到主动权，不会有被动的感觉。

2. 向上司汇报你的工作情况的时候，一定要具体，切不可含糊其辞，敷衍了事，这样会给上司留下你工作不认真的印象。

一旦印象形成，想改变就没那么容易了。

3. 向上司汇报工作，需要做到及时主动，不要总觉得你只需埋头苦干上司也会看到你的工作成绩。很多时候，事情并不是这样的，向上司汇报你的工作情况，其实也是与上司进行沟通的一种很好的方式。

4. 及时主动地向上司汇报你的工作情况，不仅可以让上司了解你都在忙些什么，而且，当上司听到你工作中有困难时，他必定会向你提出自己的意见与见解，这些对于你的工作都会有所帮助，而且你还会觉得上司对于你的工作十分重视，工作起来也会有干劲。

在职场中有这样一条铁律，那就是不管穿着、说话还是行事都不要比你的上司更显眼，一定要在这些很多人会认为是“小事”的环节上摆正自己的位置。

你与上司的地位始终有差别，应该是上司做主的事情，一定不要自作主张，因为你没有定夺的权力。如果你在这些方面摆不正自己的位置，那么吃亏的那个人一定是你。

11. 不要比你的上司更显眼

一个人的真正伟大之处就在于他能够认识到自己的渺小。

——保罗

很多刚刚步入职场的新人，由于急于表现自己的工作能力，在不该说话的时候说话、不该做主的时候做主，这样不但不会让上司承认你的工作能力，反而会让他觉得“这家伙什么事情都可以自己解决，还要我这个上司干吗?”细想一下，上司又怎么会对这样的人产生好感呢？更不要提什么信任了，上司更不可能把重要的工作交给这样的员工去完成。

在上司面前千万不要觉得“我不就是说了一句话吗，有什么关系”，殊不知，这里面的关系可大了，作为下属不该说话时就是不能说话，除非上司问你对这件事情的意见，否则你就是有看法也不要脱口而出。如果那样的话，就会让上司觉得你根本不尊重他，你也会因为这样一句自己觉得无所谓的话，而把自己在上司心中的好印象给泯灭了。

或许你会觉得“我有更好的建议为什么不可以提”。当然，道理上来说，这并没有什么不妥。但是你如果当众反驳了你的上司，即使你的建议再好也会让你的上司难以接受，因为他会觉得你令他颜面扫地。如果你有比上司更好的想法，不妨在只有你们两个人的时候委婉地向上司提出，这样既证明了你的工作能力，又给足了上司面子，一举两得的事，你又何乐而不为呢？

张铭两年前应聘到一家事业单位从事建筑设计工作，在工作中他认真负责，可很少与上司交流。

有一次，他利用双休日加班，将设计室主任已经拟定好的设计方案自作主张地做了修改，并且也没给主任原来的设计方案储存备份。

周一上班的时候，张铭直接把自己的设计方案提给设计室主任，主任看到自己的设计方案被改得面目全非当然很生气，"谁给你的权利，让你来对它进行改动？"

可想而知，设计室主任狠狠地批评了他，为此同事们也只好陪着他加班赶制设计图。张铭却始终认为自己的设计要比主任的有创意，心中对主任很是不满，心想，我牺牲自己的休息时间把你不怎么好的设计方案重做了一下，你不但不说我好，反而如此责怪于我。同事们为了他的自作主张而熬了一个通宵，对于这件事他没有向同事表示一点歉意，同事对他当然就心存一大堆意见。而且，张铭并没有认识到自己究竟错在哪里，面对上司的责骂、同事的不理解，张铭陷入了一团迷雾当中。

不久后，他便成了单位上的孤家寡人，连去食堂吃饭别人也不愿意和他坐在一个餐桌上，最后张铭只得辞职不干。

设计室主任的这句"谁给你的权利，让你来对它进行改动"，已经充分显示出张铭在这件事的处理上没有把上司放在眼里。其实，张铭完全可以在作修改之前，先给设计室主任打个电话，和主任简单地沟通一下自己的想法。这样的话，即使设计方案原本是主任自己做的，如果他觉得张铭的想法确实比他好，自然也会接受，主任也许还会直接对张铭说："那就辛苦你了，把我原来的设计方案修改一下。"

如果你能在私下与上司沟通你的工作想法，上司不但会认为你工作认真负责，而且也会觉得你是一个为单位的整体利益着想的人，就会对你另眼相看。如果能做到这点，故事中的张铭也就不会让设计室主任下不来台，张铭也就能证明自己的工作能力，而且有可能赢得主任的好评，又岂会出现上面的状况？

本来是一件可以达到双赢效果的事，因为你不懂得从上司的角度思考问题，抢了上司的风头，使得自己在上司甚至同事心中都留下了不好的印象。所以说，在职场中做事切忌在众人面前做得比上司更显眼，要让上司感觉到你对他的尊重与信任，上司也是人，又有哪个人喜欢自己当众被人弄得下不了台呢？

如果你处处做得比上司显眼，上司就会觉得你是在炫耀，这样的话恐怕上司不仅仅是对你的印象不好，而且你很快也就会被炒鱿鱼了。

某装饰公司来了个"海归派"李先生，担任策划部经理。

李先生自恃有洋学历，又获过一个国外设计大奖，就到处宣扬自己的才华，动不动还用英文训人，说别人的设计都是垃圾。李先生做得太显眼了，就是对待自己的顶头上司，很多时候他也不向他汇报自己的工作进度，这点让公司老总对他很不满。

平心而论，他的设计确实有独到之处，可他那种咄咄逼人的气势让人很不舒服，就连老总都看不过去，只不过觉得他的确有过人之处，才勉强容忍他在公司待着。如果只看李先生的实力，他早就应该获得提升，可是好几次面临提升，老总都以他的设计"叫好不叫座"、"不符合当地实际"为由，没给他机会。

李先生也有种怀才不遇的感觉，终日闷闷不乐，脾气反倒更大了。

一个不懂得处世哲学的人，即使再有能力与才华，也得不到大家的认同与支持，就如同战场上孤立无援的将领，根本不可能有取得胜利的机会；一个说话、行事比上司更显眼的员工，即使再有工作能力，也不会得到上司的重用。因为那样的话，上司不但不可能喜欢你，而且一旦有了比你更合适的人选，他一定会将你清除出他的视线之外。想要成为一名优秀的员工，你就要时刻注意自己的一言一行，一定要提醒自己，不要比你的上司表现得更为显眼，得不到上司与同事认同的员工在职场上就会没有立足之地。

在任何时候，一个处处压制别人、唧唧喳喳地把别人风头抢尽的人，是得不到周围人的欣赏与钦佩的。真正成熟的职场人，不会表现得比自己的上司更为显眼，更不会妄自尊大，用自己的长处和别人的短处相比，他会随时放低自己的姿态，谦虚地向上级和同事请教。只要拥有宽广的胸怀和平和的心态，再加上自己的才华，你就能在职场的激烈竞争中游刃有余。

小兵是公司的销售主管，在一次老板出差的时候，老板信任地拉着小兵的手说："这里的一切全交给你了，我最信赖你！"

在老板离开后的第三天，客户打来电话，反映同类产品现在开始促销，并咨询该公司的产品是否也有相关的优惠活动。小兵突然想起来，老板离开前他曾经申请过相关事情，也提交了相关报告，老板做了口头批示，但未做详细的布置和工作安排。本应向老板汇报请示的小兵耳边响起了老板临行前的重托，于是自作主张，实施了自己的促销方案。结果，把在外地扩大市场的老板弄得很被动。

当然，老板回公司不久，小兵就被炒了鱿鱼。

当老板有时离开而交给你工作任务时，老板通常都会这样对你讲“这里的一切全交给你了，我最信赖你”，但你要学会捕捉老板的“弦外之音”，不要把老板所说的一切都信以为真。“这里的一切全交给你了”“我最信赖你”之类的话，很大程度上是对你工作积极性的勉励。切记，老板交给你的只是工作而已，而不是老板的位置和权力，千万不要不知深浅，做起事来比你的老板更为显眼，俨然把自己当成老板一样，自作主张、指点江山。最好的方式就是及时向老板汇报工作，请求指示，以电话的方式来扩大他的权威性，自作主张的结果往往都会费力不讨好。

作为下属，一定要承认自己与上司的地位差别，切不可有“他的工作能力不如我，只不过就是命比我好”的想法，这样想只会让你自己的职场生涯难上加难。你要明白，既然你的上司能身处领导的位置，必然有些地方是你所不能及的。

“小不忍则乱大谋”，作为下属，你的主要任务就是协助上司更好地完成工作，当你与上司关系出现问题的时候，一定要先检讨自己的过失，无论怎样，与上司建立良好的工作关系，对你的工作都是有百利而无一害的。

有些女性在职场中，在穿着上比自己的女上司更显眼，而有些女上司在工作上就会像在鸡蛋里挑骨头一样的处处为难于她，这时，很多女员工就会莫名其妙，觉得自己并没有在什么地方有什么不善之举。其实，这个问题很简单，你站在女上司的角度想一想，当你看到自己的下属比自己更加光彩夺目，你会怎么样？作为下属，特别是女员工面对女上司的时候，在穿着上应该要注意到这一点，你只要穿着干净、整洁、大方就好了，年轻就是你的资本，何必要在着装上比你的女上司更显眼呢？

白雪在学校里就是出了名的校花，不但人长得漂亮，又很会穿衣服，走在哪里都是一处亮丽的风景。

参加工作之后，白雪的美貌不仅没有对她有所帮助，反而成了她最为担心的地方。好不容易在一个公司待上了3个月，她觉得这回应该不会像以前那样因为漂亮而惹出什么祸端了。

有一次，白雪的女上司去外面考察市场，就把工作交给她完成，走之前还叮嘱她，如果总经理来了，立即打电话给她，并且告知总经理，她很快就会回来。

真是一言击中，总经理真的下来例行视察。来到白雪所在的部门时，立即被白雪的美貌所吸引，觉得她长得真是人如其名，很自然地就和白雪多聊了几句，问她“在这里工作习惯不习惯啊”之类的关心话。白雪受到总经理如此的问候有些备感亲切，不过她也没忘记上司走之前的话，就向总经理说明了上司的去向，然而总经理却说：“不用了，我就是下来四处看看，今天遇到你很高兴，以后要努力工作呀。”

这样，白雪也就没有给上司打电话，她还觉得自己的决策没有错，是总经理说不用的。可是等到上司回来得知总经理来过，就责问白雪为什么不打电话给她，白雪就把总经理的话重复了一遍，这时候，上司从自己的座位上站起来，说：“你是他的下属还是我的下属？去财务结清你的工资，明天就不用来上班了！”

白雪当时就傻在那里了，她真的不知道自己错在哪里。同样的事情又发生了，她又一次失去了工作。

下属的职责始终是服从上司的命令，像白雪这样上司走之前都千叮咛万嘱咐了，可白雪到头来还是自作主张了，当然就惹怒了上司。年轻漂亮本来是一种优势，但如果不能很好地利用，在职场中往往会变成你的劣势。也许白雪给上司打了电话，上司照样会责难于她，但绝对不会出现被炒鱿鱼的下场。

那句“你是他的下属还是我的下属”虽然只是句气话，但也不无几分道理。作为下属，一定要服从于自己的直接上级，你的成绩都是被直接上级所肯定的，总经理虽比自己的上司级别高，但总经理也是通过你的上司才能对你有所了解并肯定你的成绩从而决定是否提升你的。

所以，在职场中做事，切忌自作主张，处处做得比自己的上司更显眼，更不能把上司的话当做耳旁风。

［提示］

1. 作为员工，在不应该你说话的时候，切记不可随便发言，这样对你一点好处都没有，要等到上司问你意见的时候，才能说话。必要时，可以私下向上司说出自己的看法，这样就不会比上司更为显眼，还给足了上司面子，也能让上司对你有一个良好的印象。

2. 对于上司的案例，一定不要自作主张进行修改，就是感觉自己的比他的好上一千倍，也不可以，你必须在得到上司认可的前提下，再下手修改。你别小看了这一句话、一个电话的事情，多问一句话，多打一个电话，你就会有截然不同的收获。

3. 作为下属，必须承认你和上司的地位差别。你的主要职责就是协助上司完成工作，而不是替上司做主。你替上司做主了，那上司的面子往哪里搁？在上司眼里你就比他显眼了，这样出力不讨好的事，千万做不得。

4. 当女下属遭遇女上司的时候，切记不要在着装上比上司更为显眼。年轻就是你的最大本钱。你还需要做到服从上司的指示，做好自己的本职工作。

在严肃的场合，如开会、向上司汇报工作情况等，一般都要关掉自己的手机。即使是日常的上班时间也最好把手机调成振动，不要让手机的声音影响到同事的工作。这是你作为职场中人最起码的工作素养。

12. 开会或向上司汇报工作时，尽可能关掉手机

别人对你工作的干扰与你自己无数次地打断自己相比，微不足道。

——布兰丹·弗朗西斯

手机作为一种现代化的通信工具，与人们的工作生活联系得越来越紧密，手机铃声也从最原始的单声调变得绚丽多彩起来，彩铃更是目前十分流行的手机铃声，可以根据不同的来电显示出不同的声音，你即使不看来电单凭手机铃声也能很快地判断出是谁打来的电话，在如今的职场中几乎是人手一部。不过，在手机的使用过程中，必要时候应该尽可能地关闭手机或者调为振动，比如：开会或者向上司汇报工作情况时等重要场合。

手机属于私人物品，在上班的时候，你的手机铃声再悦耳也会形成一种干扰，干扰到同事的工作，从而影响了你在同事心目中的形象。

小明刚买了一部新手机，对它爱不释手，之前就很喜欢彩铃，每当有来电，音乐响起的时候，小明就很兴奋，把玩着手机乐趣横生。

小明在一家网络公司上班，对于来电多早已习惯，之前他在上班的时候总是把手机调为振动，因为自己的手机是好几年前买的，怕丢人。现在就不同了，有了新手机，还是彩铃的，小明很

想向同事们显摆一下。

刚开始，他手机响的时候，同事还会说，哟，买新手机了，还是彩铃的，你小子行啊。小明的心中也乐翻了天，那高兴劲就别提了。随着大家对于手机的新鲜感的降低，慢慢地也没有谁对他的手机发表感想了，不过小明这时候也已经习惯不开振动。

有次正赶上老板下来例行检查，小明的手机响了，他赶紧跑到一边接电话去了，回来之后，老板把他单独叫了出来，说公司不是有规定，上班时间不准把手机调为铃声的吗？你的手机还是彩铃的，声音是好听，但是却会吸引大家的注意力，那工作效率就会降低。

小明只能低头听着，最后被老板以不遵守公司制度而扣了他当月的奖金。

上班时候，把手机调为振动不仅代表着你对他人工作的一种尊重，而且也能充分显示出你个人的修养。故事中的小明就是因为虚荣心太强，一心想让同事知道他新买了部彩铃手机，而忽略了自己的手机铃声会对他人的正常工作形成干扰。

工作时间把手机调为振动，其实是一件很简单的事情，只要动一动手指，顶多只用 1 分钟的时间就能“与人方便，也与己方便”。如果你想要成为一名优秀的员工，像这样的小事就应该多加注意，切不可因小而失大。时刻对细小环节加以注意，就能逐渐养成细致认真的好习惯。

职场中经常需要开一些临时的或者重要的会议，开会的时候，如果你能把你的手机关掉，它就不会令你分神，你也就能聚精会神地聆听会议内容并加以记录，必要的时候，你还可以在会议上提出你的个人见解，赢得同事甚至是上司的肯定。如果你没有把手机关掉，在会议进行当中一阵铃声响起，不但打断了发言人的讲话，而且还会招致很多同事的反感，即使你的手机铃声再怎么悦耳，在这样的场合恐怕也会让上司产生厌烦的情绪。

有的人也许会说，“我把我的手机调为振动状态不就好了”，当然手机振动不大可能会在开会时影响到别人，但当你的手机在你的口袋里不住地振动时，你就不可能不受它的干扰，这样就会分散你聆听会议内容的注意力。

张惠刚上班不久，在学校的时候她就是一个丢三落四的人，工作之后也深受其害。有一次，公司开会，张惠拖拖拉拉最后一个到，上司狠狠地瞪了她一眼，她很不好意思地赶紧坐了下来。

会议正在进行中，一阵手机铃声响起，上司的脸色马上不是颜色了，怒目而视，说：“谁的手机响起，不是已经说过好几回了吗，开会的时候，把你们的手机都关掉，还有什么比开会更要紧的啊？”

大家都面面相觑，不敢吱声。上司看到没有应答，更为恼火：“到底是谁的手机刚才响了？难道敢做不敢当吗？”

这时候张惠慢慢地站了起来，脸早已红到脖子了：“是我的手机刚才响了，我忘记关机了，不是故意的。”

“开完会之后，到我的办公室来一下。”上司说了这样一句之后，接着开会。接下来的会议具体都讲了些什么，张惠基本上都没听，她在担心自己会不会被炒鱿鱼。

会议终于结束了，在上司的办公室里，上司说：“唉，你让我说你什么好啊？做事情拖拖拉拉，开会的时候手机竟然还响了，就算你不是存心的，你看看本来好好的会议让你这样一搅和，我这开会的没心情，你们听的心情也好不了哪里去。记住，要想成为一名优秀的员工，不是光工作能力强就行了，这样的细小环节必须注意，否则吃亏的肯定是你。”

张惠原本还想解释自己在开会之前忙着找一个文件，好不容易找着急急忙忙去开会就忘记关掉手机了，听了上司的一番话，张惠认识到了事情的严重性，觉得自己做的实在很差，不过还好，最起码她已经开始注意了。

开会时你是否关闭了手机，从这样的细节上能够看出你对于会议的重视程度。它不仅是你自己能否安心聆听会议内容的基础，也是你对每一个与会者是否尊重的体现。

早些年有位朋友说了一件他刚毕业在应聘工作时遇到的事，那时候他还是个毛头小子，大大咧咧，很有一副初生牛犊不怕虎的气势，加上他还是名牌大学的毕业生，一般的公司让他去面试，他还不去。

有一次，他陪女朋友到一家公司面试，参与这次面试的有好几百人，开始的时候，他就有些急躁，和女朋友说，这么多的人，什么时候排到你啊？我看还是算了吧。女朋友坚持，说这是一家相当不错的公司，让他有点耐心。他也只好等着了。

不一会的工夫，他们都被带到了一个很大的会议室，等他们自己找好座位坐定之后，走进来一个人站在最前面，说："其实，我们公司的面试很简单，今天在座的各位已经取得了50%的机会，没到的我们认为他们对这次面试不重视而迟到，所以已经除名。"

说到这时，不知谁的手机响了，台上的人说："请这位同学到外间接完电话再回来。"就有一个人拿着手机往外面走，台上的人接着说："本来这不是我今天想说的问题，不过既然碰到了就先说了，如果在座的各位想成为本公司的员工，那么就请你从现在开始，把你的手机关掉。原因很简单，我今天所说的话，对于你们在这里工作还是不在这里工作都很重要。"下面开始有些动静了，有些人在关手机，有些人在窃窃私语，也有些人根本没在意，只是把这里当作其诸多面试的一个中转站，稍作休息之后好赶往下一个。

等平静下来，台上的人说道："我可以预测到你们中间的谁可以被录取，而谁只能去参加更多的面试。"我的这位朋友越听越感兴趣。"作为一个员工，你的首要职责是对上司的尊重，那么尊重都体现在哪些地方呢？你在听上司讲话或者向上司汇报工作的时候关掉手机就是一种最起码的尊重……"

后来我的这位朋友成了这家公司的员工，通过他的努力已经是部门经理，有时候他也会出现在面试的会议室里，并且向下面的年轻面孔讲述这个故事。

新进入职场的员工，要想在短时间内得到上司的信任，第一要素就是要对上司尊重，在对待手机的问题上，你就要特别地管理好它，在工作期间、开会或向上司汇报工作的时候，必须关掉你的手机，这是作为职场中人应加以注意的职业操守。

小赵在一家空调公司上班，由于对待客户面面俱到、工作细腻而一直得到上司的好评。他对于客户的来电更是有问必答，也就习惯了让自己的手机始终处于开机状态。有一天，是他该向上司汇报工作的日子，他正好把手里的工作整理出来，想要去上司的办公室的时候，手机响了，是一个客户因为不会调试空调而来咨询，小赵当然详细解释，认真作答。

客户说，那好吧，我再自己看看，实在不行就给你打电话。

小赵这才往上司的办公室走去，汇报工作进行了一半，小赵的手机响了，他急忙掏出手机，并向上司说明是一个客户打来的，上司说，你接完电话再接着汇报吧。

等小赵接完电话回来的时候，上司却问他，你觉得接客户电话与向我汇报工作，哪个更重要？

小赵想了一会儿说，汇报工作。

上司说了一句，那好，今天的汇报工作就到这里，下次我不想再听见你手机的声音。

小赵马上意识到了自己的错误，不过已经晚了，自己在上司心中的好形象就因为这样一个电话全给毁了。

小赵对待客户认真负责并没有错，错就错在时机不对，如果你是他的上司，汇报工作进行了一半，被突然的来电打断，你会怎么想？会不会想这小子对我一点都不尊重，汇报工作的时候，手机还开着。这样的话，你还有耐心把他的汇报听完吗？

其实，小赵真的没有不尊重上司的意思，然而因为一个电话往往你就可能给上司留下这样的印象，自己辛苦赚来的好评也一朝俱毁，这是何苦啊？

总而言之，想要成为一名优秀的员工，对待手机这样的“小事”必须引起你的足够关注，尽量避免在不合时宜的场合让你的手机铃声扰乱了你的正常工作。

［提示］

1. 工作期间，可以把你的手机调为振动状态，不要让你的手机铃声成为一种干扰。这样做，既不会影响到其他同事的工作，而且也不会漏接电话。

2. 开会的时候，最好关掉你的手机，必要时连振动也不要开。这样有利于你全身心地投入到会议当中，及时作记录，并针对相关提议提出你的想法。

3. 在向你的上司汇报工作的时候，切记一定要关掉电话。上司是直接对你的工作做出评判的人，没有比汇报工作更为重要的事情，这也是对上司的一种尊重，你在尊重他人的同时，他人才会尊重你。

很多职场中人觉得向上司请示工作前根本不需要考虑问题该如何解决，等上司有所指示再考虑也不迟。这种想法在职场中很常见，因此也就不被很多人所重视。

但是，有些职场中人却会在向上司请示工作前先想好一个解决方案，这不仅让他们在请示工作的过程中有利于与上司就工作问题进行沟通，而且也会让上司觉得你是一个把工作始终放在首位的人。这虽然只是一个工作中的细节问题，但对于想在职场中获得成功的人来说，却是一个不得不引起重视的问题。

13. 向上司请示工作前先想好一个解决方案

一个人只要肯深入到事物表面以下去探索，哪怕他探索得不够准确，也能给人留下勤奋刻苦的好印象，甚至他的错误也可能成为为事业服务的基石。

——博克

向上司请示工作前先想好一个解决方案与及时地向上司汇报工作进展情况，或者在工作上遇到问题并及时向上司寻求具体的解决办法一样，能让你减少工作中的很多失误，从而避免许多不必要的麻烦。如果你能坚持这一工作细节，并长此以往，上司就会逐渐信任你，并放心地将更重要的工作交给你去办。

你事前想好的解决方案即使对于解决工作问题并不十分妥帖，甚至有可能完全是错误的，那么在你接手工作时就能及时地与上司进行沟通，得到上司的提示或上司建议的更好的解决方案，这不仅可以避免你工作过程中的错误，而且在上司的眼里，你肯定会成为一个做事认真，肯于先动脑，积极肯干的好员工。

另外，如果你请示工作前想好的解决方案非常妥帖，那么你此时先提出来并要求上司给你些建议，这更加有利于得到上司的首肯，并接受你的方案。因为上司不仅会觉得你是一个虚心好学的员工，而且还是一个对上司十分尊重的员工。

苏珊的家庭并不富裕，因此她很想出去打工，靠自己的努力开拓出一片属于自己的天地。

经朋友介绍，苏珊来到芝加哥的一家饭馆打工。这家饭馆经营得不错，再加上芝加哥流动人口多，顾客多，饭馆一直门庭若市，生意火爆，但不久苏珊发现做领班的玛丽是个心术不正的女人，她利用老板费诺尔因有要事缠身，无暇理会生意之机，大肆贪污，管理一片混乱。

苏珊看在眼里，疼在心头。经过几天的思想斗争，在掌握确凿证据的情况下，她决定冒着风险向老板“请示汇报”这一工作情况。

听完苏珊的“汇报”，老板费诺尔瞪着吃惊的眼睛瞅了她足有一刻钟，然后从牙缝里挤出一句：“苏珊，你知道我和领班玛丽的关系吗?”

“知道，她是你的情人。”苏珊沉着地答道。

这时，费诺尔哈哈大笑起来。接着，他又转变脸色，严厉地问道：“你既然知道，为什么还要这么做?”

苏珊也不知哪来的勇气说道：“我想我的老板是个明白人，知道怎么做才不至于使饭馆倒闭。”

老板费诺尔瞅着她，她瞅着老板费诺尔，就这么僵着，大约有一分钟，费诺尔从高背靠椅上站了起来，说：“谢谢你，苏珊。幸亏你及时提醒了我。从明天开始，你就是饭馆的领班。”

“什么?”苏珊简直不敢相信自己的耳朵，她以为自己听错了。当老板变戏法似的将一个红包塞进她手里时，她才知道这是真的。

就这样，苏珊成了饭馆的领班，后来，由于工作努力，成绩突出，又被晋升为副总经理。如今，经过艰苦努力，她已经拥有了自己的饭馆，在她的精心管理下，饭馆生意一日比一日红火。并且，她的饭馆有一个这样不成文的规定，发现问题及时汇报者，有奖；如果汇报前能想出好的解决方案就有重奖。

试想一下，如果苏珊因发现玛丽有问题而向老板汇报时没有调查清楚老板与玛丽的关系，并且也没有想好用“我想我的老板是个明白人，知道怎么做才不至于使饭馆倒闭”这样的话来应对老板的质问，或许苏珊汇报时再怎么有理也不会有晋升为领班以及后来成为副总经理的机会。

也许你会说苏珊碰到了一个深明大义的上司，我的上司可不像费诺尔那样宁可相信自己的下属，而不相信自己的情人。所以，即使我发现了什么问题，如果不涉及个人利益，我也不会去管，如今的社会就是这样，多一事不如少一事。

如果你真是这样想的话，那就大错特错了。你要知道，上司之所以能成为上司，就有他与众不同的过人之处。如果你“请示”的工作情况属实，并有解决问题的方案，相信任何上司都会认真听取，并积极采纳的。

当你在职场中遇到类似苏珊的问题向上司或老板请示时先想好一个解决方案非常重要。其实，在请示工作时如果你能提出一个建设性的意见，并做到用恰当的语气提出，你就会得到上司的信任和赏识。

李伟进入一家外企做秘书，不到两年，他成了那家跨国大公司的行政总监。提起自己成功的经验，李伟说：“做秘书工作，时常要向老总请示工作情况，很多人觉得秘书的首要任务就是把工作请示报告及时递交上去就行了。殊不知，作为秘书在递交请示报告前能把报告通读一遍并尽量做到给老总想好一个解决方案是多么的重要，这不仅能让你自己提高解决问题的能力，而且还能给繁忙的老总分忧，真正尽到秘书的责任。这或许就是我得到老总赏识并重用我的原因。”

当谈到工作的具体细节时，李伟告诉我们这样一个故事。

李伟的上司要去外地参加一次商贸洽谈，将要随行的公司工作人员都对此次的商务活动作了份详细的工作请示报告，递交到李伟手上的时候，李伟发现报告中都存在这样一个细节，同去的5个人在报告中都提到说：此次商贸洽谈的对象主要是针对泰国来华的商人，但此次同去商贸洽谈的人员中没有会说泰语的人或翻译，虽然现在国际商务中通用英语，但如果能用洽谈对象的本国语与之商谈是不是能起到更好的效果。

李伟看到这一问题后，立即给他一个在外语学院就读研究生的同学打电话，很快就找好了一个精通泰语的人。这时，李伟才将报告递交给了上司，并指出报告中所提到的问题，还将自己在外国语学院找翻译解决这一问题的方案一并说了。

上司听了李伟的“陈述”，只对李伟说了一句话：我最近正好要到欧洲总部汇报工作，此次商贸洽谈就由你代我带队参加吧。

李伟说，当时他听到这句话，那兴奋劲就别提了。

李伟在请示工作前能想好解决方案，为上司分担了工作，而得到了上司的认可。正是这些工作中的细节，使得李伟在短短的两年内就成了该公司的行政总监。

因此，你想要在职场中获得成功就不得不注重像“向上司请示工作前先想好一个解决方案”这样的工作细节，也只有时刻注意这些工作细节，才能让你的工作得心应手并时常得到上司的认可，从而把握住升职加薪的机会。

［提示］

1. 请示是向主管上级机关恳请对某项工作问题作出指示、给予答复、审核批准时所使用的公文。属于下列情况中的一种就必须写请示报告：

（1）主管上级单位明确规定必须请示批准才能办理的事项；

（2）对现行方针、政策、法令、规章、制度等不甚了解，需要上级明确答复才能办理的事项；

（3）工作中发生了新情况，又无章可循，需要上级明确指示才能办理的事项；

（4）因情况特殊难以执行现行规定，需要上级重新指示才能办理的事项；

（5）因意见分歧而无法统一，难以工作，需要上级裁决才能办理的事项；

（6）事关重大，为防止工作失误，需请示上级审核的事项。

2. 请示报告的一般写法：

（1）标题。要尽可能把请示的问题在标题上体现出来，使人一目了然。如《关于×××问题的请示报告》。

（2）主送与抄送单位。主送单位只能是一个，而且要写全称。与请示问题有关的部门可作为抄送单位，抄送单位数量不限。

（3）正文。写需要请示的问题，包括事情的起因、存在的问题、拟要采取的措施等。

（4）署名和日期。要用请示单位的全称，写明报告的年、月、日。

3. 写请示报告时应该注意：

（1）请示的事项最好是专题专文，要详细、准确地写明请示的理由，以便上级及时批复。

（2）要明确解决所请示问题的意见。如果意见有分歧，要分别陈述不同意见的内容，并加以分析比较，说明利弊，也可提出倾向性意见，供上级权衡。

（3）要具体明确地提出对上级的要求。如果有时间限制或事态严重，应请求上级尽快批复。

在职场中有些员工认为自己有工作失误时不必及时向上司汇报，只要自己事后弥补了失误就没什么大不了的。话虽这么说，但是你如果能在出现工作失误时不仅仅只是在想办法弥补，而是能够做到第一时间就让上司知道你的失误，或许你处理失误的过程就会轻松得多，因为你也会在第一时间得到上司的帮助，而不仅仅是批评指责。

14. 出现工作失误及时汇报

没有人能够想当然地“保有”一份好工作，而要靠自己的责任感去争取一份好工作！

——费迪南德·波尔舍

对于工作中的小失误而及时向上司作汇报，看起来好像有点多此一举，但当你时刻注意了这一细节，并将其养成一种工作习惯以后，你就会受益匪浅，因为你一旦有了这一工作习惯，即使出现靠你自己无法弥补的工作失误时，也会及时地得到上司的理解，并给予全力的帮助。

在工作中出现失误能够做到及时汇报，能够充分地体现出你对待工作的那份责任感，要知道世界上没有不必承担责任的工作，工作就意味着责任。职位越高、权力越大，你肩负的责任也就越重。如果你随时都能承担起自己工作的责任，还会得不到上司的赏识、公司的认可吗？

安吉拉大学毕业后应聘到一家大公司工作，刚开始她被分配到总部的行政部门工作，每天处理一些零星琐碎的公司事务。就是在这样一个看上去并不怎么起眼的部门，却云集了许多博士或拥有更高学位的尖端人才，这让安吉拉感到压力很大。

工作一段时间以后，安吉拉发现部里的许多员工都很傲慢，架子也似乎一个比一个大，他们都仰仗着自己学历高资历深而忽视了身边一些实质性的工作。大多数人整天不是寻思着怎样享乐就是热衷于“第二职业”，并不把自己的工作当回事，甚至在出现工作失误时也从来都不汇报，当安吉拉问及此事，很多人都回答说：这种失误算得了什么呢？明天上班再解决也不迟，告诉上司那更是愚蠢透顶。

而安吉拉却觉得自己工作中有失误并不是什么大不了的事情，即使这失误再小，失误终归是失误，自己必须要承担起来并及时向上司汇报。

有一次，安吉拉要复印一份文件，但她又不会使用公司新买的一台多功能复印传真一体机，当她摁动机器的复印按钮时，纸却卡在了机器里出不来了，安吉拉并没有像其他同事那样将纸硬拽出来，而是跑到上司的办公室报告了自己的这一“失误”，上司请到复印机的客服人员才将纸给拿了出来，上司并不失时机地让复印机厂商的客服人员给安吉拉他们做了一次简短的复印机使用培训，从此部门里的复印机再也没有卡过纸。

安吉拉正是凭借这种“认死理”的劲头，一头扎进工作中，从早到晚埋头苦干，因为自己“失误”频频地汇报还经常被上司要求加班加点。但没过多久，安吉拉却成了部里的“顶梁柱”，并逐渐受到上司的重用。

如今，安吉拉已经是该公司在亚洲的主要负责人之一。

千万别害怕工作中的失误让上司知道了会批评指责你，只要让自己在上司心中留下勇于承担责任的好印象，你就一定能够获得在职场中更加出色表现自己的机会。

世界上最愚蠢的事情是推卸眼前的小责任，认为工作中的一点小失误根本无足挂齿，等到自己弥补了失误，完成了工作再向上司汇报也不迟，如果你长此以往，小失误不汇报就会变成大失误去逃避的恶习，待到小责任不承担逐渐演变出大责任无法承担的时候，你就追悔莫及了。

孔缘在上大学的时候就构想出了自己的实验室将拥有哪些仪器和设备，并且决定自己将先研究哪种课题。他就是抱着这样的理想和自信敲开一家跨国大公司总裁办公室的门，因为在应聘时公司与孔缘有过约定：孔缘的工作由总裁亲自安排。

孔缘很恭顺地站在总裁的写字台旁，说："先生，我今天可以正式工作吗？"

总裁从椅子上微微欠了欠身，说："好的，你的工作我已经安排好了，过一会儿业务主管会带您去的。"

5 分钟后，孔缘在业务主管的带领下来到了一个房间，业务主管对他说："孔缘先生，这是您的工作室。"

孔缘一看，几乎惊呆了，屋中除了几台陈旧的电脑，几乎没有任何研究电子的仪器，看上去只像一间普通文员的办公室。

孔缘开始工作了，他的工作内容是将公司生产的产品数量、质量、销售情况和用户的反馈意见统计下来，汇报给业务主管。确切地说，他的工作就是业务主管的统计员。

孔缘极不情愿地工作着，每天都接触一些枯燥无味的数字，在他的脑海里无时无刻不涌动着对电子产品开发设计的热情。

一天，孔缘将自己做好的统计表交给业务主管，回来时发现误记了一份客户的反馈意见，这份意见中客户提到在贵公司买的一批电子产品有次品，要求掉换次品。孔缘觉得这个客户买的电子产品不多，而且其中发现次品也是很正常的，既然自己忘记给业务主管的统计中附上这份意见，不如自己直接给客户打电话解决这事，算是弥补自己这次工作上的失误。

说干就干，孔缘拨通了客户意见反馈表上的电话，说：你们这次所购买的产品数量不是很多，其中的次品也不会多到哪去，不如这次就这样算了，下次订购产品时，公司再给你们优惠。客户听了孔缘的话，犹豫了许久，最后终于答应了孔缘，不再为这次产品的事追究孔缘公司的责任。孔缘听后，非常高兴，觉得自己虽然出现了工作失误，却为公司不用掉换残次产品而挽回了损失，这也算是将功补过。

几天后，业务主管将孔缘叫到了他的办公室，一脸不满地责问孔缘："你将一份客户反馈表漏报了，为什么不及时汇报给我？"

孔缘一听这事，轻松地说："就这点小事啊，我已经跟那个客户谈好了，所以也就觉得没必要再跟你说了。"

主管看着孔缘一脸得意的样子，叹了口气说："一个员工在工作中有失误并不可怕，可怕的是有失误不及时汇报，还自作主张地进行错误的弥补。你知道吗？你的话让客户觉得我们的公司毫无诚信，已经终止了与公司再合作的意向，你觉得这是小事吗？"

孔缘几乎不相信主管的话，自己好心却干了坏事，只得无奈地说："怎样处置我，就由公司决定吧。"

最后，孔缘被公司以不适合公司工作而辞退。

孔缘的本意表面上看原本是好的，要为公司弥补或挽回经济损失。但有些你觉得是小事却无能力负责，如果你在这些"小事"上出现了失误又不能做到及时向上司汇报，那么问题就会变得很严重。

一个人的一生不可能不犯错误，在你的职场生涯中也避免不了失误，无论你犯的失误是大还是小，重要的是你要及时地向上司汇报并作出检讨，然后尽自己最大的努力去想办法解决它。

美国的密西西比河上将要建一座巨大的水坝和发电站。

主持大坝设计的汤普森博士提出了一个大胆的设想，在水坝上游不建淤沙区，由泄洪闸直接排沙。

当然，汤普森博士提出的想法是有一定道理的，他从历史资料以及对未来气候变化等方面做了大量的分析，并且用翔实的论据在听证会上发表了他的方案。听了汤普森博士的提议，大多数专家、学者都表示赞同，因为这样可以节约几亿美元的资金。

正当汤普森博士的方案要通过时，他研究室里的研究员莫姆却跑到他的办公室汇报说："你让我统计密西西比河流沙量时，我错算了一组数据，比我给你的那份数据要高出3.75倍，这是我的失误，请您原谅！"

汤普森以为自己听错了，追问了一句："你说什么？"

莫姆战战兢兢地说："我给您的统计是错误的，因此您的方案也是错误的！"

汤普森一听，大怒道："你怎么不及早汇报，难道让我在众多专家学者面前推翻自己的方案吗？"

莫姆说："我也刚刚在整理统计数字时发现了这一失误，我就立刻跑来向您汇报了，实在对不起！"

汤普森气得几乎要晕过去："如果方案就这样通过将会怎样？"

莫姆说："那将关系到密西西比河两岸几十座城市，几千万人的性命……"

汤普森无奈地打断了莫姆的话，说："你立刻发函给相关部门，取消原有方案，另行决定。"

后来，汤普森在莫姆的帮助下，重新核对了气象、水文资料，对方案作了重新的修改。莫姆将失误及时汇报了汤普森，不但没有让汤普森因丢了面子而指责莫姆，反而对莫姆大为赏识。汤普森很快将莫姆提升到了研究室主任的职务，并宣布，以后他提出的所有方案都要先由莫姆核对认定。

当你习惯了无论出现大小失误都能做到及时地向上司汇报，你就能习惯从自己或者是别人的失误中吸取经验教训，并在今后的工作中及时避免发生同类的错误。

［提示］

1. 出现工作失误时不要因惧怕受到上司的指责而不及时汇报，要知道当你向上司汇报失误时，上司虽然当时会在气头上说你两句，但事后一定会让他觉得你是一个工作负责的人，而对你赏识有加。

2. 上司的工作经验一定会比你多，如果你能在出现工作失误时及时汇报，一定会及时地得到上司的好建议，有利于你改正错误。

3. 你经常地向上司汇报自己的工作失误，久而久之还能与上司之间架起一座沟通的桥梁，这将有利于你在公司的发展。

4. 不要存在侥幸心理，以为工作中的小失误没什么大不了的，自己弥补了就行。要知道纸是包不住火的，当你的失误多了，而上司又从来没见你在他面前提起过，上司就会觉得你我行我素，不把他放在眼里，久而久之就会让上司对你产生不信任的念头。

对待工作无情，能够反映出一个人一丝不苟的工作态度，而能够原谅别人的错误，则能反映出一个人善于处理人际关系，拥有宽广的胸怀。原谅别人的错误，对人有情，既能在工作上产生歧义时说服对方，又能使对方心存感激。

15. 原谅别人的错误

一个不肯原谅别人的人，就是不给自己留余地，因为每一个人都有犯过错而需要别人原谅的时候。

——福莱

你一旦进入职场，就成了公司团队中的一分子。在你每天的工作过程中，有的工作或许你可以单独完成，而有的工作就必须要你与同事相互配合才能完成。在与别人共同完成一项工作的过程中，难免会磕磕碰碰，俗话说“牙齿还会咬到舌头”，这些都是很正常的事情。当你与同事出现矛盾和摩擦后，一定要记住，不要把别人的过失与错误铭记在心，有时候即使你的同事犯了“低级”的错误，他也是无心的，请多体谅和包容别人的错误。

在你与同事的日常相处中，千万不要因一点小小的摩擦就认为别人是在故意和你过不去，如果你这样想了，就会把怨恨之火埋在心中，日积月累必定会有爆发的一天。如果是那样的话，同事之间就会撕破脸，你不搭理我，我也不搭理你，那么你们怎么可能漂亮地协作完成公司交给的任务呢？其实，当你与同事之间出现摩擦后，你应该站在对方的立场考虑一下，或许你就会觉得别人的错误是完全合乎情理的，所谓“金无足赤，人无完人”，谁都不是十全十美的人，也很自然地会出现一些失误，而很多错误往往是在不经意间发生的，要知道，原谅比埋怨更能体现出一个人的高尚品质。

理查德是一个工作起来很拼命的人，他作为公司的首席设计师，对工作一丝不苟的态度也让同事钦佩，不过，有时候他的严厉却让人不敢与之亲近，近似于苛刻的严厉，让同事们都有种望而却步的感觉。

一天，他正在埋头策划一个设计，这个设计相当重要。经理想让他来说一说他的想法，可他的电话就是打不通，实在没有办法，只好让秘书琳达跑一趟，叫他一声。

琳达对理查德的工作投入早有所耳闻，今天有幸亲眼目睹一下。琳达来到理查德的办公室门口，轻叩了三下门，没人应声，琳达就问了句："请问，有人在吗？"

还是没有应答，这可怎么办？经理那边还着急呢，要不进去看看，要是理查德真的不在，就到别处找。琳达扭动门把手，打开了办公室的门，她看到理查德眉头紧锁，伏在设计案上，很专注。

"原来你在啊？经理找你，你的电话怎么打不通啊？"琳达一口气说了好多。

理查德闻声抬头，拿铅笔的那只手从案子上拿开，碰翻了放在旁边的咖啡，咖啡溅到了设计图上，"谁叫你进来的？你怎么不敲门就进来了？这下可好了，我的心血全白费了。"理查德大怒。

琳达并不觉得自己有什么做错了的地方，反倒是理查德的错。不过，当时，琳达没有像理查德那样发脾气，只是把事情的始末说了一遍，随后理查德去了经理那里。

当理查德从经理办公室出来的时候，走到琳达面前说："刚才是我脾气太大，你可别往心里去啊？"

在你的职场生涯中，你一定会遇到同事所犯的错误，而这些错误一般你的同事也会明了，他也可能早在心里骂过自己无数遍了，如果你此时不但不会责怪他，还能说些让他宽心和鼓励的话，他就会觉得你是一个心胸开阔，懂得站在别人的角度思考问题的人。你能做到原谅同事的错误，同事心中必定对你充满感激，在以后的工作中，你的同事就会尽自己所能帮助你并为你好好工作。你想想，这样的处理方式是不是比责骂、呵斥、抱怨、记仇要好上几百倍？

古人云："海纳百川，有容乃大，壁立千仞，无欲则刚。"美国密歇根州大学的心理学家克里斯托弗·皮特森认为，宽恕与快乐紧紧相连，宽恕是所有美德之中的王后，也是最难拥有的。一个懂得宽恕的人，他的天地一定广阔；一个懂得宽恕的人，他的精神一定充实；一个懂得宽恕的人，他的人生一定美丽。原谅是一种风格，宽容是一种风度，宽恕是一种风范。

《圣经》上有个关于"宽恕"的典范：约瑟因得宠于父亲，而招来兄弟们的不满与忌妒，兄弟们费尽心机最终把他以奴隶的身份卖到埃及。

在埃及奴隶主家里，本来他的表现将会使他深受重用，却无端遭到家主的妻子冤枉诬陷，结果他被判入狱。在狱中他表现了自己解梦的能力，此事传到法老王的耳朵里，法老王正被自己每晚接连不断的噩梦缠身，听说有这样一个能解梦的人，立刻把约瑟招到身边，之后约瑟因为帮法老王解梦而被提升为埃及的宰相。并且凭借他的解梦术，使法老王度过了七年饥荒威胁。

而他在乡间的哥哥们由于连年的饥荒，也来到埃及购买粮食，不巧与约瑟不期而遇。约瑟也曾想过要置他们于死地，但他又想如果他们不卖他到埃及，他哪有今天的辉煌？虽然他们的初衷是要害他，但神却为他开了另一个出路，使他得以高升，而百姓们也因此免去了饥荒之苦。

想到这里，他的心灵创伤终于得到释放。他完全把自己的心门敞开，非常平静地接待兄长们，由于他的仁慈与宽恕，使兄长们感到非常惭愧，最后他与兄长们抱头痛哭并且尽释前嫌。

阿萨吉奥利曾说过：“如果没有宽恕之心，生命会被无休止的仇恨和报复所支配。”当你还在为一件不快的事情而伤感、闷闷不乐的时候，当你正在处心积虑地想给那个冒犯过你的人施以“颜色”的时候，当你正欲“以其人之道还治其人之身”的时候，当你正在制订君子报仇的十年计划的时候，当你暗藏杀机想对那些曾经诬陷过你、诋毁过你、加害过你的人进行报复的时候，不妨以宽恕的心态、宽恕的心境来面对一切，只有做到宽恕别人，才能升华自己。在没有烦恼和心灵羁绊的日子里，在没有痛苦和怨恨的空间里，你的生活定会处处充满阳光，你的事业定会得到蓬勃发展，你的心境定会舒畅饱满。

懂得宽容，学会宽恕，摒弃所有恶的、不善的、有害的欲念，拥抱一切美好生活，坦然地走出心灵的监狱。

如果你不会原谅别人的错误又不懂得宽恕别人，那就会给自己背负上一块大石头，你的生活会变得孤苦伶仃、渺小卑微，深陷其中而不可自拔；而你学会了宽容就能够腾出自己心灵的空间接纳别人，别人也会愿意接纳你。

在职场中原谅别人的错误显得尤为重要，如果你不能宽恕别人的失误，无异于是在拆掉自己前进路上的桥梁，你与同事之间也不会有很好的团结协作，这样的话你所在公司的团队就不能有很好的凝聚力，那么你怎么能把公司交给的工作完成好呢？

在人生的道路上，你要时刻警惕忌妒、记恨、猜疑之心，更为重要的是，你要培养一个博大的胸怀，它能包罗万象，这也为你的成功提供了一个丰富而庞大的后备资源。“大肚能容，容天下难容之事；开口常笑，笑天下可笑之人”，恰好说明大度者的性格及其命运。性格大度的人会因其心胸、气量、见识的远大而能成大器。

唐太宗作为中国历史上少有的开明之主，堪称帝王之中博大为怀的典范。

玄武门事变后，秦王府将领中有些人主张乘胜杀尽李建成、李元吉的党羽，并抄没其家，许多人还四处搜寻宫府集团的成员与兵勇，争相捕杀邀功，使得宫府集团的人惶惶不能自安。为人大度的李世民却明智地采取了安抚的策略，他一方面禁止秦府人员滥捕滥杀，一方面以高祖的名义昭示天下。对于不敢出面的一些宫府集团成员，他几次遣使“谕之”，用一片诚意解除了他们的顾虑，李世民的大度使他的敌人转而向他效忠。

又有一次，中秋之夜，唐太宗大宴群臣，诗兴大发，即兴挥毫，赋得一首宫体诗，并命群臣奉和，最先被点到的是虞世南，虞世南当众毫不掩饰地说：“陛下的大作果然不同凡响，创意求工，神采飞扬，但诗的内容却不高雅，为臣实在不敢奉和，俗话说‘上有所好，下必更甚’，臣担心此诗传出宫去，天下争相模仿，浮华之风席卷而来，后果不堪设想，因此，臣不敢遵命。”正在自鸣得意的太宗，被虞世南当着众人面泼了一盆冷水，当时的难堪与恼怒可想而知，可是他能及时反省自己，他知道虞世南的话很有道理，天下太平，不能不居安思危。因此，唐太宗非但没有生气，反而对虞世南进行了奖励。

唐太宗正是由于能对臣下的忠良言行倍加容忍，开明豁达，从谏如流，择善而从，才能成就“贞观之治”。

宽容包含着这样一个万古不易的事实：人非圣贤，孰能无过。那么，你就要保持一颗宽容的心，你才具有亲和力，你的事业才有无穷无尽的支援。

我们身在职场之中，不可避免地要与他人发生千丝万缕的联系，在这样的关系网中，人就不是随心所欲、无拘无束的。如果你想成就一番伟大的事业，就一定要与你身边的同事协调好关系，要做到这一点，那么你就必须在你的同事出现错误时不要急于动怒，一旦你做到了对他的谅解，你的工作就一定会更加有序地进行，某一天他还有可能成为你事业上的得力助手。

一个男孩有着很坏的脾气，于是他的父亲就给了他一袋钉子，并且告诉他，每当他发脾气的时候就钉一根钉子在后院的围篱上。

第一天，这个男孩钉下了37根钉子。慢慢地每天钉下的数量减少了，他发现控制自己的脾气要比钉下那些钉子来得容易些。

终于有一天这个男孩再也不会失去耐性乱发脾气，他告诉他的父亲这件事，父亲告诉他，现在开始每当他能控制自己的脾气的时候，就拔出一根钉子。

一天天地过去了，最后男孩告诉他的父亲，他终于把所有钉子都拔出来了。

父亲拉着他的手来到后院，说，你做得很好，我的好孩子。但是看看那些围篱上的洞，这些围篱将永远不能回复成从前。你生气的时候说的话将像这些钉子一样留下疤痕，如果你拿刀子捅别人一刀，不管你说了多少次对不起，那个伤口将永远存在，话语的伤痛就像真实的伤痛一样令人无法承受。

你如果想让自己在职场上有所成就，就必须对同事抱有一颗宽容的心，时时记着同事的好处，原谅同事的错误，不去故意挑剔同事的弱点，你就可以获得一种安心的快乐，工作起来自然也就心情愉悦，哪还会有难倒你的问题存在呢？

人与人之间常常会因为一些彼此无法释怀的坚持，而造成彼此永远的伤害。如果我们都能从自己做起，宽容地待人，时时做到原谅他人的错误，相信有一天一定能收到许多意想不到的惊喜。要相信，我们帮别人开启一扇窗，就能让自己看到更完整的天空。

［提示］

1. 当同事在工作上出现失误的时候，不要立刻发脾气，让自己先冷静一分钟，一分钟之后，你看待问题的态度就会有所不同。

2. 如果同事犯的错误真的是很严重，也要用委婉的口气说明，最后别忘记了多加鼓励，比如：我也犯过这样的错误，没事的，以后多注意就好了。这样的做法更有利于你在同事心目中形成一个大度、宽容的印象。

3. 记住，人无完人，谁都会犯错误。你原谅别人的错误，也在给自己搭建一座工作上的桥梁。

在职场中，越级报告被很多员工认为是一件理所当然的事而在工作过程中被他们所忽略。殊不知，这在处理职场中的人员从属关系上是一种最为愚蠢的方式，这会使你与直属上司间的交往变得充满计较和障碍，它也会让你之前所有好的工作表现在每一位上司的心目当中付之东流。

16. 轻易不要打越级报告

人生就像弈棋，一步失误，全盘皆输，这是令人悲哀之事；而且人生还不如弈棋，不可能再来一局，也不能悔棋。

——弗洛伊德

你是否遭遇过上级领导的不公待遇？你是否就将这一问题直接汇报给了高层领导？或许你这么做也并没有什么别的意思，只是心中委屈而一气之下直接反映到了高层领导那里。然而，你可知这么做犯了职场中“打越级报告”的大忌了呢？即使你直接汇报给高层领导的动机只是出于对工作的认真负责，但最终的结果你将永远得不到公司的认可。

也许你会问：为什么会这样呢？

在职场中，一般员工的主要职责是协助上司开展日常的工作，如果在工作上你与上司出现了分歧，应该与你的上司沟通协调，有时候上司或许并不会给你一个满意的答复，这时候如果你一时沉不住气，打了越级报告，先不说你的报告正确与否。首先，作为高层领导，他就会想，你对你的直属上司竟然有如此多的不满，如果有一天我成了你的上司，你会不会也这样把我的情况直接反映到了高层？所以一般的高层领导对于打越级报告的员工在心理上都是很难接受的。其次，如果你的上司知道了这件事，他会觉得你是在背后说他坏话，甚至会觉得你想抢夺他的权力，那么在以后的工作中，你的上司就会对你严加防范，有什么重要的工作也就不会交给你去做，他将对你永远都不放心，这样的话你怎么在职场中出人头地？

其实，你如果遇到上述问题应该耐心地等待一段时间，如果你的上司一直没有把你的问题当回事，你也千万不要冲动，有什么别的想法，有时候上司可能会因为工作忙碌而忘记了此事，这是可以理解的，正确的方法应该是，你应该寻找适当的时机，旁敲侧击地提示一下你的上司，或许上司就会记起来并解决掉你一直悬而未决的问题。

公司的组织机构都是逐级分管排列的，绝大多数员工都有自己的直属上司或者是顶头上司。在工作当中，打越级报告就意味着越过直属上司，直接向更高层的领导说明你的看法或者争取权益。

越级报告是一种危险的行为，它会产生众多不良后果，往往容易害人害己。绝大多数企业的高层领导都不喜欢有“越级报告”，他们的做法一般也都会“退回原级处理”，因此，即使你打了越级报告也无法收到预期的效果。这种行为的直接后果只能导致你与直属上司之间的关系恶化，因为你这样做明显就是对他的不尊重，事后就算他不炒你鱿鱼，也很难再对你委以重任。如果你的打越级报告的事被同事知道了，或许他们会觉得你是一个“危险的人物”，他们可能会想，“弄不好把我们的事也报告上去了”，这样你不但在公司中失去了直属上司的支持，同时也失去了同事的信任。

越级报告本身并没有对与错之分，但就它所体现出的员工行为而言却是有违职场道德的，你打了越级报告就等于破坏了公司的正常运作程序，这种行为是每一个上司都深恶痛绝的。即使你的越级报告被高层采纳了，他们除了采用你的想法以外对你的为人本身还是会心存芥蒂的，他们会认为你一旦有机会就可能采取同样的行为对待他们，所以，职场中切忌轻易打越级报告。

孔强在一家销售公司担任销售助理，他做起事情来灵活机智，很快就凭借自己的出色表现赢得了上司对他的刮目相看。上司对孔强也很器重，遇到什么比较为难的问题，也愿意把他找来，与他一起商量，出谋划策，有什么饭局之类的应酬场合，上司也乐意带着孔强，孔强不但酒量好，而且在酒桌上很会说话，“销售工作很多时候就需要像你这样的人才”，这是上司对孔强说得最多的一句话。

慢慢的，孔强觉得自己做的事情很多，得到却很少，甚至感觉自己的才能远在上司之上。自己做事情效率很高，而上司就有些瞻前顾后、优柔寡断；自己思考问题逻辑性强，而上司更多时候被人情所牵绊。越想越觉得自己就是比上司有工作能力，这个部门主管的职位应该由自己来当。

终于让孔强找到了一个机会，一份很大的订单，在细节问题上双方没有达成共识。当天的谈判结束之后，上司还在为这事烦心，和孔强说，明天早上先到他办公室去商讨一下。当时孔强满口答应。

第二天上班的时候，部门主管还没等来孔强，却先接到了销售经理的电话。去了之后，才知道孔强打了越级报告，针对昨天谈判的问题，他连夜赶制出了一份工作报告，里面详细地提出了相应的对策。看过报告，销售经理与部门主管两人面面相觑。

第二天的谈判继续进行，只是在谈判桌上少了一个人——孔强。当双方达成一致签署合约的时候，孔强正在办公室里收拾自己的物件，他被炒了鱿鱼。

当主管和员工之间真的有问题出现时，双方都要慎重地考虑，不能感情用事。作为下属不要动不动就不满，就要打报告，应该明白主管之所以能够成为主管，肯定是有他的独特能力，要对自己的上司有信心。

千万不要把你自鸣得意的企划秘密地送到老总的桌上，然后以为最高决策层会对你的才华另眼相看。你会发现，这么做的结果无非只有两种：

一是老总把你的报告送回部门经理那里，令其按常规程序办；

二是老总将你的报告按下不动，好像没有这回事一样，另行启用你所在的部门呈上的第二份计划。

这两种结果都不是你所想要的，你这一“积极”行为，只会给你自己惹来三重打击：第一重打击是权衡再三，老总对你的急切心态持不置可否的态度，如果在挫伤部门经理的积极性和挫伤你的积极性之间选一个，他无奈中只能选后者；第二重打击是部门经理十有八九会对你从此“另眼相看”；第三重打击是通过这件事，众人视你为急功近利之徒。这是否得不偿失？

有些新进职场的员工会由于过分相信自己单枪匹马的能力而做出打越级报告的行为，他们往往都会认为上司不如自己，这是新人严重自负的体现，其实，当你熟悉了整个公司的流程，学会考虑各方面的利益之后，就会觉得自己的奇思妙想只是“空中楼阁”，是经不起再三推敲的。

在传统的职场观念里，企业的组织伦理是一项牢不可破却又往往过度僵化的原则。例如，一名员工向上跳过一层主管越级报告，经常是不被允许的；相对的，主管如果向下越过一层干部越级指挥，也很容易被看成不授权、不信任干部。但是，过分拘泥于狭隘的组织伦理，不仅会让组织的运作僵化、缺乏弹性，而且也会降低组织的运作效率。有时候，遵守组织伦理甚至可能成为误事的原因，发生问题之后，又被拿来当作推诿卸责的借口。

现代企业内部经常以电子邮件沟通，一封电子邮件往往同时发送给很多收信人，包含了直属主管，也包含主管的主管，那么，这么做岂非经常发生越级报告而违反了组织伦理？显然过去传统的观念已经行不通。相反地，越级报告、越级指挥应该被视为组织运作中的一种常态，当有紧急情况发生的时候，就应该越级报告、越级指挥，但是要遵守“三角传球”的原则，一定要让被跨越的层级也接收到同样的信息。

因此，作为员工的你在无法避免要打越级报告的时候，你首先需要审视一下自己的动机，自己是在为公司利益着想还是仅仅为了个人利益？当你正确地认清自己的行为后，才能选择正确的做法。如果你觉得自己的报告对公司的发展的确有极大的帮助，那么你就应该先与直属上司做好沟通，也只有这样才能收到你预期的效果。

王杰身为一家网络公司的行政助理，在工作中一直以自己出色的表现力赢得了经理的青睐。经理是一位身居商场多年的职业经理人，王杰很清楚自己与经理的地位差别，他只希望能够在经理的手下学到更多的东西。作为行政助理，他更明白自己的主要职责就是协助主管更好地完成工作。

有段时间，主管因身体不适，去了外地休养，把公司的事情交给王杰来处理。走之前经理这样和王杰说，你作为一个年轻人，我很欣赏你的工作能力，这段时间你就多费点心，我希望我回来的时候，你能给我一个惊喜。

主管对王杰如此信任，使得他工作更为认真负责。就在这段时间里，部门的周转资金出现问题，王杰针对所出现的问题，在心中已经有了相应的对策，这时候他想，自己应不应该给主管打个电话？考虑到主管是在休假，最后决定不要打扰他了，不过，王杰在做出决策之前，先往主管的邮箱里发了一份详细的报告，然后才到经理那里说明问题，并提出自己的见解。

在得到经理的认可之后，王杰才实施了自己的策略。

主管回来之后，看到了那份邮件，并且经理也和主管提到了这件事情，主管找到王杰，和他说，这件事你处理得很好，经理也很喜欢你，好好干哟。

越级报告在职场中虽说应该能免则免，但在有些情况下是应该当机立断的，如发生紧急情况而直属上司又正好不在的时候，因为此时如果等直属上司回来才报告，在时效上很可能不被允许。但是，当直属上司回来之后，你必须尽快向其补报，这也是上面所提的“三角传球”原则。

当然，还有另外一种常见的情况是，下属提出意见，经过与直属上司充分沟通、讨论后仍未被采纳，而你又认为自己提出来的意见有重要性，并且你的上司没有采纳的原因可能是其思考上的盲点所致时，你可以在告知直属上司的情况下越级向更高一层的主管报告。在这种情形中，有一个特别值得注意的先决条件，那就是你必须先与直属上司充分沟通，在沟通不成的情况下才能打越级报告。

在任何一个公司组织当中，各个层级的管理人员都不能保证做到完美，他们对事情的判断、掌握，有时难免不够精准，但是越高层级的主管，经验和阅历当然相对较为丰富。因此，当你的意见不被直属上司采纳，你进行越级报告可能会获得较好的结论，通过你的越级报告，也有可能避免你的好意见被埋没。但是，你在作出打越级报告的选择前，还是要三思而后行，千万不要轻易打越级报告。

［提示］

1. 员工方面：

（1）作为员工，轻易不要打越级报告，你可以直接与你的上司讨论这个问题，听一听上司的想法，也是对上司的一种尊重。

（2）你越级报告时，你必须是对这种事情有经验的，并且你的行为不能违反公司的规定和制度。

（3）在你确定要越级报告之前，首先应该考虑你是否会伤害到你的上司。你必须确定：一是最低限度是必须在公平竞争的条件下办事情；二是要做好受责备或谴责的准备。

（4）越级报告时，可以运用“三角传球”的理论，也给你的上司通个气。

2. 上司方面：

作为上司，当你被越级时，不要过分地生气，要理智地处理问题。

（1）寻找下级越级报告的原因。也许他们越级报告是合情合理的，是形势所迫，但也有可能是怀有敌意的。

（2）如果你感觉不公平，就要对下属的越级行为进行分析。如果是因为疏忽大意，而且后来下属对你也有所解释，这种情况是可以原谅的。如果下属是别有用心的、怀有敌意的，你就必须面对面地跟他谈论这件事，而且应采用一定的措施解决这件事情，不能让下属看扁了。

（3）问一问你自己以下问题：

一、你对下属的要求是不是置之不理或者解决的速度十分慢？

二、你的上级是不是对你的问题的答复很慢？如果你从你的上司那里得不到可以帮助员工的许可，你的工作也会因此受阻。

三、如果你在规定的时间内没有对员工的要求做出答复，你有没有做出必要的解释？

（4）要做一个善听者。员工也许是谦虚的，你只有增强善于接受意见的能力，才能真正地了解员工们的真正想法。

（5）你对你的上司是不是足够的坦然？当主管对他们的权力没有正确地衡量、没有确定地定义时，员工们就会认为自己的上司没有主心骨，没有领导才能，就会有越级的想法。

在工作中，有时候当你在忙着这件事情的时候很容易把另一件需要做的事情给忘记了，但是，如果你有使用“日常备忘录”的习惯就不会出现这样的遗漏。

把你每天的工作按照轻重缓急记在备忘录上，然后再根据先后顺序依次进行，做完一件事之后在备忘录上做好标记，这样你一天的工作就会运作得有条不紊。

工作中使用“日常备忘录”可以帮助你记忆，帮助你节省时间，有效地做好工作。任何一家企业的老板都喜欢工作用心不丢三落四的员工。

17. 在工作中养成使用“日常备忘录”的习惯

习惯形成性格，性格决定命运。

——约·凯恩斯

在“日常备忘录”上将你想要做的事情清楚地记录下来，可以帮助你记忆和理顺当天的工作。它不但可以帮助你节省时间，提高工作效率，而且会赢得老板的首肯并得到提升，因为任何一个老板都会喜欢工作用心且不丢三落四的员工。

很多职场中人会觉得把事情一点一滴地记在备忘录里是件很麻烦的事情，他们会觉得，工作这么忙，有做记录的这个时间还不如做其他事情呢；还有一些人则对自己的记忆能力非常的自信，相信自己能记住每天所要做的工作，根本用不着做记录，但是别忘了我们在工作中需要大脑思考的地方很多，比如遇到上司突然下达的一个工作任务，你就得先想这该怎么做，如何做才能更好地完成它，这时候一些原本需要你做的事情就会被放在一边，当你忙着那件事的时候，你的记忆就会相应地开始减退，甚至遗忘。

而“日常备忘录”却是一种把简单且精确的讯息、文件和资料存储起来帮助你记忆的很好手段，它会让你在任何需要的时候都可以立即找出来，既不会出现遗忘的现象，也方便日后核对自己的工作进度。其实，你做记录的时间远远少于你时常苦思冥想的时间，而有些事当你费尽心思都未必能想起来的时候，你就得不偿失了。

小刘在一家通信公司做业务员，刚开始工作的时候总感觉自己适应不了工作，每天就好像是在疲于奔命，再加上平时接触的人很多，一天工作下来，累得要命。

小刘也想做一下记录，可总感觉时间不够用，有时候在备忘录上写了两笔，就有事情，后来想想还是算了吧。有时候也会碰到急于用资料找不着、想不起来，最严重的，他有一次还把客户张冠李戴了。

有一份文件需要送到一家公司，很急，小刘凭借自己的记忆，写上地址、联系人和电话。上午让快递送走的，下午的时候小刘的经理把他叫到办公室，小刘一进来，经理把一份邮件朝他丢了过来，“你看看，你这都是办的什么事情?”

小刘还一头雾水，经理说道：“幸好，这家公司也在这座城市里，和我们的关系不错，人家收到文件一看不对劲，就给送了回来。你说，要是换作一家别的公司，还给你送回来，根本就不会告诉你，等你知道东西寄错地方了，想找还找不到，不是干着急吗?”

这时候，小刘才恍然大悟，自己由于疏忽把地址写错了。

这件事情对小刘的影响很大，他开始在自己身上寻找原因，自己怎么就那么大意？后来，他找到了问题所在，自己成天是很忙，可都是瞎忙，他想了想自己这么多月来，一点资料都没有收集，看着自己写的断断续续的备忘录，如果能把要紧的事情都留在备忘录里，就不会出现这样的事情了，就算一时记不清楚，也会快速地找到。

经过这件事情之后，小刘不管工作有多忙，都会把重要的事情记在备忘录里，逐渐地他也感受到了工作备忘录给他带来的快捷、方便与乐趣。

中国有句俗话："好记性不如烂笔头。"一个人的记性不管有多好，久而久之，有些东西总会遗忘，或者记得模模糊糊，在职场中这对于想要成功的你将是极为不利的。如果你能将工作中的一些事，特别是重要的内容用"日常备忘录"记录下来，那就不用担心遗忘了，对你的工作将是极大的助益。

在工作中使用"日常备忘录"可以避免许多不必要的重复，又可以将你要做的事清楚地记录下来。这种方法能有效地提醒你，提高你的工作效率并赢得老板的信赖。

小沈是一家公司销售经理的秘书，她做事认真而且头脑灵活。销售工作有很多重要的资料，例如单位、地址、联系人、所需数量，等等，单位、地址和联系人记起来还好点，最容易忘记的就是数量。小沈平时就有做记录的习惯，在工作中，她为自己量身定做立一份日常备忘录，将工作中遇到的事情以及经理的指示或指令都记在日常备忘录上并随身携带，以备不时之需。

有一次，总经理召开一个月的工作报告会议，经理在汇报当月的销售情况的时候有两个数据记得不是很清楚，在说的时候隔过去了。心思细腻的小沈立刻发现了这一点，立即拿出自己的日常备忘录，不动声色地给经理递了过去，经理在把相关的事项说完之后，准确地汇报了具体数量，总经理对经理的汇报十分满意。

会议之后，经理顺手把小沈的日常备忘录拿着回到自己的办公室，不一会儿把她叫了进来，“你这个备忘录真是解了我的燃眉之急，我仔细看过，你做的记录很细，不错。”

这件事使小沈在经理心目中的形象得到了大大的提升。后来有一次，开部门会议的时候，经理还当众表扬了小沈，并把她的工作备忘录作为样本，让员工们学习。

日常备忘录不仅帮助小沈节省了时间，帮她有效地做好工作，而且还让她得到了经理的器重。

在每一个公司，老板都会喜欢工作用心而无遗漏的员工，因为在老板看来，这样的员工工作态度好，所以对他们做事也比较放心。而那些听过上司下达的任务转身就忘的员工就会不知道下一步将怎样开展工作，即使他们记住了上司安排的工作内容，如果当时没有拿东西记录下来，也容易给上司留下应付公事的印象。

当你忘记了上司安排你做的工作，而上司又突然问你做得如何时，如果你此时才猛然想起，那可就为时已晚了。类似的事情或许你经历过，很多事因为没有用备忘录记下来，而一直在脑子里想着：不能忘！不能忘！结果弄得自己筋疲力尽，这样你怎能干好自己的工作，又怎能使自己干出一番事业来呢？

王东是一家文化公司的职员，上班的时候也不见得他来得有多早，可每天的工作总是开始得比其他同事早几分钟，当其他同事还在忙着查找资料、准备工作的时候，王东已经按部就班地埋头于工作了。

上司对于王东的印象也因此很好，后来上司偷偷地观察，为什么王东能比其他同事更快、更早地投入工作。上司发现王东在上班之前总会打开一个笔记本，在上面写点什么，再往前看看，随即就开始工作了。上司对这个笔记本产生了兴趣，一天趁王东去复印文件，走到他的办公桌前，这个笔记本就放在很显眼的位置，上司打开来一看，马上明白了。这是一本日常备忘录，上面记录着每天要做的工作，有些当天完成的就用别的颜色的笔做出标记，没有完成的也有明显的注明，上司在心中想，好小子，怪不得总是比其他人快半拍。

在一次内部会议上，上司还把这件事说给大家听，其实很多同事都发现王东比他们更早投入工作，只是一直没有找到原因。等上司道出缘由来之后，同事们都向王东投来倾慕的眼光，上司最后做出决定，日常备忘录由公司统一购买，希望大家能以王东为榜样，养成做日常备忘录的习惯，把工作效率提高起来。

养成做日常备忘录的习惯，会给你带来不少好处。当你每天早上打开日常备忘录的时候，昨天完成与未完成的工作都会一目了然地呈现在你的眼前。有了日常备忘录，你就可以根据工作需要合理地安排自己当天的工作，你也不会因为把事情或工作忘记了而心存不安；你还可以把苦思冥想的时间省下来，用在更好地完成工作上；并且你总能及时地知道你的约会、计划和文书工作。一旦你养成了记录日常备忘录的习惯，你就根本用不着分心于其他事情，工作效率自然也就提高了。同时，日常备忘录还能准确地记录下你的工作状况，能让你及时地发现自己在某段时间里的工作变化，从而引导你采取正确的工作方法与技巧走向新的目标；它还能提醒你在适当的时候发个邮件、打个电话，与同事、朋友保持联络……

使用“日常备忘录”，能让你用最少的时间，以充沛的精力去提高工作效率，当你使用“日常备忘录”时，你就能亲身体验到它给你带来的积极变化，为你的成功提供有力的保证。

[提示]

一个优秀的员工在进入公司上班后，就应该养成记备忘录的习惯，特别是新进公司的人员。

有了日常备忘录之后，那么应该记些什么事呢?

1. 如果出席会议的话，应该记下会议上交谈之事、所决定的事情以及被指示的事项等。

2. 在一个小单位里，若有商谈、小型会议的话，也要将所谈的内容记录下来。

3. 被上司呼叫或与上司谈话的时候，要带记事本去，把指示、联络的内容写下。

4. 为了工作而外出或访问老顾客之际，应将客户交代之事记下。

5. 有其他公司的人到公司拜访时，也应该把与该人谈话的内容简单地做一下记录。

6. 看报纸时，将记事本放在旁边，随时记下与工作有关之事。

7. 随时记下备忘，除日后用得着外，对以后写营业日记、业务日记也有很大的便利。至于写备忘录时，不可忘记“5W2H”，这里所谓的“5W”，是指When（什么时间）、Where（什么地点）、Who（什么人）、Why（什么原因）、What（什么事情）；而“2H”，则是指How（怎么做）、How much（多少数量）。

8. 每天工作开始的时候，应该先看一下日常备忘录，看看昨天未完成的工作还有哪些，并把今天需要完成的工作记录在上面，然后即可按照事情的轻重缓急，依次进行。完成了一项工作之后，应该在备忘录上做有标记，最好能把自己在多长时间内完成的也记录一下，对自己工作效率的提高会有所帮助。

9. 日常备忘录应该随身携带，不论上班还是下班，上班的时候它会成为你工作中的好帮手；下班之后，可以翻开备忘录，对这一天的工作来一个回顾，并把第二天需要完成的工作再看一下，这样就可以做到心中有数。

你要想在职场中取得上司的信任与器重没有什么捷径，想靠投机取巧是行不通的。如果你想通过上司把重要的工作交给你并通过完成它来赢得公司的认可，那么你首先就要做好自己分内的事，并通过自己百分之百的努力最终赢得辉煌的成功。

职场之上，事无大小。不要觉得自己所做的分内之事只是些微不足道的小事，它们根本体现不了你的工作能力。但是，你要知道，很多时候上司正是通过这些你觉得微不足道的事来判断一名员工对待工作的态度和其对工作的重视程度。因此，只有首先做好自己分内的事，不论它是多么的琐碎、不起眼，你都必须要认真对待，也只有这样你才能取得上司的认同并被委以重任。

18. 首先做好分内的事

今天所做之事勿候明天，自己所做之事勿候他人。

——歌德

很多刚毕业的年轻人走上工作岗位的时候都会有点浮躁，他们刚开始工作时所做的事也都是极其简单、烦琐的，比如：打印文件、整理资料、清洁卫生等。很多人会觉得自己是大学生甚至有些是名牌大学毕业生，竟然做这些小事情，屈才不说还很丢面子，于是，抵触与不满情绪油然而生，对于自己分内的工作完成起来也就点到为止。如果是这样的话，上司会觉得你连最基本的分内之事都完成得这么差劲，那他又怎么放心把大事交给这样的员工来处理呢?

在职场中，首先做好分内的事很重要。作为公司团队中的一分子，即使分内的事再不起眼你也是应该完成好的，如果每一位员工都能够做好自己分内的事，那么对于整个团队来说就会运作正常，公司也只有每天都正常运作了，才能得以发展，那么你作为团队的一分子才有可能得到展现才华的机会。

要做你就得做好，要么就别做。也许你也见过那些半拉子工程，耗费了大量的人力、物力和财力，但到最后却仍然得不到竣工，让人觉得惋惜、愤恨，这些都是因为他们不知道自己的分内工作应该做什么造成的，身居其位、好大喜功，于是就滋生了无数的“豆腐渣”工程。

有个老木匠在他准备退休的时候，他告诉老板，说要离开建筑行业，回家与妻子儿子享受天伦之乐。

这个木匠手艺相当的好，再加上经验十分丰富，老板有些舍不得，问他是否能帮忙再建一座房子，老木匠心里想我只要盖完最后一座房子就可以回家去了，所以满口答应了。

可是，这个老木匠在建造房子时的表现令大家很失望，他一心只想着快点、再快点完工，对于建造过程中需要注意的细节问题根本没留心，大家后来都看得出来，他的心已不在工作上，他用的是废料，出的是粗活。这个老木匠原来在大家心目中的威望很高，谁遇到什么难题都会向他请教，可是现在看到他这样工作，他在大伙儿心目中的地位也开始有所动摇。

房子建好的时候，老板把大门的钥匙递给了他，“这是你的房子，”他说，“这是我送给你的退休礼物。”

老木匠震惊得目瞪口呆，羞愧得更是无地自容。如果他早知道是在给自己建房子，他怎么会这样呢？现在他得住在一幢粗制滥造的房子里！

扪心自问，职场上的员工很多的时候又何尝不是这样？漫不经心地“建造”自己分内的工作，他们不但不会积极地行动，而且绝大多数时候都在消极应付，凡事偷工减料，关键时刻不能尽其最大努力，然而等他们惊觉自己的处境时，早已深困在自己建造的“房子”里了。

把你自己当成那个木匠吧，想想你的“房子”，你每天都在敲进去一颗钉，加上去一块板，竖起一面墙，是不是该好好用你的智慧去建造？你的工作事业是你一生唯一的创造，它不能让你抹平重建，生活和工作是你自己创造的，马虎不得！

你再仔细地思量一下，世界上有哪家企业喜欢一有机会就偷懒，干活又总是偷工减料的员工呢？任何企业只喜欢眼里永远有活的员工，你连自己分内的工作都不能好好地完成，更不用说眼里永远有活了，这样的员工又如何能成为优秀员工？

陈芳毕业之后很顺利地进入一家私企，她在学校里学的是文秘专业，来到这家公司之后，她从事的只是最基本的也是最低级的工作，每天把同事们已经做好的报表，用电脑打印出来，然后再根据所需部门的多少复印很多份，发放到相应的部门去。

陈芳也会觉得这样的工作怎么能体现出自己的工作能力与自身价值？不过，她在打印报表的时候，从中学到了很多学校里没有的东西，慢慢地，她也在其中找到了工作的乐趣，并且告诫自己，自己只是一个新人，要想取得成绩，那么就从做好自己分内的工作开始。

后来，陈芳在报表中发现了一些隐藏着的问题，并针对这些问题，开始做相应的调查，并逐渐得出了自己的见解，为了更为准确地找到解决之道，她耐心地又观察了一段时间，当她认为时机成熟之际，便写了一份详细的报告呈给了自己的上司。

没想到这份报告经上司之手转交给了总经理，总经理对她所提到的问题早有察觉，只是由于一直没有找到相应的措施而迟迟未下决定。总经理看了这份报告，觉得陈芳是一个有心人，能在完成分内工作的同时，发现问题并能提出相应的解决方式，不禁对她刮目相看，并把陈芳提升为经理助理。

没有哪个员工不渴望成就一番大事，拿破仑有句话说得好，“不想当将军的士兵不是好士兵。”每个人都想成为优秀员工，可是光靠想是没有用的，最直接、最有效的方法就是首先做好自己分内的事，别觉得它不起眼，甚至有些掉架子，陈芳不是一样能够在这样的工作中取得成功吗？

既然从事了这样的工作，那么就得热爱它，并且竭尽所能地把自己分内的工作完成好，当你这样想的时候，你看待分内工作的态度就会有迥然不同的改变，同样地，你也会把自己分内的工作当作大事来完成，也会在其中发现工作的乐趣。

比利时有一出著名的基督受难舞台剧，演员辛齐格几年如一日在剧中扮演受难的耶稣，他高超的演技与忘我的境界常常让观众不觉得是在看演出，而似乎像真的看到了台上再生的耶稣。

一天，一对远道而来的夫妇，在演出结束之后来到后台，他们想见见扮演耶稣的演员辛齐格，并合影留念。

合完影后，丈夫一回头看见了靠在旁边的巨大的木头十字架，这正是辛齐格在舞台上背负的那个道具。

丈夫一时兴起，对一旁的妻子说：“你帮我照一张我背负十字架的相吧。”

于是，他走过去，想把十字架拿起来放到自己背上，但他费尽了全力，十字架仍纹丝未动，这时他才发现那个十字架根本不是道具，而是一个真正用橡木做成的沉重的十字架。

在使尽了全力之后，那位先生不得不气喘吁吁地放弃了。他站起身，一边抹去额头的汗水一边对辛齐格说：“道具不是假的吗，你为什么要每天都扛着这么重的东西演出呢？”

辛齐格说：“如果感觉不到十字架的重量，我就演不好这个角色。在舞台上扮演耶稣是我的职业，和道具没有关系。”

职场中没有捷径，你首先要做好自己分内的工作，并付出百分之百的努力。

如果一名员工能把该做的工作和想做的工作一样认真对待，那么，就一定会取得成功。有人曾说你该永远同时从事两件工作：一件是目前所从事的工作；另一件则是真正想做的工作。如果你把该做的工作做得和想做的工作一样认真，那么这正是你为将来而准备——你正在学习一些足以超越目前职位，甚至成为行业优秀员工的技巧。

在职场上，一名员工首先应该做好自己分内的事，这也直接体现出了一个人的个人素质与职业操守，也是想要成为一名优秀员工最基本的职业要求。

一天猎人带着猎狗去打猎。没过多久，一只兔子闯入了猎人的视线，猎人一枪击中了兔子的后腿，受伤的兔子开始拼命地奔跑。猎狗在猎人的指示下也是飞奔而出，去追赶这只受伤的兔子。可是追着追着，兔子跑不见了，猎狗只好悻悻地回到猎人身边，猎人开始骂猎狗了：“你真是一个没用的家伙，连一只受伤的兔子都追不到。”猎狗听了很不服气地回答：“我已经尽力而为了呀。”

再说那只摆脱猎狗追赶的兔子，终于带着伤筋疲力尽地跑回洞里，这时候，它的兄弟们看到它受了枪伤便明白它一定是遭遇了猎人，可是竟然还能回来，都围过来惊讶地问：“那只猎狗很凶呀，你的后腿还受了伤，是怎么摆脱猎狗的追赶的?”

受伤的兔子气喘吁吁地回答道：“它是在尽力而为，可我是在全力以赴呀，它没追上我，最多挨猎人一顿骂就没事了，而我若不全力以赴的话，那我早就没命了！”

人本来是有很多潜能的，但是我们往往会为自己或对别人找借口："管它呢，我已经尽力而为了。"事实上"尽力而为"是远远不够的，尤其是现在这个竞争激烈的年代，要想取得成功就需要经常问自己："今天我是想做尽力而为的猎狗还是更想做全力以赴先做好自己分内事的兔子呢?"

每件工作的完成都必须有一个时间限制，否则，大多数人都会有多少时间就花掉多少时间。商界精英鲍伯·费佛说："我们一定要养成做事的迫切感，这样你才会全力以赴。"是的，只有感觉到紧迫感，你才会全力以赴，只有全力以赴，你才能处处比别人做得更优秀、更到位、更有机会成为一名优秀的员工，也更能取得事业上的成功。

加倍努力，始终做到眼里有活，并且在最短的时间内完成好你分内的工作，这样的付出才能提高你的工作效率，这种付出也会让你对事物有更深入的了解，而且会为你带来好名声，在上司心中有了好的印象，而这两项都会为你成为优秀的员工增加砝码。

不要总是关注于自己已经取得了的成绩，应该多思考一下，同样是自己分内的工作如何才能更快地完成？做好自己分内的工作，是没有错，不过在快节奏的今天，很多公司更为注重工作效率，如果每一个员工都能在短时间里完成好自己分内的工作，那么整个团队的效率也会得到很大的提高。

［提示］

1. 必须有这样一种思想：对于一名员工来说，首先做好自己分内的事，是你的本分。

2. 不要觉得自己分内的工作微不足道，即使是琐碎、单调、技术含量低的工作，也要清楚地意识到职场无小事，如果能把它当作大事来看待，那么你就更能取得你想要的成功。

3. 同样是分内的工作，可以用时间来限制一下，你上次完成这项工作所用时间是30分钟，那么看看自己能不能在25分钟之内完成？有了这样的想法，工作起来就会热情澎湃，工作效率当然就会提高。

4. 想要成为一名优秀的员工，就需要首先做好自己分内的工作，只有把分内的工作做出成绩来，上司才会委以重任。

想要成为一名优秀的员工，在工作中，就不要强调分内分外，分内的工作是你应该完成也是必须完成的；而分外的工作则是你在时间允许并且完成了自己的本职工作的前提下，能尽量去多完成的事。

作为上司都喜欢主动完成分外工作的员工，所以，对于分外的工作更要出色地完成。

19. 不强调分内分外，分外的工作更要出色完成

> 每天比你认为能做到的多做一点，那么你离成功也就不远了。
>
> ——洛厄尔·托马斯

很多新人在工作中最容易出现的误区就是过分强调分内分外，认为自己只要把自己应该做的事情做完了就行，其他不属于自己，不该自己完成的活儿，一点都不做。有的员工还会有这样的一种想法：“我多做了，又没有人给我加工资，我干吗要做这样出力不讨好的事？”

什么是应该做的？什么又是不应该做的？刚毕业的大学生被称为“职场新生代”，平时在家在学校都不免有些养尊处优，大事做不好，小事不屑做。工作中与同事的相处过程中，一些鸡毛蒜皮的小事都容易怨声载道。其实在工作的过程中，多表达对别人的敬意并时常恰当地使用礼貌用语，或者热心跑腿，合理的情况下多帮助别人完成分外的工作，都不是吃亏的事。平时工作中应该多考虑其他同事的感受，多感谢他们平时对自己的帮助。

职场之中事无大小，不要因为帮同事做了点小事就斤斤计较，你要清楚你是一个新人，对于工作上遇到的难题，很多时候你自己解决不了，这时候，你就需要资历深的同事的帮助，平时

多做点分外的事情，多给同事帮点小忙，就能在同事心中留下一个好印象。当你有困难需要同事指点迷津的时候，谁会拒绝你呢？

小赵刚毕业没多久，就来到一家公司上班，这与其他还在苦苦寻找就业单位的同学相比，他已经很幸运了。小赵一直对自己说，记住自己是一个新人，多做点事累不坏。

和许多刚上班的大学生一样，小赵做的也是那些琐碎、低级、没有技术含量的工作，不过，对此他没有什么怨言，毕竟学校里学的东西与工作上所需要的知识与技能不同，他对于自己分内的工作认真完成，同时还主动做一些分外的工作。

每天早上，其他同事还没到，小赵就开始打扫办公室，然后在同事们的办公桌上，放一杯沏好的茶或泡好的咖啡。不是一天两天这样，在他来到这个公司之后，天天如此，慢慢地，同事们觉得这小子很有韧性，所以，当小赵遇到自己不懂的问题向同事请教的时候，大家都很乐意为他答疑解难，还夸他很能干，很好学。

很多跑腿的活儿，小赵也都包了。晚上，当同事们奔向电梯回家的时候，他不言不语地收拾一天下来凌乱的办公室，然后坐下来，自己给自己再加个班，搜集白天业务会上提到的关键数据，回顾一下当天学到的东西。

有一次，开部门会议，主管提到了一个销售数据，在座的很多人都记不清楚，这时候，小赵说："如果我记得没错的话，应该是××。"主管与在座的同事都非常吃惊，一边说年轻人的头脑就是灵光，一边不由得佩服这个平时不动声色的小伙子。

没过多久，主管就把一项重要的工作交给小赵，而他凭借平时积攒的经验很出色地完成了任务，小赵也在公司中树立了属于自己的威信。

有不少新人在工作中，会有这样一种感觉：很难和其他的同事沟通。因为他们看起来似乎很忙，多希望能有谁空下来，教教他该如何工作。其实老板将你招聘到公司就是希望你能马上适应工作，这其中也包括你要马上适应你的工作伙伴。可是他们不会等着你来适应，因为他们同样有工作压力。上面故事中的小赵就做得很好，帮助他们送送文件，做个剪报，发个传真，热心跑腿，合理的情况下多帮助别人完成分外的工作。只有这样，他们才会有时间和你交流，教你如何工作。

工作中，不要过分强调分内分外，每一个员工都是整个公司团队中的一名成员，不论是谁都会遇到需要同事帮忙的时候，那么就应该平时多注意培养同事之间的感情，当你分内的工作已经完成的时候，不妨主动请求帮助同事做点自己分外的活儿，既会给同事留下一个乐于助人的好印象，又会给自己留有充分的余地，当你需要同事帮助的时候，没有谁会把这样的人拒之门外。

张坤在事业单位从事建筑设计工作，在工作中他认真负责，但很少与同事交流。有时候，其他人有什么问题向他请教，他只注重于自己手头的工作，一句“我自己还没忙完呢，你先等会”就把人家拒之千里之外，其实，张坤并不是那种死抱着自己有的东西不放手的人，可他说话的语气实在让人接受不了。久而久之，同事们对他都有些疏远。

后来，同科室的同事出差的时候，请他帮忙取个包裹，或者参加职称考试的时候求他给代个班，他都不愿意，认为自己做好分内的工作就够了，没必要去为别人做什么。不久后，他便成了单位上的孤家寡人，连去食堂吃饭别人也不愿意和他坐在一个餐桌上。

张坤自己这才感觉有些不对劲，领导也多次找他谈话，说一定要搞好内部关系，我们是一个整体，即使单个人的工作能力再强，如果没有了团结协作，整体实力也不会很强。

不过，这时候，张坤想要扭转局势已经为时已晚，毕竟想要改变自己留在他人心目中的形象不是一件容易的事，最后他只能离开这个单位。

在与同事相处时，我们要记得多为他人着想和考虑，不要过分强调分内分外，否则很容易被人误解为自私、冷漠。因为眼里没有别人的人，别人眼里自然也不会有他。在具体工作中，更不要只埋头苦干不抬头看路，多听听别人的看法和意见，学学他人的经验和做法，通过相互的沟通、协作，肯定会使你的工作与人缘更加出色。

能够在做好自己本职工作以后，再做些分外工作的员工，将受到企业或上司的欢迎。很多时候，这种工作干劲是会相互感染的，进而可以使整个团队的工作效率得到很大的提高，如果在一个国家形成这样一种干劲，那么这个国家的经济发展一定位居国际先进行列。

来到异国他乡，常会遇上国人说的“文化震撼”。的确，不同文化的碰撞，常会让人领悟到一些什么。

王晓第一次踏上日本的土地，就时常感受到这种所谓的“文化震撼”，其中有两次给他印象颇深。

早就听说东京的夜景美丽壮观，是世界著名夜景之一。到日本后不久的一天晚上，王晓请在日本工作的弟弟陪他上了住友三角街的顶层，这里是东京观赏夜景的最佳地点。与纽约、洛杉矶、新加坡等地金光闪亮耀眼的夜晚不同，东京的夜景宛如星河泻地，银灿灿一望无际。

看着无数灯光通明的办公大楼，王晓问弟弟：“为什么这么晚了，办公楼还都亮着灯?"

弟弟回答道："一般公司职员都工作到很晚。"

在日访问期间，白天王晓有自己的活动安排，傍晚下班时分，王晓总在弟弟工作的公司附近与他会合，请他陪着逛逛。

有一天他们走岔了，等了很久不见弟弟的踪影，王晓就进他公司找他。本以为这么晚公司里一定会空荡荡的，可推开办公室的门却让王晓吃了一惊，员工熙熙攘攘，热闹非凡，一大半屋子的人都还在忙碌着，而这时已经下班1个小时了。

出门遇上了弟弟，王晓问他："下班这么久了，你的同事们怎么还不走?"

弟弟说："日本人就这样，其实他们也没干什么，只是干活儿干得意犹未尽，还想再找点什么事干干。"

那天乘轻轨火车返回东京远郊的住所时，已是深夜了，而车厢里挤得满满的。望着这群满脸倦意、默然站立的日本"忙班族"，王晓内心震动了——他们竟然是这样工作的!

日本的经济发展之快，与日本人讲究工作效率不无关系，而且，在日本的公司里，他们很讲究团队协作精神，工作起来，不管是分内分外的工作，都会很出色地完成。那么，一个公司想要取得辉煌成就，靠的就是自己的员工，如果每一个员工都很强，工作效率都很高，这家公司的信誉也会很高。

进入职场，就需要把自己放在一个大的环境中考虑问题，如果你所在的公司很出名，那么你也会感觉自己很有面子，想要自己的公司名气大些，作为员工，你在做好自己分内工作的同时，也应该多做些分外的工作，并且同样出色完成，这样，一个公司才会有所发展，你作为其中的一分子，也会感到骄傲与自豪。

上司并非全才，在工作中他也会遇到许多头疼的问题。这些问题也许不是你的分内工作，可是这些难题的存在却阻碍着团队的前进，作为一名优秀员工，无疑会主动帮助上司解决这些难题。

卡尔是某学院的部门助理，他的老板罗格负责管理学生和教职员工。极其糟糕的签到系统使学生们常常因还未上课就被记名，许多班级拥挤不堪，而另一些班级却又太小，面临被注销的危险。

意识到罗格承受着改进学生签到系统的压力，卡尔自告奋勇组织攻关，负责开发一个新的体系。上司高兴地同意了他的意见，于是，这个攻关小组开发出了一个完善的签到系统。对卡尔组织开发成功的这套系统，罗格给予了高度赞扬。

之后的一次组织机构改组中，罗格升任为主任，随即，卡尔被提升为副主任。

一般说来，做个有心人，始终做到眼里有活并能将这些“分外的工作”做好，往往会使你成为企业的中坚力量，最终成为令人艳羡的员工。

当然，分外工作说起来容易，但做起来难度不小。假如，某一天，不止一位同事请假，部门缺人手，而所要做的工作却很多，即这一天你的目标除了顺利完成自己当天的工作外还要兼顾帮同事做事，当然这是你的分外工作。这个任务看起来很简单，而实行起来却颇为吃力，需要费点力气，然而，你也必须将它们都做好。

只有这样，企业或上司才会有机会知道你具有身兼多职的才能，这就是成为优秀员工的关键。眼里除了本职工作外就没有其他要做的事的员工，怎么能让企业或上司知道你有多大才干？又怎么使自己升职加薪呢？

有两种员工是永远无法超越别人的：一种是只做别人交代的

工作的员工；另一种是从不做好别人交代的事的员工。总是成为第一个被企业辞退的员工和总是在同一种单调卑微的工作中耗费精力的员工相比，哪一种情况更令人丧气？

上述的第一种情况是因为没有把交代的事办好，而第二种情况则是由于“只做”别人交代的工作。用任何一种方式做事，或许可以躲过一时，却永无成功之日。在以前工业时代，听命行事的能力相当重要，但是，现今高新科技迅速发展的时代，员工个人的主动进取，积极主动地做好分外之事，却更受重视。

决定哪些该做，就立刻采取行动，不必等到别人交代。清楚了解你的企业和你的工作，你就能预知该做些什么，然后——着手去做！

率先主动是一种极珍贵、受世人看重的素养，是榜样员工必须具备的质素。它能催促你主动完成分内与分外的事，会使你从竞争中解脱，使你引起上司、委托人或顾客的注意并赢得他们的信赖。

永远眼里有活，做事积极主动，能尽职完成职责范围以外的事的人，不但会驱策自己快速前进，更能赢得辉煌的未来！

[提示]

1. 作为新人，一定不要好高骛远，一心就想着做些重要的事情。你必须心中清楚，你是一个新人，在还没有取得上司的信任之前，首先要做好自己分内的事，像打印文件、发送资料、跑腿的分外的事情最好也能出色地完成，这不仅会给同事留一个好印象，而且也是在为自己以后遇到难题向他人请教铺好道路。

2. 作为一名员工，需要有强烈的团队精神，同事之间协作得好，这个团队才会取得好成绩。那么，有时同事请你帮点小忙，如取个包裹、发个快递这类的自己分外的事，也应该尽心尽力。

3. 当上司遇到难题的时候，不要觉得这是上司分内的事，与我无关。作为下属，给上司出谋划策，并协助上司排解困难无疑会得到上司的赞许。

4. 有些时候，即使没有人交代给你工作，你也应该自己要求完成一些分外的工作，但必须在自己的能力之内，并且要完成得更为出色。

不管你是一个新人还是久经职场的员工，在工作上都会碰到自己不懂的问题，这时候，向上司与同事请教、虚心学习为上上之策。这样做不仅在上司心中你是一个认真对待工作的员工，而且同事也会觉得你很谦和，也会对你留有好印象。

在职场上，很多人会犯的最致命的一种表现是不懂装懂，这样做对你一点好处都没有，而且也可能给公司带来损失。

切记：没有哪个公司会选用不懂装懂、不切实际的员工。

20. 不懂装懂做不出成绩

人非圣贤，孰能无惑？惑而不从师，终为惑也。

——《论语》

作为职场中的新人，有一大忌就是不懂装懂。一个新人，在工作中肯定会遇到自己不懂的问题，这时候需要的态度是虚心与诚实，对于自己不明白的地方，首先肯定它，然后想办法将之解决，自己找不到答案，就要向上司和同事请教，虚心学习。

初入职场，对公司的特点、运营方式尚不熟悉，工作中会遇到很多困难，要敦促自己迅速进入角色。遇到不懂的问题时，不妨直说“我不懂”、“我还不太明白”，或向有经验的同事讨教，无论对方学历有没有你高。不懂装懂或抛开问题不管是最不可取的做法，那样的话，你就只有等着“老牛拉破车”般地在事业发展的道路上慢慢蠕动。

赵良以硕士毕业生的身份来到一家公司，他是满怀信心而来，觉得自己读了这么多年的书，终于可以派上用场了。

公司中的同事听说来了一个硕士，都在观望着，想看看这个硕士能搞出点什么名堂来。赵良对待工作十分认真，不过，他还是发觉书本上的东西与实际问题有很大的出入，怎么办？他也知道大家都在看着他，他是所在科室学历最高的人，他曾一度为这个问题烦恼不已。自己面对着工作中出现的难题，埋头钻研了好几个钟头，也没有一点成效；向同事请教，他又觉得是不是很没面子，自己是硕士，人家会不会笑话他呢？

这时候，赵良抬头看了一眼周围的同事，他们都在紧张地忙碌着，工作效率那么高，而自己呢？转念一想，有不懂的地方就应该问，是硕士又怎么样，毕竟自己是一个新人，不懂装懂才是大错而特错。

想到这里，赵良站起来，向一名资历较深的同事走了过去。同事不但没有笑话他，而且还很耐心地给他解疑答难，最后说道，我们都是一个整体，在工作中团队协作得好，力量才大。

逐渐熟识了之后，大家在一起聊天，有一位同事开口了，赵良，你知道吗？当你第一次站起来，请教问题的时候，我们都很佩服你，因为你并没有认为自己是硕士就高人一等，也正因为这样，你在大家心目中的印象很好。

初涉职场的新人，在明确自己的职业发展目标和方向的前提下，最重要的是对自己有效的工作经验的积累，学会从一个“学校人”变成“职业人”，不论你的学历的高低，不懂装懂永远都不会做出成绩来，有不懂的地方就需要向同事或上司请教，逐步提炼自己的职业含金量和竞争优势，这才是保证职场顺利发展的有效手段。

想要成为一名优秀员工，那么就需要诚恳认真的态度，对于工作中不懂的问题，一定要勇于承认，承认了之后，才会对其印象深刻，也正是因为有不懂的问题出现，才激发你不断探索，战胜一个又一个的难关。

世界著名物理学家、诺贝尔物理学奖获得者、美籍华人丁肇中在接受中央电视台《东方之子》采访时，曾对很多问题都表示“不知道”。他在为南航师生作学术报告时，面对同学的提问又是“三问三不知”：

您觉得人类在太空能找到暗物质和反物质吗？不知道。

您觉得您从事的科学实验有什么经济价值吗？不知道。

您能不能谈谈物理学未来20年的发展方向？不知道。

三问三不知！这让在场的所有同学意外，但不久就赢得全场热烈的掌声。也许，一些人在说“不知道”时往往被看作是孤陋寡闻和无知的表现，但丁先生的“不知道”却体现着一种做人的谦逊和科学家治学的严谨态度，不禁令人肃然起敬。

古人云：“知之为知之，不知为不知，是知也。”学问越深，未知越重；越是学识渊博，越要虚怀若谷。美国现代物理学家费曼说：“科学家总是与疑难和不确定性打交道的。”当一个科学家不知道一个问题的答案时，他就是不知道；当他有了大概的猜测时，他的答案也是具有不确定性的；即使他对自己的答案胸有成竹时，他也会对质疑留有余地。对科学家来说，承认自己的无知，使自己的结论留有被质疑的余地，是科学发展所必需的。学人只有秉持这样的科学态度，才能不断地“格物致知”，获得新认识，达到新境界。

常言所谓“一事不知，学者之耻”，其本意正是在于策励学者们不断求索，不断进取。“吾有知乎哉？无知也。有鄙夫问于我，空空如也。我叩其两端而竭焉。”即使是在专业领域内，那种自诩或表现为无所不知的“专家”，不仅其学识而且其人品也都是值得怀疑的。

其实，丁肇中教授大可不必说“不知道”。比如可以用一些专业性很强的术语糊弄过去，可以说一些不着边际的话搪塞过去，甚至还可以委婉地对学生说："这些问题对于你们来说太深奥，一两句话解释不清楚。"但是，这位诺贝尔奖得主却选择了最老实、最坦诚的回答方式，而且表情自然、诚恳，没有明知不说的矫揉造作，没有故弄玄虚，也绝没有"卖关子"。丁教授坦言不知道，不但无损于他的科学家形象，更凸显了他严谨的科学态度，令人肃然起敬。

很多公司对于员工都有这样的一项要求：不怕你说不知道，最怕你不说自己不知道；有不懂的问题要问，向你的上司或同事请教，他们会帮你答疑解难。

人非圣贤，不可能生而知之，想要成为一名优秀的员工就在于实事求是、严肃认真、孜孜以求，来不得半点虚假。对不知道的东西，不要不懂装懂，这样永远都做不出成绩。这是做学问乃至做人的一个最起码的要求。

王国强是公司里的资深员工，他对专业技能的掌握程度可谓无人能及，不过，人老了，对于新鲜事物的接受与理解也自然有点心有余而力不足。特别是电脑、互联网的介入，王国强越来越感觉到自己需要学习的地方太多了。

有些时候，对于电脑里出现的单词王国强都要向同事问一问是什么意思、怎么发音，自己在下面鼓弄半天，同事们都说老王，这些你不必太在意，有事我们会帮你解决的。

老王却总是这样说，不行啊，该我会的东西一定要弄明白，我虽然老了，可我还不想被淘汰。

大伙对于老王的这种态度都很钦佩，上司还特意表扬了他的这种学习精神，老王并没有觉得自己资历老，就倚老卖老，把自己不懂的问题丢给别人，他也没有把向同事请教当作一个丢人的事，不懂就问，做工作就需要这样的态度，不懂装懂永远都做不出成绩。

工作中谁都会遇到自己不懂的问题，一个人的能力终究有限，这时候不妨多向上司或同事请教，无论长幼尊卑，没人会笑话你，这也是职场上所需要的一种工作态度。

下面是一个关于不懂装懂弄出来的笑话，看后不知你会有什么感想？

“小问题”有个好为人师的毛病，总喜欢对别人的学习指手画脚，而且别人有问题，不管自己是不是真懂，总喜欢妄加指点，结果可想而知，常常闹出笑话！

这不，前两天小刚来问“大头”一道奥数题，“大头”还没来得及回答，“小问题”却抢先发话了：“这有何难，且听我慢慢给你道来！”接着仗着自己的三寸不烂之舌，唾沫星子乱溅地神侃起来，把小刚侃得是云里雾里不知所云，可又怕“小问题”说自己太笨，只好不懂装懂地道谢而去！

真是无巧不成书，第二天的数学测试偏偏考了这道题，结果可想而知，小刚和“小问题”惨败而归！于是小刚来找“小问题”理论，正在二人争论得脸红脖子粗时，“大头”发话了：“学习上要知之为知之，不知为不知，切忌不懂装懂和打肿脸充胖子，否则只能是死要面子活受罪……”

听了“大头”的话，二人的脸涨得像个红苹果，连忙虚心向“大头”请教，而且从此以后再也不敢不懂装懂了，学习成绩也像是芝麻开花——节节高！

这虽是一则笑话，不过却有着深刻的寓意，做学问来不得半点虚假，不懂装懂的下场只能是自食其果。

棋圣聂卫平九段，应邀出席第三届西南棋王赛新闻发布会，会上有一名老记者突施一“冷箭”：“请问聂棋圣能否用自己的围棋经历来解释本次棋赛的文化理念‘上善若水’？”

此问一出，但见老聂一脸茫然，如坠五里雾中。让人吃惊的是，他没有以名人惯用的托词来掩饰自己的无知，而是老老实实坦承说："我很想回答您这个问题，可我确实不知道'上善若水'是什么意思，所以还得先请教您。"

老聂大庭广众不耻下问，众人不禁鼓起掌来。

"上善若水"语出老子《道德经》，意用至清的水形容人世间最高的道德境界。聂卫平九段也用他的坦诚向人们显示了其道德品质。

作为名人都可以这样无畏地承认自己不懂的问题，那么我们还有什么好畏惧的呢？记住，想要成为一名优秀的员工，不懂装懂永远都做不出成绩，遇到不懂的问题，要向同事或上司虚心学习。

［提示］

1. 作为职场中的新人，你要明白工作中遇到自己不懂的问题是很正常的事情，切不可急于表现自己而不懂装懂，你可以不懂装懂一时，但终有真相大白的一刻，到那时岂不是更难堪？工作中切忌不懂装懂，一定要向同事或上司虚心学习。

2. 就算你是资历较老的员工，工作中也会出现自己不明白的地方，不要因为怕丢面子、掉架子，就不懂装懂，这样人家会认为你是在倚老卖老。要勇于承认自己不懂的问题，向同事或上司虚心学习，这样，你才会更有威信。

单位越大，人际关系越复杂。人际间的勾心斗角不利于事业的发展，你应尽可能地避免卷入不良的“派系争斗”中。在复杂的公司“派系争斗”面前，你还是装糊涂些为妙，学会在同事面前谨言慎行，做个聆听者。

21. 避免卷入派系斗争

人数少无关紧要，重要的是我们都在努力。

——赫拉克利特

一个公司不管规模大小，只要超过 3 个人，就会有“结党营私”的情况发生，由于背景相近（同期进公司、同校情谊）或志趣相投（喜欢逛街、爱打高尔夫球、爱聊八卦）等，很容易形成“小团体”。除了这些因素外，共谋彼此利益也是形成派系的主因。最常见的情况是，谁是谁推荐进入公司的，或谁是哪个上司提拔重用的，就会自动被人贴上派系的标签，所有的人就都会认定他是属于某派人马。这种情况下，即使他本人极力否认，也无法改变别人先入为主的观念。

要不要加入公司里的“小团体”一直是职场中人的共同困惑。如果你想保持中立避免卷入“抢人战争”中，那么你就会两边都不讨好；如果你加入“小团体”也不见得会受到保护，因为大多数的老板都不喜欢员工搞派系。

那么，这是不是让你面对公司的派系斗争时有点左右为难？你也别太担心，如果懂得人情往来，你就可以在他们之间游走自如，避免在派系间的“抢人大战”中把自己弄得灰头土脸。

李丽投简历、面试、笔试……好不容易从一个大学生变成一个小白领。可去公司上班之后她才明白，要想在这里立足可真不是件容易的事。她暗自感叹：你的出色就意味着“老员工”们的失色，即使开会迟到半小时也不会得到忠告，大声在办公室里打私人电话也没有人会提醒你，他们甚至连传真机放在什么地方都不会主动地告诉别人……

出人头地是李丽的目标，可她并不心急，只是把目标藏在心里。在公司里，李丽一直隐而不发，也从来不参加任何“小团体”，大家从不视她为目标。但在私下里，她却经常与部门主管沟通，并通过别人向老板传递这样的信息：他有一个叫李丽的员工，而且客户都认为她很出色。

老板曾特意问过她的部门经理，谁是李丽，当然老板听到的还是赞扬。李丽对工作也非常的努力，不停地钻研业务、开发客户……在年终的绩效考评上，谁也没有想到平时表面上一言不发的李丽成了公司的销售冠军。李丽因此不仅得到了不菲的奖金，而且春节后还顺利地当上了销售部副主任。

通过李丽的故事，我们不难发现这样一个道理：只要你有能力，即使你是新人也没有必要加入公司原有的派系团体中，想去依靠“小团体”给自己撑起半边天。或许投靠是一时的对策，但是如果你加入了派系的旋涡，有可能会让你在明争暗斗中精疲力竭，又如何有精力让自己的工作做得出色呢？你要知道“靠人永远不如靠自己”。

有些人由于在派系斗争中滚打多年，学会了察言观色，只听有权者的命令，只看利害关系做事，久而久之，变得过度现实，有好处才肯动，有利用价值才愿意配合。这种“看谁的靠山强就听谁命令”的人，即使他的工作能力再强也不会得到更大的发展机会，因为像这样的人不但同事间搞不好关系，而且上司也会觉得“一旦情势转变对方就会翻脸比翻书还快”，所以上司也绝对不会提拔这样的员工。

程剑锋在一家文化公司上班，刚进公司不久，他就发现上司喜欢抽烟，于是就投其所好，上司自然知道他的用意，在工作上也经常照顾他。

从此程剑锋有了一种比其他员工高出一截的优越感，工作上有时候同事需要他帮点忙，他都会爱答不理，时间长了，同事们对他的印象都变得很差。

天有不测风云，上司因在一项工作上出现严重失误而被老板炒了鱿鱼，程剑锋一下子没有了靠山。不过，他并不发愁，总有新上司会来，他也正准备故技重施，尽快与新上司搞好关系。

当新上司到来的时候，却让程剑锋大吃一惊，原来新上司就是他的一个同事，因为他的工作表现相当出色，所以程剑锋一直把他视为眼中钉，经常在原来的上司面前贬低他。

这样一来结果可想而知，程剑锋只能自动辞职。

"靠近"上司是很平常的事情，不过，切不可仗着自己与上司的某种特殊关系而扬扬得意，只有工作上尽量与同事搞好关系，这样才不会断了自己的后路。

一般来说，上司对"小团体"总是抱着不信任的态度，对于"小团体"里的人当然多有顾虑。当你新进公司时，切不可随便加入为己谋利的团体中，你应该既要表现得友善大方主动与人交际，又要察言观色与公司中已有的"小团体"中人保持一定的距离，否则你就会很快落入"小团体"的陷阱，让上司或公司上层觉得你在搞或参加了派系斗争。比如：你邀请了同事共进午餐或晚餐来表达你愿意配合同事工作的善意，并寻找机会请教工作上的问题，这本无可厚非。但是，你借此常邀三五同事聚在一起，或唱歌，或逛街看电影，或聚会玩牌，久而久之，情谊加深，你就有可能形成自己的"小团体"，如果上司误认为你的"小团体"是公司派系斗争中的一支而把你列入了黑名单，那么你也就只能等着倒霉——或开除，或根本得不到加薪升职的机会。

那么，作为公司上层为什么会如此厌恶“小团体”呢？

首先，上司会认为公司派系斗争诱因的“小团体”里的人公私难分，如果提拔了圈内某个人，而与之较好的同事“哥儿们”就有可能得到偏爱而被放纵，这不仅对公司的事业不利，而且对其他员工也不公平；其次，上司还担心“小团体”里的人“不忠诚”——经常聚在一起的人气味相投，若上司对其中某个人批评或扣奖金，或其中某个人与别的同事发生矛盾，那么“小团体”里的几个人就有可能联合起来对付上司或其他同事；最后，如果公司想给其中某个人单独奖励，这个人很可能就会泄露给“小团体”内的朋友知道，而公司这种额外的奖励不是每个人都有的，其他同事知道后肯定会认为上司不公，这也影响到公司团结和公司奖惩制度的正常运作。

“小团体”在每个公司中都存在并被分成了各种派系，作为职场中人如何避免自己卷入这样的旋涡中呢？

首先你应该知道职场中的各种派系类别。职场中的派系划分最常见的莫过于“元老派”与“新秀派”这两种。“元老派”的争斗主题主要是“捍卫主权”；而“新秀派”的争斗主题则是“拓展权力”。两派的争斗实质不外乎是利益和权力。

一边是创业的“元老”，自认为劳苦功高；一边是公司里的新锐，后起之秀。这种派系斗争最易耗费你的精力，其表层特征常常为：元老与新秀桌面握手，台下踢脚；或者各自为政，双方喽啰暗相交兵。

方云来到了一家著名的国有企业。经过一段时间的工作，她对公司的同事已经有了大概的了解，她和一些与她刚进入公司不久的新人一样处处被公司里的老员工压制着，得不到表现的机会，无形中公司内就形成了两大派系——“元老派”与“新秀派”。在“元老派”里有一个吕大姐，负责活动策划，她跟其他“老同事”都有说有笑，唯独对方云他们这些“新人”不冷不热。

一天上午，一个活动策划进行最后定稿，大家都聚在一起讨论策划方案，研究可能出现的问题，并对方案进行修改。方云发现其中一个环节有点问题，说道：“这个活动由厂商赞助，是不是让他们反馈一下意见比较好?”别人还没有说话，吕大姐就不高兴地说：“原来的活动都是这么做的，有什么问题？我们公司这样的活动做得多了，你才来没多久，可能不太了解吧！”

听着吕大姐不太客气的回话，方云觉得有点委屈，就算她比自己进公司早，工作时间长，也不能“倚老卖老”，不接受别人的意见啊！方云忍住心中的不满，继续说：“厂商出钱了，让他们在活动开始前跟观众见面，能够加深他们在大家心目中的印象，再说，对他们也是一种尊重。”方云平心静气地说着。吕大姐不说话了。

几天后，活动策划方案批下来了。方云一看，她的建议被加了上去，她找到吕大姐，真心实意地说：“谢谢您采纳我的建议，吕姐！以后还得请您多指导！”

吕大姐向她露出了罕见的笑容：“谢什么！大家都是为了工作。你的想法不错，以后要继续努力！”

任何一家公司里像吕大姐这样的老员工都不在少数。他们自认为资格老，和公司一同打拼过，经历的事情多，是某一方面的“权威”，不容易接受别人的意见。尤其不把方云这样的新人放在眼里，认为他们经验少，年轻、冲动，不能够委以重任。

遇到这种“倚老卖老”型员工，千万不能低头“妥协”，唯唯诺诺，那样你会更让人瞧不起。你必须要晓之以理，动之以情，事后要向他们虚心请教，真心感谢，就像方云那样，给这种老员工一个台阶下。切不可联合公司一些与你一样“受委屈”的同事暗地里与“老员工”较劲，如果这样的话，你就会卷入公司的派系斗争里去，于己于人都没有好处。

在职场中，“嫡系”与“非嫡系”的两种派系争斗也是办公室的一大主旋律。

很多公司老板都会培养自己的亲信，日久天长“嫡系派”自然产生。当然“嫡系派”不一定都权力在握，但他们在公司内的影响力却非同一般。而“非嫡系派”往往会看不惯“嫡系派”唯老板马首是瞻、狐假虎威的做派而与之叫板。

蔡华跳槽进了新公司，让他想不到的是，自己仿佛掉进了一个明争暗斗的“旋涡”：公司里有“保皇派”和“实权派”两大派，这两大派派系分明、暗流涌动。

而刚进公司的蔡华好像突然打破了公司派系间的均势，成了“两路人马”争相拉拢的对象。

蔡华不动声色，暗中琢磨。没多久，他就公开站在了业务部副经理小林一边，因为他了解到，小林不仅是部门副经理，还是公司董事长的同母异父的弟弟，这个消息在公司内部几乎没有人知道。

为了接近自己选定的这个“平台”，从不抽烟的蔡华竟总陪着小林抽烟聊天。很快，两人便成了知己，在公司里小林处处帮着蔡华说话，还在很多事情上为蔡华“指点迷津”。

一年多以后，小林身份公开，成了业务经理兼公司董事，而刚进公司没多久的蔡华顺利地接替了小林原来的位置。

大凡在职场中摸爬滚打了一段时间的人，都不会否认“办公室政治”的存在。办公室里同时存在着两种主要关系：一是由工作而产生的合作；一是由晋升而产生的竞争。

如果将办公室比作一个舞台，可谓是“生、旦、净、末、丑”俱全，不时上演着精彩的“办公室角逐战”。蔡华在这场斗争中取得了胜利，但是，谁都不敢保证以后会一切顺利。

一切“办公室斗争”都源于竞争，一般情况下老板也不是没有办法加以平衡。针对各种各样的办公室斗争形式，老板会采取相应的“政治手段”，疏导、平衡、改善、警告，实在无奈，只有使出“撒手锏”——毫不留情地将其辞退。

公司的发展倚重于团队协作，如果听任公司内部矛盾恣意发展，必然会动摇整个团队的实力，影响了团队士气，使公司员工工作效率降低。这些都是每一个老板极力避免的，但是很多“办公室政治”正是老板本人导演的。

小刘以前在一家规模不大的股份制公司工作，由于年轻、肯吃苦、专业知识过硬，很快成了公司须臾不可缺少的技术骨干。老总和副总都先后对他表示了栽培之意，小刘高兴极了，自己的成绩得到了领导的肯定，前途一定是不可限量。

可是时间不长，就有老员工悄悄给他递话：“你没看出来啊？老总和副总不和，站哪边，你看着办吧……”小刘懵了，刚从学校出来，遇到这种事情，还真不知道该怎么处理。他仔细盘算了一番，决定严守中立，任何一方都不掺和。“只要干好自己的本职工作，谁能挑我的刺？”小刘想。

公司小，老总和副总都喜欢越级交代工作。虽然任务压得人喘不过气来，但小刘决定，宁可自己加班加点，也要做到两边不得罪。几个星期下来，小刘累得够呛，但两位领导似乎并不怎么领情。

他们开始变得热衷于教训他，常常是他前脚迈出总经理室，就被隔壁的副总经理叫去，换个角度、换套说辞再骂一遍。小刘不知道，自己辛辛苦苦，到底做错了什么？

百般烦恼之际，部门经理看不下去了，走过来点拨了一下："公司现在离不开你，你帮谁，谁的位子就坐得牢。你都不帮，两边都得罪，何苦？"

小刘冥思苦想一整夜，终于想通了：受夹板气的日子太难受了，还是得找个靠山，通俗地说，就是得有人"罩"着。他想，当初是老总一眼相中他的，有知遇之恩，今后就跟着老总吧！

第二天，副总又过来交代任务，小刘一反常态，冷冷地说："您今后有什么事，还是向我的经理交代吧，需要我做的，经理自然会分派。"副总一怔，恨恨地走了。

从此以后，小刘的日子的确好过了很多。副总再想找他的茬，老总总会挺身而出为他说话，他终于体会到"大树底下好乘凉"的滋味了！

好景不长。这天下班，老总邀请"老总派"全体人员去唱歌。大家正唱在兴头上，老总突然接过话筒说："今天，我递交了辞职报告。"大家顿时惊呆了。

原来，老总在和副总的斗争中落马了，副总取得了董事会的支持，马上要扶正，而老总只能出局。老总告诉大家，他将去另一家公司担任老总，希望大家都跟他一起走。

小刘的心很乱，他不愿意走，作为元老和技术骨干，公司从无到有、发展壮大，每一点成长，都浸透着他的心血。这次老总带走一大半人马，公司无疑会受到重创，自己真是不忍哪。

这边，小刘还在为公司命运伤怀；那边，老总和副总已经轮番上阵，展开了攻心战术。副总说，只要你留下，我不计前嫌，升职加薪不在话下；老总说，副总这人睚眦必报，你留下不会有好日子过，跟着我，保证不会亏待你。

几番拉锯之后，小刘的天平还是向老总倾斜了。他想，这时候改换门庭，不会被人说是见利忘义的墙头草吗？

老总说到做到，果然对小刘相当照顾，让小刘如沐春风。小刘迅速适应了新公司的节奏，并再次成为技术骨干。但没过多久，他又苦恼地发现，新公司的政治斗争仍然是暗流涌动、凶险异常。

这天，老总和一个部门经理B起了摩擦，当场翻脸。下班时分，B约小刘去酒吧喝酒。小刘没看见吵架一幕，不了解情况，心想同事之间，喝喝酒又何妨？于是去了。

没想到第二天一上班，就有同事把他叫到一边，说："你真不怕死呀？怎么跟B搅在一块？B今天当着所有人的面找老总摊牌了。他说，'你最得力的手下都和我私下交好，你镇得住谁？'"小刘一听，心口一下子凉了半截。

小刘决定赶快找老总说个清楚。推门进去，老总倒像什么也没发生过一样，笑容可掬地请他坐下，亲切地说："最近公司准备抽人去外地分公司搞技术支持，你是个人才，我准备派你去。你要珍惜这次机会啊，很能锻炼人的……"

小刘头皮嗡地一下，原来，不知不觉中，他又卷入了派系斗争。

小刘本来是一个很有前途的技术能手，但是他没有掌握好做人的原则而成了公司派系斗争的牺牲品。从表面上看，小刘有点"倒霉"，但实际上这是他缺乏职业技能造成的。因为找个人"罩着"的做法，本身就有投机的成分在里面，而投机往往会使人失去理性使自己掉入公司派系斗争的旋涡。

如果你在职场中遇到跟小刘一样的情况，比较合理的做法是应该坚定自己的信念，充分相信公司的公正性。不管是做人也好，做事也罢，投机的想法容易把你置入两难的境地，对此一定要加以注意。

派系斗争不仅存在于国内的很多公司中，而且在很多大型跨国企业里也有愈演愈烈的趋势。只要有利益的地方就有斗争，公司越大，越往高层，斗争越激烈、越隐蔽。在某些跨国大型企业的高管中，他们的人员结构可能是这样的比例：外国人占44%，我国台湾人占到10%，外籍华人占17%，其他则为我国香港和内地人。在自觉与不自觉中，他们被冠以台湾派、香港派、欧美派、韩日派、东南亚派、内地派等。在这些派系之间势力此消彼长，各具优劣，谁也无法完全控制企业。

欧美派或许对总部文化理解得深，但他们的精英人士大多会留在本土，来到中国的多数也都存在“我是过客”的心理；香港人则是超级推销员，他们开拓有余而守业能力不足；新加坡人则办事规范，虽然是黄皮肤，但对中国文化的理解没有比西方文化深；我国台湾人虽然能吃苦，也擅长管理，但在被员工认同上却较弱，他们也最喜欢提拔亲信；而内地人最了解市场，但对国际化的理解欠成熟；韩日的就不必说了，他们的官僚几乎把总部的斗争和冲突全盘引入到了在华企业。

尽管国人已有突破了“天花板”走上高管队伍，但大型跨国企业的员工本土化目前还只限于公司的中低层，而他们的高管组成也是以来自总部的“多国部队”为主。此外，这些高管们不仅面对国内利益、资源的分配与冲突，同时还处于在华企业与总部、亚太区、大中华区等微妙的关系中，可以说，大型跨国企业的派系斗争比国内企业更为复杂。

因此，即使你在国外大型跨国企业里上班，也应该认清自己所处的地位，并尽量避免卷入派系斗争的旋涡之中。

［提示］

1. 作为职场中的新人，老员工对你工作上提出的意见，你要虚心接受并力求做到最好，这样老员工就会十分欣赏你，也会把公司中的派系关系向你说明，这也是作为新人想要避免派系斗争的一个最简单方法。要想获得这种老员工的好感，不用奉承，不用套近乎，只要兢兢业业地做好自己的本职工作就行了。

2. 新人容易因想法过于天真而被老鸟当作天兵，不但常闹笑话，而且容易让主管产生坏印象。作为新人，你需要知道人际关系是一门很深的职场学问，谨守少说多听、累积人脉法则，避免牵连在派系斗争中，免得被流弹波及而影响未来前程。

3. 职场之上，最终还是靠实力说话的，把本职工作做好的同时，不要忘记与同事搞好关系，特别是对于资历老的员工更需要在工作之余表示出自己对他们的关心。你可以不动声色，但不要盲目加入任何派系中去，这样你就可以避免卷入派系斗争的旋涡里。

职场可以说是你除家庭之外另一个重要的舞台，所以在职场中你应该尽量使自己活得舒心些。如果在工作中过于压抑自己的情绪，不但会给你自己的心理带来压力，而且还会阻碍你职业成功的步伐。

22. 一脸苦相自断前程

当你笑时，整个世界都在笑。一脸苦相没人愿意理睬你。

——乔·吉拉德

职场中的新人找到工作后的喜悦很快就会被上班所带来的惶恐所冲淡，因为职场与学校大不相同。刚步出校门的你充满理想，浑身带着冲劲，但是当你一进入职场，就会面临许多新问题，诸如：能否胜任工作，如何调解工作压力，如何协调好工作中的人际关系，以及面对利益冲突该如何解决等。这时，很多新进职场的人就会变得手足无措，觉得世道实在是有失公允，于是就整天阴沉着脸，一脸的苦相。殊不知，这种表现正是职场新人走向失败的开始，要知道，工作中一脸苦相只会自断前程。

在工作中，开朗的性格往往可以使你左右逢源，开拓出良好的人际关系，这对你工作的顺利进行将会起到极大的帮助。如果你的性格原本就不够开朗，那么从现在起就不要时刻绷紧你的脸，先试着学会微笑，学着对每一个同事微笑。要知道笑容是好感的信使，能照亮所有看到它的人，而孤僻只会使你的人际关系处于被动的位置，如果那样的话你的职场生涯就会处处受限。

刘小姐去年高职毕业后，应聘进入著名的G公司，在某区分店行政部门任助理。说是助理其实和文员差不多，每天的工作就是接电话、打电脑，月薪也只有1000多元。

试用期3个月，在这段时间里，刘小姐感觉自己的压力很大，晚上经常睡不着觉，第二天上班的时候，也无精打采、一脸苦相。

刚开始的时候，周围的同事还会表示一下关心，问她是不是不能适应工作等。可刘小姐却不愿打开自己的心扉，不愿与同事诉说自己的心理压力，只是说自己能够适应。但刘小姐依然每天提不起兴趣，好像心事重重的样子，工作一点也没有激情。

由于刘小姐成天拉着一张脸，慢慢的，同事们都在疏远她，对她敬而远之。

刘小姐的试用期结束之后，行政经理找刘小姐谈话，他说："我对你的工作还是较满意的。不过行政部门已经人满为患，但服务台缺人准备派你去，如果你不愿意去，你可以离开G公司！"

刘小姐心里清楚，服务台的工作主要是和顾客打交道，接受顾客的投诉，比较烦也比较忙，可是不去又能怎样呢！虽然行政经理最后承诺："你算是借过去的，人还是归我管，以后有空缺再回来。"

但是，这个空缺的名额似乎是永远都不会有的。

倘若你想在职场中有一番作为，就必须要让自己主动出击，激情四射，而要做到这一点，你不妨在工作之余给同事讲讲笑话，或时不时地幽默一把，用以调节工作气氛。

莎士比亚有句名言："人总是在痛苦和厌倦之间摆动，远离痛苦就接近厌倦，远离厌倦就接近痛苦。"拿来比喻工作中的状态倒是很贴切——失业的时候，你会为没有工作而痛苦，但工作时间长了，你又会对工作产生厌倦的情绪。当这样的情绪产生之后，虽然你还是每天照常地上下班，但你总是一脸的苦相，好像别人欠了你多少钱不还似的，弄得同事对你莫名其妙，上司觉得你是不是对他不满或正计划着跳槽，如果是这样的话，你如何正常地开展你的工作，更别奢求上司会把什么重要的任务交给你来做了。

当你出现不好的心绪，并每天早晨一醒来想到要上班就害怕的时候，有没有想过是什么原因造成的呢？其实，职场中的很多人都会遇到这样的情况，很大一部分原因就是你与同事相处得不好，所以你感觉自己在公司形单影只、孤立无援，有什么压力也找不到合适的人诉说，这就是你一脸苦相的开始。

在工作中，与你关系最亲密的除了上司就是同事了。同事之间的交往是不可忽视的，同事关系处理好了，有利于工作的进展，就像有人所说，同事之间的关系有如海洋上的风，顺风可助你劈波斩浪，全速前进；逆风时使你倍感阻力，你驾驭的小舟就会颠簸不已。但是，良好的同事关系不会自然形成，这需要你遵循一定的行为准则。

当然，首要的条件就是你不能整天的一脸苦相。

如果你在工作中总是唉声叹气，也许你自己不觉得什么，但与你一起工作的同事呢？同事之间整天低头不见抬头见，你总是一脸苦相必定影响到你所在办公室的气氛，使得整个办公室都阴气沉沉、毫无乐趣，大家又怎能安心工作呢？如果因你而使整个办公室效率低下，并一个个被上司骂得狗血淋头，那么大家的怨恨一定都会责怪到你的头上，到时你又如何立足？

有一则有关太阳和风的寓言。太阳和风在争论谁更强而有力。风说："我来证明我更行。看到那儿一个穿大衣的老头吗？我打赌我能比你更快地使他脱掉大衣。"

于是，太阳躲到云后，风就开始吹起来。风越吹越大，天地变得阴沉，像是到了世界末日。但是，风吹得越急，老人就把大衣裹得越紧。

终于，风无奈地平息了下来。

然后，太阳从云后露出，并开始微笑着温暖地照着老人。不久，老人开始揩汗，脱掉了大衣。这时，太阳对风说：微笑总是要比阴沉更强而有力。

林肯曾说，“一滴蜂蜜比一加仑胆汁招引的苍蝇还要多”，因此，如果你想赢得他人的认同，首先要让他看到你的微笑，这会如蜜糖般滋润着他的心田。懂一滴蜂蜜道理的人，在与同事相处中，总能做到温和友好，并懂得如何化解同事之间的矛盾。如太阳可以比风更能令人脱下衣服一样，亲切、友好能比世界上所有的阴沉、哀怨更容易让人接受。

因此，你想协调好同事间的关系，你就不能整天哭丧着脸。展露出你迷人的笑容吧，你一定能赢得大家的赞许。

普天之下，芸芸众生，谁不渴望实现自身的价值？谁不渴望拥有更多的财富？谁不渴望成功？谁不渴望得到他人的赞赏？但是，这一切的获得都是需要付出代价的。首先你必须拥有一种积极的心态，就像成功学大师拿破仑·希尔所说：“成功人士的首要标志，在于他的心态。一个人如果心态积极，乐观地面对人生，乐观地接受挑战和应付麻烦事，那他就成功了一半。”

如果你想在职场中得到上司的提升，赢得同事的赞赏，同样也需要你用一种积极乐观的心态去努力争取，而不是感觉成功无望就整天唉声叹气，耷拉着脸。

艾尔·艾伦是美国联合保险公司业务部的一名成员，起初他业绩平平，每当看到自己的同事做出成绩赢得赞赏时，他的心里就非常地羡慕，也渴望像他们那样——翘起大拇指来夸奖自己。因此，他一心想成为公司里的王牌推销员。他将自己所读书中所介绍的积极原理拿来应用。在一本名叫《成功无限》的杂志里，《化不满为灵感》的文章深深地吸引了他，他决定用这种方法来试一试。

一个寒风刺骨的冬天，在威斯康李市区，艾尔·艾伦冒着严寒沿着一家家商店谈业务，结果都以失败而告终，这当然让他极不满意，但他没有因此而感觉心情不好，表现出一脸苦相来。这时，他突然想起了自己所读的那篇文章，心中顿时豁然开朗。

第二天，从公司出发前，他满面笑容地将自己昨天的失败告诉其他同事。最后，他信心百倍地说："等着看好了！今天我要再去拜访那些客户，并且谈下比你们更多的业务。"

艾尔·艾伦没有食言，他果然说到也做到了。他回到了威斯康李市区，再度拜访他昨天所谈过话的人，结果他谈下了将近70个新业务。他果真成了公司里的王牌推销员。当然他也赢得了同事们的称赞。

其实，职场中任何一个人都可以像艾尔·艾伦那样成为公司里的王牌人物，主要就看你有没有积极的心态，并努力地去工作。要想赢得同事的赞赏，你的方法很多，但保持积极的心态则是最重要的一种。如果你觉得自己一脸苦相不碍别人什么事，那么你要想在职场上成功必定是一件天方夜谭的事。

美国前第一夫人埃莉诺·罗斯福曾经说过："没有得到你的同意，任何人也无法让你感到自惭形秽。"乔·吉拉德认为在推销这一行尤其如此，如果你把自己看得低人一等，并整天因此而愁眉苦脸，那么你在别人眼里也就真的低人一等。

乔·吉拉德认为有两种力量非常伟大：一是倾听；二是微笑。"倾听，你倾听得越长久，对方就会越接近你。我观察，有些推销员喋喋不休。上帝为何给我们两个耳朵一张嘴？我想，意思就是让我们多听少说!”

乔·吉拉德说，有人拿着100美元的东西，却连10美元都卖不掉，为什么？你看看他的表情，一脸苦相。要推销出去自己，面部表情很重要：它可以拒人千里，也可以使陌生人立即成为朋友。

“笑可以增加你的面值”，乔·吉拉德这样解释微笑，“不仅用嘴、用眼睛，还要用手臂、用整个身体。从今天起，直到你生命最后一刻，用心笑吧。”

乔·吉拉德还曾说过这样一段话：“世界上有60亿人口，如果我们都找到两大武器：倾听和微笑，人与人就会更加接近。让信念之火熊熊燃烧，在我的生活中，从来没有‘不’，你也不应有。‘不’就是‘也许’，‘也许’就是肯定。我不会把时间白白送给别人的。所以，要相信自己，一定会卖出去，一定能做到。”

微笑正是乔·吉拉德成功的原因之一。

乔·吉拉德说，所有人都应该相信：乔·吉拉德能做到的，你们也能做到，我并不比你们好多少。而我之所以做到，便是投入专注与热情。

对许多人来说，工作只是一种谋生的手段。但如果只拘泥于这一点，你又有什么资格谈论工作激情呢？毕竟，不是人人都能达到将工作作为生活的一部分，甚至是为社会做贡献的高度。工作中的激情不是明摆着的，它需要从日常点滴中去寻觅和发现。保有长久激情的秘诀，就是给自己不断树立新的目标，而不只是老想着转换工作；把曾经的梦想捡起来，找机会去实现它；审视自己的工作，看有哪些事情一直拖着没有处理，然后把它做完……当你处在这样的一种状态中的时候，你不仅不会一脸苦相，而且还会产生一些小小的成就感，这种美丽的感觉就是让激情每天都陪伴自己。

当你感觉疲惫，发现自己流露出了一脸苦相的时候，你就需要给自己来点鞭策，需要知道当你认为自己行的时候就一定行，最好每天都不断向自己重复。如果你每天都开心一些，抛弃一脸的苦相，你就一定会成就你所想，这些是非常重要的自我肯定。将 Impossible（不可能）变成 I' m possible（我有可能），勇于尝试，之后你就会发现，你所能够做到的事情连你自己有时都会感到惊讶。

［提示］

1. 在安逸的环境中，如一些成熟的企业，特别是很多国企中，员工常常感受不到太多的压力，不是想着创新、创造，而是立足于不犯错误，保持现状，激情自然也就不见了，笑容也就没有了。这时给自己加压，要求自己学习进步就显得很有必要。

2. 有些人只知道拼命工作，当然也有的是被逼的。一开始在晚上加 1 ~2 个小时班，不久便整星期地加班，最后连周末也成了办公时间。实际上，工作占据了他的全部光阴。这类人除了工作，几乎没有任何社交活动，这样时间一旦长了，难免会对自己的工作产生反感。这样就会导致恶性循环，激情就会被逐渐耗尽，一脸苦相自然就是难免的事情了。如果你是这样的员工，提示你：工作之余不要忘记娱乐一下，学会给自己减压，这样你就能保持住你的笑容了。

3. 想象自己是个独立的承包者，你的雇主是位大客户，然后合理分配你的时间，以达到不仅满足客户所需，而且还可从各方面发展自己的目的。

4. 把自己的爱好和业务活动当作本职工作一样认真对待，并同样引以为豪。许多人只把来自办公室的成绩看成真正的成功，结果这些人唯有事业上春风得意时才会感到高兴，而一旦工作遇到麻烦，就会垂头丧气没了精神。如果能在自己的爱好及业余活动上同时发展，那么职场受挫时，就容易保持一种积极的态度，让其他方面的成功帮助调整职场中的状态。

5. 陌生的工作环境可以让自己感到好奇、兴奋、新鲜，什么事情都要跃跃欲试，不过逐渐熟悉了工作环境之后，这种心态将渐渐离自己远去，更多体验的是谨慎、见怪不怪、程序化地完成工作任务。长此以往，工作积极性自然下降。为此，你可以想办法为自己创造各种陌生环境，让自己好奇、兴奋、新鲜的心态永远存在；除了工作环境，你可以去外部开辟学习培训的各种不同环境，为自己的进一步发展“充电加油”，努力地争取在各种场合结识专业人士等。如果你与部门或企业文化存在着本质的冲突，那也不妨换个工作环境。

6. 长时间地在某一环境下工作，人们很容易成为技术娴熟的工作骨干，但日复一日地重复相同而琐碎的事务，就有一种被掏空了的感觉。再加上很少得到上级的表扬，或者经常得到不好的评价，这样就很容易会有一种无助感，从而导致工作情绪低落。之所以出现这种情绪，主要是因为这些人只知道单一工作，而没有明白自己工作的价值。其实只要在工作中树立起使命感，明确自己要实现一定的价值，就能在个人工作中产生前进的动力。一旦在工作中树立起使命感，你就会主动地为自己出点儿难题，每天都有难题处理，你自然就会活得充实，坚持不懈下去，就能发现自己每天都在进步，每天都会感到快乐。

7. 考虑清楚有关自己理想职业（最适合自己的）的每一件事——从工作内容、工作形式到工作环境，然后确定自己所追求职业的标准或目的，并制定可行的行动计划。有了明确的目标后，你可以观察一下是否能调到另一个部门，或者先谋个较低的职务，然后找机会进修，最低限度，也要找出妨碍你日后发展的不利因素。谨记，循序渐进是改变不称心工作的最好方法。只有发自内心的追求才能真正激发起工作激情。

俗话说得好："逢人只说七分话，不可全交一片心。"意思是说，对于一个你并不完全了解的人，无论是说话还是办事，都要有所保留，不可一相情愿，全盘托出。

大千世界，无奇不有。在你的职场人际交往中，有君子，也有小人，碰到正人君子什么都好说，但碰到小人，如果你轻易将自己全盘托出，那岂不是自讨苦吃？

因此，你在职场的拼搏过程中切记谨言慎行，不要随便与同事称兄道弟。

23. 不要随便和同事称兄道弟

朋友间适当保持距离，可使友谊长青。

——查尔斯

职场中很多人认为，同事是公司内最亲密的人，所以有些人一旦心里有什么事想不明白，想找个人说一说的时候，同事就成了他们最好的倾诉对象。久而久之，那些同事自然也就成了他们的"铁哥们"。殊不知，你把自己的"秘密"在同事面前说得多了，在关键时候你的"铁哥们"就有可能把它当作一张要挟你的牌，不但使你失去晋升加薪的机会，甚至有可能你会因此而被炒鱿鱼。

李明和张建在同一家贸易公司上班，他们同在一个办公室，年龄和业余爱好也都相近，于是，他们经常中午在一起吃饭，晚上一起泡吧，成了众人眼中的"铁哥们"。事实上，李明也把张建当成了自己的知心朋友，他称呼张建为建哥，并且有什么事情总愿意找建哥商量。

一天，在酒吧里酒酣耳热之际，李明告诉张建，自己上个月

“飞单”了一次（将自己公司的业务拿到别的公司做，从中获得利益），张建笑着摇摇头，像是不经意地说：“你喝多了，喝多了。”

一段时间以后，他们所在的部门有一个副主任的职位空缺，李明和张建都有争取的条件，于是他俩一同填写了申请报告准备递交上去，这时，张建却一把拉住李明，坏笑着说：“这次你就别和我竞争了，老板要是知道了你‘飞单’的事，总不大好吧！”

李明万万没有料到自己向来以为是“铁哥们”的张建，会在关键的时候以这样的方式相要挟。此时，李明后悔也已经晚了。

职场上既没有永远的敌人，也没有永远的朋友，利益永远是放在首位的，因此越是对你熟悉的同事，就越有可能对你构成威胁。

虽说是同事，甚至是你能与之称兄道弟的人，但是你说话也应该小心，不要心里想什么就说什么，觉得我与他是“哥们”，即使说了不该说的话他也不会出卖我。但在职场中，类似上面的事例举不胜举。这正好应了人们常说的那句话“祸从口出”。因此，和同事们相处时，不要随便与之称兄道弟，不能什么话都说，更不能将心全部掏出来，要学会用适度的戒备为自己设立一道“防火墙”，以免惹祸上身。

即使你真的与某个同事关系不错，如果聚在一起经常相互说一些有关上司和公司的坏话，也不是什么好的行为，如果你经常为之，必定会使你惹上一身的麻烦。

钟华所在的公司，只有五十多人。树不大枝杈却多。他刚进公司时，总听大家议论，说这个人和董事长关系密切，那个人跟总经理是哥儿们……钟华被弄得云里雾里的一时理不清头绪。

李鸿是办公室副主任，初到公司时李鸿热情地帮钟华填表格，带钟华到各个部门参观，她告诉钟华办公室里每个人的背景、特征，很自然，钟华把李鸿当成是一个值得信赖的朋友，时间长了，钟华称李鸿为李姐。

钟华的办公室里，只有5个人，坐在钟华对面的两个男人，据说一个是董事长的人，一个是总经理的人，谁都不是“省油的灯”。部门主管对这两个人表面上毕恭毕敬，暗地里处处提防，每当这时，钟华就成了一粒香果子，两边的人都往钟华这儿凑，或是发泄心中的不快，或是有意要钟华出面调停。可一旦人家联起手来，钟华多半还是凶多吉少。

钟华很自然地把心中的烦恼向李姐倾诉，办公室的茶水间成了她们的苦情商谈室。直到有一天，钟华的主管找她谈话，他警告钟华：如果对工作有什么意见，应该直接反映给他，不要在外面说三道四，长此以往搞得公司里没有一点团队精神，再这样下去，你就另谋高就吧。

上司的话让钟华哑口无言，谁让钟华确实说过“我的上司与同事间的明争暗斗无聊又幼稚，一点职业精神都没有”之类的话。它们是怎么传到上司的耳朵里的呢？

3个月后的一天，钟华无意间路过上司的办公室，“你说钟华说我苛刻，这个小孩真不知天高地厚……”钟华的血液几乎凝固，竟然是她一直当作好姐妹的李鸿，愤怒让钟华忍不住想去质问她，可钟华冷静下来一想，觉得是自己太轻信人了，李鸿能在第一次见她时讲别人的是非，那么她也同样可以讲我的是非，都怪自己有眼无珠，不能怪任何人。

曾经被朋友出卖过的钟华毫不掩饰她对办公室友谊的看法：我从不相信办公室里有真正的友谊，一起和你吐苦水的“手帕交”，可能转身就会把你的话报告给上司，我没法把我的安全感建立在对同事的完全信任上。

如果你需要情感支持的话，可以向外发展，向旧时同学、好友寻求安慰，并培养出属于自己的一套生活方式。明智的人知道自己的弱点，当你掌握一套对自己和环境中的人和事做出正确判断的方法时，你就可以做到大智若愚。

如果你在职场中一心想靠“哥们”关系为自己撑起一片天的话，那就大错特错了。职场中人的首要任务应该是充实自己，而不要将太多精力花在与同事称兄道弟或猜忌他人身上，应该多琢磨事，少琢磨人，这样你的职业生涯才有可能有所成就。

约瑟夫和布兰克大学毕业同时进入同一家公司，一起做销售工作。

约瑟夫言语不多，在公司时，他埋头上网收集资料，和客户电话沟通，和同事谈的也大多是工作上的事情。相比之下，布兰克则显得八面玲珑：夸女同事衣服好看，与男同事称兄道弟，更不忘抽时间陪部门经理“搓麻”，似乎颇有人缘。布兰克也因此了解了颇多的公司“内幕”，如某某是靠谁的关系进了公司的，某某的这月奖金发了多少等。布兰克还不忘经常“点拨”约瑟夫：要把领导和同事的关系搞好，工作才更好做。

随着时间的推移，约瑟夫的业绩开始领先于布兰克，即使是他俩一起提出的方案，大家也渐渐地对约瑟夫的方案讨论得更详细，而对布兰克的方案则开始“一笔带过”。这让布兰克倍感不平衡，心里有了情绪，工作也受到影响，他甚至开始考虑是否要跳槽。

一天，公司进行岗位竞选，约瑟夫觉得这是一次机会就报了名。而布兰克则对约瑟夫说：“报了也是白报！我们都是新人，参加竞选的人谁没有关系啊？怎么可能轮到我们呢！”

然而，约瑟夫经过积极的筹备，他从12个竞争者中脱颖而出，成了区域销售部经理。总经理对约瑟夫赞赏有加，他说，IT公司具有年轻化的特点，因此新人的晋升机会很大。约瑟夫好学实干、工作能力出色，公司当然会给这样的优秀职员提供锻炼机会。

对于职场中人来说，人际关系和工作环境固然重要，但更重要的是自身实力。与其把精力花在琢磨领导和同事身上，并一心想着与有“实力”的同事称兄道弟，还不如把心思花在工作上，你的能力提高了，还担心没有人赏识吗？

在职场中不要与同事随便称兄道弟，不是让你做个虚伪而又城府很深的人，而是因为人性复杂多变，如果你将心中的任何话都告诉你的“哥们”同事，你在用心与他交往，但最终受到伤害的却往往可能是你。

你或许会问，我把同事视作“兄弟”，并把心中的话掏出来说给他听，这有错吗？不知你想过这样的问题没有，你将心掏给对方，但是对方是否也将心掏给了你呢？

其实，职场中能够真诚将心掏给你的人实在是太少太少了。如果你在工作中让你的“哥们”抓住了你的这一弱点，就好像无情郎对待痴情女一样，你的工作也就可想而知了，不要觉得这是危言耸听，你身边的有些“哥们”肯定会把你玩弄于股掌之中。

你随便地与同事称兄道弟，有时候不但得不到同事的尊重，反而会被同事轻视；如果你对同事存有一些戒备心理，同事反而会更敬重你。因为对同事来说，你能如此轻易地将他们视为知己，他们会觉得你只是一个将“哥们”关系轻易乱用的人，他们怎么会轻信于你呢？你如果碰到一个做事谨慎、思想复杂的同事，你与之称兄道弟，不但得不到他的好感，而且有可能将他吓跑。因为你对他如此轻易的坦诚，他心里可能就会想，你这样做是不是有其他的目的？这岂不是弄巧成拙，破坏了你与同事之间的关系呢？

所以说，在公司与同事的相处过程中，你千万不要轻易地与他们称兄道弟，或者随便地将自己的内心全盘托出，要为自己留有一定的“机密”。对待同事，你可以不虚伪，坦坦荡荡，但绝不能将感情全部投入进去，要留些空间给自己思考和缓冲的余地，只有这样，在公司内你才有发展的机会。

[提示]

职场之中，有这样几类人不可随便与之称兄道弟，希望能引起你的重视：

1. 交浅言深者：初到公司，可以通过闲谈而与同事沟通，拉近彼此之间的距离。但是有一种人，刚认识你不久，便把自己的苦衷和委屈一股脑儿地向你倾诉。这类人乍看是令人感动的，但他可能也同样地向任何人倾诉，你在他心里并没有多大的分量。

2. 搬弄是非的“饶舌者”：一般来说爱道人是非者，必为是非人。这种人喜欢整天挖空心思探寻他人的隐私，抱怨这个同事不好、那个上司有外遇，等等。长舌之人可能会挑拨你和同事间的交情，当你和同事真的发生不愉快时，他却隔岸观火、看热闹，甚至拍手称快。也可能怂恿你和上司争吵。他让你去说上司的坏话，然而他却添油加醋地把这些话传到上司的耳朵里，如果上司没有明察，届时你在公司的日子就难过了。

3. 唯恐天下不乱者：有些人过分活跃，爱传播小道消息，制造紧张气氛：公司要裁员、某某人得到上司的赏识、这个月奖金要发多少、公司的债务庞大，等等，弄得人心惶惶。如果有这种人对你说这些话，切记不可相信。当然也不要当头泼他冷水，只需敷衍：噢，是真的吗？

4. 顺手牵羊爱占小便宜者：有的人喜欢贪小便宜，以为顺手牵羊不算偷，就随手拿走公司的财物，比如订书机、纸张、各类文具等小东西，虽然值不了几个钱，但上司绝不会姑息养奸。这种占小便宜还包括利用公司的时间、资源做私事或兼差，总认为公司给的薪水太少，不利用公司的资源捞些外快，心里就不舒服。这种占小便宜看起来问题不严重，但公司一旦有较严重的事件发生，上司就可能怀疑到这种人头上。

5. 被上司列入黑名单者：只要你仔细观察，就能发现上司将哪些人视为眼中钉，如果与不得志者走得太近，可能会受到牵连。或许你会认为这太趋炎附势，但有什么办法，难道你不担心自己会受牵连而影响到晋升吗？不过，你纵然不与之深交，也用不着落井下石。

在职场中，常常会碰到这样一种人，他们总是喜欢不遗余力地引起别人的注意，经常制造些办公室绯闻，使自己成为闹剧的主角。这类人不但喜欢搬弄是非、指鹿为马，甚至居心叵测、别有用心地制造“事件”来抬高自己，伤害别人。如此一来，往往弄得办公室人人心力交瘁、苦不堪言，最终被整个公司里的人所厌恶。

你要想在职场中有所成就，就必须尽量避免自己成为绯闻或闹剧的主角。

24. 避免成为绯闻或闹剧的主角

放荡功不遂，满盈身必灾。

——张咏

在娱乐界，“绯闻”往往是被很多过气明星用来炒作自己，重拾往日辉煌的一种手段。但在职场中，你如果将自己置身于绯闻或闹剧的旋涡，甚至自己不遗余力争取成为其中的主角，你不但得不到有如明星般的关注，而且有可能招致公司所有人的厌恶，甚至因此而丢失了工作。

因为，你一旦成了绯闻或闹剧的主角，同事们就会不再关心你的工作表现，他们会开始猜测你下班后去了哪里，特别关注你工作之外的一举一动。如果你与公司同事约会，被人发现并炒作成了绯闻，你的同事就会开始认为你是那种收集男友或女友的人，而非出色的业务公关或会计；而且，假设你是和一位高阶主管约会，别人更可能这样想：你是靠与领导上床才提升了自己的职位。

在职场中，每天都有新的故事发生，旧的故事在延续。你与同事朝夕相处的时间可能比你的家人还要长，日久生情的事在办公室发生，当然不足为奇。爱情本该是纯享受的事，如果你陷入了一场办公室恋情，不巧又被别有用心的同事炒作成了绯闻，这时，你该怎么办？

27岁的秘书小兰在外商公司工作，3年后，她与33岁的另一个部门的主管相恋了。

有一天夜晚，同事看见小兰与那位主管手牵着手走出办公大楼，八卦便开始在公司内流传，比E－mail的速度还快。小兰在同事间的声望开始一路下滑，再也没有人信任她，深恐她会将彼此间对公司的批评或处理顾客的问题告诉那位主管。她的同事开始看轻她，还有人在她背后指指点点，说她“长得不怎么样”，但怎么那么“有办法”，能把主管搞到手。

最后，为了让伤害降至最低，小兰主动向人事部主任请调，并让另一位秘书知道她已经提交了请调申请。但人事部主任认为，那位主管并非小兰的直属上司，没有调职的必要。

虽然小兰的调职申请没有得到批准，但小兰这种正式表明清白的方式却奏效了，有人开始传说老板并不在意此事，八卦消息才慢慢平静下来。

任何一位职场中人都不希望别人以错误方式来评估他在公司的能力与存在的价值，因此在你遇到绯闻或闹剧的时候切记谨慎处理。

如果你正好在与同事恋爱，那么尽量将你们到公司上班的时间错开。因为再也没有比你们同时走进公司更明显表示：“我们昨天一起过夜”，这正是同事们乐于在工作之余用来谈论的绝好话题；并且你们也应该尽量避免在上班时间碰头和减少独处的时间；相反地，你们都应多花点时间和同事一起用餐，或参加团体活动。

如果你不想让自己成为“绯闻”的主角，就尽量不要把私人事情带进办公室。如果你的确需要在上班时间讨论私事，那么最好到公司外面讨论，如午餐时间的公司楼下餐厅或公司附近的公园，就是除了你们公司之外的任何地方都行。

同事珍妮是刚应聘进来的女大学生，人长得很漂亮。开始进来时珍妮被分在技术科，她给人的印象是不但人长得漂亮，也很有心计。特别是喜欢和头头们套近乎。

在科里时，科长对她的印象就很好，经常夸她。不久珍妮就调到了科长办公室，听说她跟公司主任的关系也不错，很快珍妮又被调升，成了老板的秘书，这样珍妮就成了公司里的“大红人”，经常跟老板出差。

没过多久，私底下就传出她是老板的“情人”的风声。这事不知道怎么传到了老板娘的耳朵里，老板娘到单位一闹，结果事情闹得沸沸扬扬。珍妮在公司再也无法待下去了，只得主动辞职。

常言道：“成也萧何，败也萧何”。员工跟老板处好关系是对的，不过，一定要把握好尺度，不能跟老板太“近乎”了，跟老板太“近乎”，往往就会引来许多闲言碎语，使自己成为“绯闻”的主角，这对自己未必就是好事。上面的故事中珍妮各方面的条件都不错，就是因为跟老板太“近乎”了，结果“引火烧身”。

在公司内与异性老板太“近乎”不好，与异性同事间的关系处理得不当也容易陷入“绯闻”的旋涡。

Frank颇有些才气，原来在公司公关部工作，负责编写公司内刊和新闻统发稿。在公司的头一年里，Frank成了公司内刊的主要写手，要是有重大的新闻发布会，公司也一定请他“捉刀”。老板看 Frank 能写、文笔好，就把他调到身边当秘书。

Frank 的迅速“蹿红”引起了别人的忌妒，他本来就有些恃才傲物，当上了经理秘书后更是“眼睛长在额头上”。偏巧公司公关部新来的女孩子不断找 Frank 请教内刊的制作、稿件问题，来往多了，想象力丰富的同事立刻开始捕风捉影，并且说得有鼻子有眼。

Frank 的“绯闻”传得满城风雨，使他每天疲于应付，最后实在是焦头烂额，无法安心工作，他只得主动辞职。

为什么绯闻会在办公室流传？也许“卧底”就是你的“邻居”。你对自己的言行稍一疏忽，就可能被人“泼脏水”，让你成为“绯闻”的主角，在办公室闹剧中让你身败名裂。当然，面对脏水泼到头上每个人都会说“不”，关键是这个“不”字该怎么说，记住，泼脏水的人终会被脏水淹没，自作孽不可活。但自己千万别去往别人头上泼脏水，要时刻警惕，不要等你的“谣言”四起时，你才警觉。

很多员工会在自己不经意间，变成同事们议论的对象，感觉自己莫名其妙地成了一场闹剧的主角，其实，散布流言蜚语、喜欢搬弄是非并且乐此不疲是职场中被称为“长舌妇”的人的典型特点，他们不但喜欢将自己置身在“绯闻或闹剧”中，而且唯恐天下不乱，把别人推入其中，并且十分具有杀伤力，让你防不胜防。

王毅原是国有企业的一名员工，企业整改之后，他下了岗，应聘到了一家私企打工。在国企中学得与世无争的他，工作还不到一个月，就莫名其妙地成了同事们议论的焦点。

诸如“没有真本事，最喜欢拍领导马屁”、“他这个人就喜欢打小报告”等话不时传到他的耳朵里。

这些流言蜚语弄得同事们对王毅都敬而远之，王毅则感觉自己糊里糊涂地成了这场流言闹剧的主角有些不甘心，于是他决定查个水落石出。

王毅通过调查了解到，散布流言的始作俑者是同事刘姐，他得知刘姐时常对同事讲“我与王毅原是同一家国有企业的同事，他的为人我最知道，不是什么好东西”之类的话，使得不明就里的同事对刘姐所散布的谣言信以为真。

愤怒的王毅找刘姐长谈了一次，指责了她这种行为有违职业道德，并警告她如果再无中生有，他将把这事报告给公司领导。刘姐见事情败露，惹火烧身，也觉得自己做得有点过分，就停止了对王毅的人身攻击，这样公司内对王毅的流言蜚语才慢慢平静了下来。

王毅靠自己平息了这场闹剧。像他这种情况，在不少公司里都有发生。对于喜欢搬弄是非的“长舌妇”，一定要敬而远之，保持距离。在遇到“长舌妇”攻击的时候，千万不要保持沉默，任由自己成为公司“闹剧”的主角，最有效的办法就是当面将事情挑明，让其知道搬弄是非的后果，但是，切忌在众目睽睽之下当面“对质”，那样反而会把事情“越抹越黑”。

总之，在职场中成为绯闻或闹剧的主角，你或许一时成为同事瞩目的焦点，但这绝非好事。你只有在工作中兢兢业业，使自己成为公司内工作上的榜样员工，才能让你的职场生涯有长足的发展。

[提示]

1. 如果你和办公室里的同事，仅止于花前月下约了几次会，而你们其中一人已打算终止恋情的发展，那么你们就应该坦然地恢复同事的关系，切不可藕断丝连，招致话柄；如果你们已经缠绵悱恻，那么就大方地在办公室公开你们的恋情，千万不要藏着掖着，但在上班时间不要做出过于亲昵的举动，应该做到不受他（她）在附近出现的影响，这样你就会避免自己成为绯闻或闹剧的主角。

2. 不要把私人事情带进办公室。如果你的确需要在上班时间讨论私事，就到公司之外的任何地方。如果你不小心将自己的私事泄露给了别有用心的同事，他们就会借此来炒作“绯闻”，使你莫名其妙地掉入闹剧的陷阱。

3. 如果你不想自己的办公室恋情公开，最好与你的他（她）统一好口径，一致对外，让“好奇”的同事莫名其妙，这样也能起到减少“绯闻”发生的概率。

4. 当你与相恋的同事约会被其他同事撞见时，切不可表现得惊慌失措，像个做错了事的孩子般掉入别人的想象中，你应该保持冷静，大方地坦白承认你们的恋情，然后表明早先你没有在公司公开，是怕影响了同事们的正常工作。这样你就能避免“流言”在公司发生，甚至你还能得到同事们的祝贺。

5. 如果你的办公室恋情发展到一定的阶段，两人都觉得彼此关系已经稳定了，公开恋情不影响两人的关系时，不妨选定时机和正确的方式在同事面前公开。最好的办法是在同事聚会或公司活动时，如公司庆典、郊游等活动时。这样不仅有一个比较轻松的氛围让同事接收到你们“恋爱”的讯息，容易得到同事的祝福，而且在整个公司员工的面前坦承了你们的恋情，本身就已经避免了流言的发生。

6. 在公司中尽量避免与你相恋的人太密切的合作，如果你们工作上过于密切，并对你的恋人表示出赞同的眼光，同事会觉得你有私心，你们的关系使你失去了“专业的眼光”，这样的话流言必然会四处而起。如果你避免不了评估恋人的工作，正确的做法是，对他（她）不要过于宽待，但也不要矫枉过正，失之过严。

7. 无论你的办公室恋情成功与否，辞职都是下下策。爱情和面包同等重要，千万别轻言放弃自己的事业。除非你已安排好下一步，而且是高升，否则绝对不可轻举妄动。而且辞职无疑是宣告“此地无银三百两”，让所有人知道你和他的“关系”非比寻常。

我们并不知道明天是否会晴天，但这并不意味着我们每天都要带把雨伞，这种杞人忧天的傻事很少有人会做。但是，作为职场中人，在对待重要文件的处理上，你即使能预测到“天晴”，也应该每天手握一把保护的伞——给重要文件留副本。

25. 养成重要文件留副本的习惯

惟事事乃其有备，有备无患。

——《书·说命》

“有备方可无患”是每个人都明白的道理，然而在如今资讯爆炸的年代，职场中人每天都需要处理大量的文件，光是从中筛选出有用的东西已经令大多数人焦头烂额，更别说让他们在极度疲惫的状态下给重要文件做一副本或备份了。

或许你也正经历着类似的情况，你每天早晨一上班，看到办公桌上堆满的报告、回信、公文等，就产生混乱、紧张和忧虑的情绪，使你长期处于一种高压状态，身心疲惫。因此，你觉得能够把当天的重要文件整理出来，就已经让你长松一口气了，至于要不要留副本，你觉得没什么必要，甚至你会理直气壮地说，从我工作以来，从来没有将重要文件丢失的现象发生。

然而，俗话说得好“不怕一万，就怕万一”。也许有一天你正埋头在大堆的文件中忙碌，老板突然走进你的办公室，让你拿上一份重要的策划案去参加研讨会，而你此时怎么找也找不到它时，你会得到怎样的后果？

某公司每年都会设一个出国进修的名额以奖励优秀的员工，这是很多公司员工梦寐以求的。可名额只有一个，今年的名额最后落到了公关部赵雅的名下。

此事公布后没几天，发生了一件事，让赵雅出国进修的机会泡了汤。

那天，总经理让赵雅将公司开发某一市场的策划书拿给他，结果赵雅在办公室找了半天也没找到，她又没有留副本的习惯。这让总经理大发雷霆，责令赵雅无论如何也要尽快找到策划书交给他，否则后果自负。

此时，身为赵雅部下的李云丽手里拿着一份策划书跑到总经理那儿，问这份文件是不是总经理要的。总经理一看，正是他让赵雅拿的那份策划书，他就问李云丽是从哪儿发现的，李云丽说是从走廊上捡的。

于是，赵雅因为管理失误，受到公司的通报批评，出国进修的事当然也泡了汤。

原来，李云丽对赵雅处处比自己强，早已心生敌意，这次出国的名额又落到了赵雅的头上更让李云丽无法平衡。尽管赵雅从来没有得罪过她，但李云丽总是一有机会，就有意无意地打赵雅的"小报告"，或者趁赵雅出差之际，找出各种借口频频向总经理汇报工作，以显示自己的工作能力。此次，她趁赵雅不在办公室，偷偷拿走了那份策划书，以此来报复赵雅。

事后，李云丽又装着很同情地向赵雅解释："赵部长，我捡到这份文件后，本来想给你送去的，可正好碰到总经理，他问我，我就顺手给他了。没想到却给你带来这么大麻烦，真对不起！"

看了上面的故事或许你会说，这跟我将重要文件留不留副本有多大关系？那是赵雅倒霉，遇到职场小人。话虽这么说，但是赵雅当初如果能够将策划书做一副本妥善保管，也就不会发生那样的事了。一个副本就能杜绝小人的可乘之机，你觉得多花一点时间将重要的文件做好副本保留，值不值得？

千万不要觉得这样的事不会发生在你的身上，与你同在一个公司的同事，为什么你能出国、升职、加薪而我却不能，这样想的人绝不在少数，其中当然不乏小人伺机陷害你一把。

如今，随着电脑科技的不断发展，职场中人的日常工作也越来越依赖于电脑，那么对于储存在电脑中的重要文件留好副本的习惯就显得更为重要了。因为多种意外事故或人为因素造成的数据丢失和破坏都会给职场中人带来种种的不便，甚至造成深远的不利影响。无论是凝聚了你大量心血的源程序还是公司里的重要文件资料，一旦丢失都可能造成不可估量的损失。因此，从电脑问世的那天开始，一个与文件副本相对应的新概念——“数据备份”也就如影随形地出现了，其相关技术也随着计算机的飞速发展而获得了长足进步。

某公司的业务部全体工作人员都有一个共同的习惯，那就是每天不给文件备份，绝不肯下班。什么与客户的往来邮件、合同细则等，都一定要用 U 盘拷贝出来，带回家在私人电脑上备份一遍。还有些人则喜欢在 C、D、E、F 每个盘里都备份一遍，最厉害的一个女孩，非但在公司电脑和私人电脑里各备份 1 份，还定期刻成光盘作备份——1 份文件变出了 4 份。

原来，该公司的电脑设备过于陈旧——有时候一点“保存”键，就会吱吱作响半天，足够你慢悠悠地去趟洗手间。公司内部的软件系统就像是个危房，动不动就“轰”一声瘫痪，令好不容易从客户那里拿到的确认函等重要文件化为乌有。

那个“1 拖 4”的女孩，就是遭遇过系统瘫痪，并被技术部告知请专业公司恢复数据要花几万美元。可怜得只能连续一星期加班加点，电话打到眼泪汪汪，才把丢失的重要文件整理回来。一朝被蛇咬，那女孩才学会了多存多备份。

虽然，现在该公司的电脑系统早已“旧貌换新颜”，但是在这个电脑病毒盛行的年代，保不准哪天你的宝贝电脑就会“死机”，因此该公司上下还是保留了爱备份的“毛病”，反正习惯了就不嫌麻烦，总比出了状况再疯狂加班来得好吧？

小亮是一名自由职业者，除了写一些文章在报刊上发表挣取一些稿费外，他还做了几份兼职，就是给几家文化传播公司当兼职录入员。有一天，小亮接到其中的一家公司的一篇大论文。说是大论文，其实已经赶上书籍了，字数有15万字。但因为字迹潦草，所以录入的时候，可能会有些费劲。不过也正赶上这几天小亮闲得很，所以接到这份工作时，他还是非常的高兴，应允5月1日之前一定能够完成任务。

回到家后，小亮就迫不及待地打开电脑，马不停蹄地开始工作。越录入越高兴，正愁黄金周时没有充足的资金用来陪女友出去旅游呢！到时候拿了这笔报酬，陪女友出去好好玩玩，岂不乐哉。小亮日夜辛劳工作，录入工作终于在第6天顺利完成。真是天上掉的馅饼砸的总是一个人的脑袋哪！这时候，另一家公司也给小亮安排了一个3万字的文稿。小亮想，等录入完这一篇再一起给他们吧！反正他们两家公司相距不远。

在第二次录入文稿时，电脑出现了死机现象，后来又多次死机。找人来修，被诊断为电脑的系统故障。当重装系统时，小亮才突然反应过来，不禁大叫一声：“我的妈呀！我的文稿全完了！”小亮的文稿全在C盘，所以一旦系统坏了重装系统，C盘的东西就全没了。悔不该没有备份文稿到D盘，也没有先用软盘备份。

后悔也解决不了问题，五一期间陪女友出去游玩的计划是泡汤了。公司还在催稿，重新装好系统后，小亮又开始了繁忙的工作。

小亮因为没有养成重要文件留副本的习惯，终于受到了惩罚。做什么事，我们都应该想到万一，这样就能引起我们对重要文件丢失的警惕性，从而在文件丢失前，先做好最坏的准备。当然我们不是希望文件无缘无故就那么没了，只是考虑到一些意外事故的发生，我们不得不给自己留一手。正所谓：防患于未然。

另外有一些重要文件，当刚拿来的时候，你会觉得在你手里非常可靠没什么问题，可时间一长，有时连你都不知道放在哪儿了，而且有时当你找到后或许发现那文件由于日久已经字不成字、纸不成纸了。所以，对于工作中的重要文件、学习中的重要资料、生活中的重要证件，都应该养成一个留副本的习惯，以防不测。平时你可能体会不到，一旦真的发生了丢失的情况，你便会后悔莫及。所以，养成这样一个习惯，有利于你在意外丢失发生时，依然能从容找回从前的一切。对于事情的继续进行或是成功完成，依然能够起到良好的保证。

[提示]

1. 当你接手一个新客户的资料，出发前往与之约好的商谈地点前，一定要将该客户的资料备份保存一份，因为在你的商务差旅途中，难免遇到你意料不到的事件而丢失了相应的文件，如果你做好了备份，即使是丢失了，也可以立刻打电话回公司让你的同事或秘书将文件备份传送给你。

2. 一些法律规定了保存年限和各种公司的历史性的相关文件等需永久保存的文件资料，一定要做好备份，以免年头久远后丢失。那么，哪些是属于这类文件呢?

①公司法规及公司代表大会文件；②董事会及其他重要会议的文件；③有关经营方针及事业规划；④预、决算材料；⑤各项规章的制定及修改和废止情况；⑥发至公司内部机构的指示及命令；⑦重要的权利、财产的得失保全及其变更的情况；⑧重要契

约、合同的缔结、解除及其他变更；⑨有关公司职员的升迁、赏罚及授予的重要内容；⑩向官方提请的文件及官方批复文件中的重要内容；⑪重要的诉讼文件；⑫重要的统计及调查。

当然，也包括除上述内容之外被你所在公司认为是重要的任何文件。

3. 对于一些喜欢将重要文件储存在电脑中的人，更加需要养成备份的习惯，对常用而不必经常改动的重要文件，有必要做一下双备份，即自己电脑硬盘上有一份，也用软盘、U 盘、移动硬盘或光盘复制一份。而软盘、U 盘、移动硬盘和光盘其实也是比较脆弱容易出问题的，如果自己电脑中没有备份，千万不要将软盘、U 盘和光盘作为唯一存储的介质。如果你将大量的重要文件用光盘存储下来，最好用两份光盘。光盘的保存也要注意防尘、防划和防震，当其中一张光盘在使用过程中被破坏，应该马上将第二张光盘复制一份。注意：光盘的使用寿命也是有限的。不要将备份当儿戏，电脑在任何时候都有出问题的可能，如果平时不注意将重要的文件备份，一旦出了事故，悔之晚矣。最好的办法，是将重要文件打印一份出来保存。

4. 如果是证件的话，可以复印几份备用，不建议将其都放在一起。平时使用的时候，能使用备份的，就不要使用原件。

5. 有一些无法复印的硬文件，可以用摄影的方式将其拍下，以备不时之需。

作为一名员工，不管你感觉到身上的压力有多大，在工作上都要有始终如一的韧劲，切忌忽冷忽热。作为上司，不会喜欢工作忽冷忽热的员工，他会觉得这样的员工没有定性，不知道哪天工作很卖力，也不晓得哪天就病恹恹，重要的工作岂敢交给这样的员工。

要想成为优秀员工，在工作中就需要保持始终如一的韧劲。

26. 工作上忌忽冷忽热，要有始终如一的韧劲

要有坚强的意志、卓越的能力以及坚持要达到目标的恒心，此外都是细节。

——歌德

职场上的竞争、忙碌会给人以无形的压力，有些人被压垮了，有些人却可以把压力变成燃料，让生命更猛烈地燃烧！

滚滚的沙海、肆虐的狂风、无边的戈壁——大自然的巨大压力让所有生物望而却步，除了忍辱负重的沙漠之舟——骆驼。不管外部的环境有多艰苦，不管跋涉的路途有多遥远，不管背上的货物有多沉重，骆驼都默默地用雄壮的四肢支撑起所有的压力，毅然决然地前行。在科学技术如此发达的今天，马、牛等传统的运输工具都被汽车和其他机械所取代，然而骆驼仍然是沙漠中无可替代的交通工具！

在竞争激烈如战场一般的职场，员工们每天都面临着各种压力，面对各种严峻的考验，那些承受不了压力，工作起来忽冷忽热的员工，最终的命运只能是被淘汰出局。只有像骆驼一样，无视压力，并且能够把压力转变成工作动力的员工，胜不骄败不馁，在工作中保持始终如一的韧劲，才能在残酷的职场竞争中生存下来，才可能取得最后的成功。

压力是提高自身能力的催化剂，为了承受或者冲破工作的压力，员工们只有更主动、更积极地工作，才能将生命的激情更热烈地燃烧。

麻省理工学院曾经做了一个很有意思的试验，试验人员用很多铁圈把一个成长中的小南瓜圈住，以便观察当南瓜逐渐长大时，对这个铁圈的压力有多大。

最初试验人员估计这个南瓜最大能够承受大约500磅的压力。

在试验的第一个月，如预期一样，南瓜承受了500磅的压力。

试验到第二个月时，这个南瓜承受了1500磅的压力，已经远远地超出了原来的估计。

当它承受到2000磅的压力时，为了避免南瓜将铁圈撑破，研究人员不得不重新对铁圈进行了加固。

等到试验进行到了第三个月，铁圈对南瓜的压力增加到了3000磅！

最后当研究结束时，这个小小的南瓜竟然承受了超过5000磅的压力！

当充满好奇的试验人员打开南瓜时，发现南瓜里面充满了坚韧牢固的层层纤维！已经根本不可能食用！

为了冲开铁圈的压力，小小南瓜把压力转化成生存的力量，向所有能够触及的地方伸展根系，最后一棵南瓜的根系占据了整个花园！

企业里的员工，常常对于自己可以变得多么坚强毫无概念。小小南瓜尚且能够承受如此巨大的压力，那么你在工作环境下又能够承受多少压力？

大多数员工都能够承受超出自己想象的压力，因为他们拥有比自己想象中大得多的潜能。只要承受住了压力，像小南瓜一样将绑住你的铁圈挣脱，就没有什么困难可以阻挡你。

压力，只不过是磨炼成功者的试金石。优秀的员工不但能够承担来自各方面的压力，还经常在环境相对宽松的时候给自己“加压”，以便保持高度的警觉性和旺盛的战斗力。

聪明的员工总是在自己的背后放一根无形的鞭子，让自己在工作过程中的每一秒都处在适当的压力下，这样才有一种紧迫感，在工作中才能够保持始终如一的韧劲。企业总是不断地给员工适当地施加压力，以淘汰不能顶住压力的员工，保持企业的活力与危机感。

只要你拥有顽强的毅力，就可以把世界上任何一座山峰踩在脚下。在工作中保持始终如一的韧劲，那么你就能战胜任何困难，被上司所赏识，就会成为一名优秀员工。

麦当劳总部办公室悬挂着“坚持”二字，是雷·克雷克的座右铭。

这位让麦当劳创造奇迹的人认为：在世界上，韧劲与毅力是不可替代的——才能无法替代它，有才能却失败就是蠢材；天才无法替代它，没有报偿的天才只是个蠢材；教育无法替代它，世界上到处是受过教育的废物；只有毅力和决心才是无所不能的。

职场上也是如此，任何一家企业发展的历史当中，大多数的成功不是源于智慧，也不是源于幸运，而是源于不懈的坚持！

企业要求每一个员工都必须有骆驼一样的韧性与毅力，对每项工作、每一件事情都要锲而不舍。他们坚信，一个员工可以没有卓越的才华，可以没有超凡的能力，但是绝对不能没有坚持不懈的精神！

工作中最艰苦的时候，往往也就是距离成功最近的时候，一旦放弃，就意味着完全的失败，只有勇敢坚持的员工，才可能品尝到最后成功的喜悦。

登山队新来了一个队员，第一次跟随大家攀登一座著名的山峰。

在攀登的半路上，过度的劳累和高山艰苦的环境让他疲劳不堪，终于停了下来，再也无法前进一步。

队长和队友们都来鼓励他，在这些人的帮助下，他终于站了起来，继续攀登。

爬到顶峰，取得胜利的时候，他忽然热泪盈眶。原来，顶峰离他停滞的地方只有很短的一段距离！

这次登山的经历使他明白了："每个人的坚持，就是战胜一切困难和拥抱胜利的保证！"

从此以后，他每次遇到困难的时候，总是回想第一次登山珍贵的经历，并从中获得力量和勇气，并顽强地坚持下来。

后来，这位登山队员因伤不得不离开了他喜欢的登山事业，转行做了一名商人。他把登山生涯中所领会的真谛带到了生意场上，很快就取得了巨大的成功，他就是鼎鼎大名的梅赛德斯—奔驰汽车公司的创始人。

多年以后，当他回首往事时说："第一次征服的山峰，虽然与后来的更多山峰和生意场上碰到的种种困难相比，根本就不算什么，但我却从中知道了坚持的力量有多大！"

坚持虽然不代表胜利，但它一定是胜利前的曙光；它不是最终的成功，但确实是成功前的希望火把，它能够一直把你带到更美好的未来！

一轮竞争激烈的面试坚持下来了，你就能获得一份让人羡慕的工作和一个美好的前途；

一场旷日持久的攻坚战，如果坚持下来了，等待你的将是一个崭新的局面——老板的赞赏、职位的升迁和薪水的丰厚；

一次坚苦卓绝的谈判坚持下来了，不但会获得一张足以挽回败局的订单，还会多一群敬重你魄力的朋友；而不会因坚持不下来，让企业蒙受损失和增加一群耻笑你无能的对手。

这就是每个员工必须面对的现实。

你别无选择，只有坚持，坚持，再坚持！不管以前取得过多么骄人的成绩，也不管前进道路上遇到多么难以克服的困难，不要让过去的成败成为你的包袱，在工作中保持始终如一的韧劲，一直毫不犹豫地朝既定目标走下去，成功才会属于你。

著名生物学家达尔文，曾经常常为横在树枝或者两个房屋之间精巧而结实的蛛网而惊叹不已——蜘蛛又不像昆虫或者鸟类可以在天空中自由飞翔，又怎么可能在半空中完成如此伟大的工程呢？

经过观察，达尔文发现，蜘蛛结网的时候总是先把蛛丝固定在一端，然后顺着树干或者墙壁爬下来，小心翼翼地不让蛛丝碰到石头或者其他什么障碍物，然后爬到另一端，把蛛丝收紧——拉直一根丝的工作才算完成！

这个过程中一只路过的鸟儿、一个调皮的孩子，甚至是微风吹落的一片叶子都可能使整个工程彻底失败，只好重新开始！

但小小的蜘蛛，正是在这种不断的坚持努力中完成它的杰作——结起一片网的！

蜘蛛不会飞翔，但是它能够把精致而结实的网结在空中，这是奇迹吗？如果你承认是奇迹的话，那么这种伟大的奇迹就是靠锲而不舍的坚持造就的！

沙漠中坚忍不拔的骆驼，在不断的坚持中把货物从一个目标送到另一个目标，而成为令人敬畏的沙漠之舟，像骆驼一样坚忍不拔的毅力型员工，也是企业一直致力寻找、培养和依赖的，他们最终也会成为企业最需要的人。工作中失败只是一种经验，迅速从失败中走出而又能继续努力的人，才是前途光明的人。

即使是最有力量的骆驼，也有被沙漠无情的风暴击退的时候，但是它们毫不气馁，即使被击倒了，也会积聚起全部的力量马上站起来，继续昂首阔步，直到把货物运到目的地，取得最后的胜利！

你也许还没有骆驼坚毅，当你被绊倒的时候，如果你只知道躺在地上呻吟而不马上爬起来的话，那么你将永远被关在成功的大门外。这时你要告诫自己：眼前的挫折是通向成功的门槛，只有继续爬起来，勇敢地抬起还隐隐作痛的腿，大胆跨过去，才能步入成功的殿堂。

看看那些世界500强企业吧，它们中最优秀的员工，又有哪个不是经受了失败的磨难，才最终获得成功，成为真正的强者和企业的栋梁的？

即便是那些被人们称为天才的发明家，也莫不如是！

大发明家爱迪生一生有无数的发明，可是他的每一项发明都是在经历了很多次的失败以后，才取得成功的。

在发明电灯的过程中，仅仅为了寻找制造灯丝的合适材料，爱迪生反复试验，在毫无经验可供参考、借鉴的情况下，不断地试验各类材料，从植物的纤维到各类金属，甚至是人和动物的毛发。

这在我们现在看来无疑是可笑的，可是在当时，却为最后的成功提供了宝贵的经验。

失败！失败！失败！无数次的失败考验着科学家的意志，爱迪生没有丝毫的气馁，而是将更大的热情投入到工作中！

在经历了上千次的失败以后，他才终于找到了适合做灯丝的材料！爱迪生的发明最终不但照亮了整个美国，还照亮了整个世界！

如果没有那一千多次的失败，就不可能取得最后的成功，如果爱迪生因为某一次的失败而放弃，那么现在我们还可能生活在黑暗之中。

一个员工问一个知名企业家："到底怎么做才能像您一样成功?"

企业家回答："不断地战胜失败，吸取教训。"

"如果我又失败了呢?"

"继续战胜它!"

"如果永远失败呢?"

企业家生气地说："怎么可能永远失败呢? 只要有战胜失败的勇气，你就一定能成功!"

企业里最出色的员工，往往失败的经历也最多。他们之所以能从众多的员工中崭露头角，受到重用，是因为他们始终如一的韧劲而没有被失败击倒，把失败当作一种走向成熟必需的历练，一种宝贵的人生经验，并不断地从失败中吸取教训，越挫越勇。

失败无疑是一种痛苦的经历，但它也是一笔财富，能从这种痛苦中坚定地走出来的人，必将成为真正的强者；而那些被失败击倒、吓坏的胆小鬼，是永远不会被重用的，因为他们早就被企业淘汰了。

伟大的篮球明星迈克尔·乔丹小时候是个非常顽皮的孩子，一次他在花园里发现一只蚂蚁试图爬上台阶。

"可是那个可怜的小东西总是爬到半路就摔下来。我第一次安静地待着，我被那个小东西深深吸引了，在那里看了足足有两个小时，作为旁观者都有些不忍心了。当它经历过无数次的失败终于爬上了台阶的时候，我禁不住欢呼起来。”

“我深深地被这个弱小的生命对于失败的态度所震撼！这对我以后的成长和篮球生涯有很大帮助。”

乔丹在他的回忆录里如是写道。他本人也同那只小小的蚂蚁一样，经历了无数次的失败，终于成为全美国甚至全世界篮球爱好者崇拜的偶像！

失败往往是黎明前的黑暗，继之而来的将是成功的朝霞，如果你在工作中遇到一点困难就畏首畏尾、忽冷忽热，这样的员工永远都看不到属于自己的成功朝霞。

这就像一场棒球比赛，如果你前八局一分未得，那没有关系，只要在第九局打出一个漂亮的全垒打，所有人都会为你喝彩，没有人会记得你前八局失误的次数。

如果成功是冠军头上的花环，成功过程中经历的失败就是编织花环的橄榄枝。

任何一家500强企业能够取得如此巨大的成就，也都是经历了失败的磨难，像骆驼一样在茫茫沙海中艰苦前行才取得成功的。他们在选拔人才的时候，无一例外地把能否战胜失败与挫折当作一个重要的指标。

别让胜利冲昏了你的头脑，也别在乎工作过程中失败的拜访，要保持始终如一的韧劲，这样的员工才会被上司所器重，才能称得上是一名优秀员工。

［提示］

1. 你需要明白，没有哪家公司喜欢忽冷忽热的员工，也没有哪个上司会欣赏这样的员工，你要想被上司信任，被公司重用，那么在工作中就需要保持始终如一的韧劲。

2. 在工作中遇到困难是很正常的事情，所以你需要正视眼前的困难，“困难就像弹簧，你弱它就强”。

3. 遇到困难的时候，你需要做的是如何解决它，而不是被它吓倒。只要你相信自己可以完成，对自己有信心，那么就没有闯不过的难关。

4. 不论你是刚进入职场的新人，还是在职场摸爬滚打几十年的老员工，时刻提醒自己，在工作中要保持始终如一的韧劲，这样，你才能在激烈的竞争中稳步前行。

庸人习惯于不经大脑地提问，天才习惯于缜密的思考，平庸与卓越的区别，正在于此。

作为员工，当你需要作决断的时候，不妨多考虑3分钟，要知道，在职场中你的任何决断都不是你一个人的事情，它关系着整个公司的利益。

27. 作决断时再多考虑3分钟

不断地思考，就没有解决不了的问题。

——伏尔泰

如今快节奏的生活、快节奏的工作，要求职场上的员工有很高的工作效率。不过，即使这样，在你需要作决断的时候也不可仓促而下，没有哪个上司喜欢做事情只求快、不求质量的员工。为了防止出现什么纰漏，在作决断的时候，不妨再多考虑3分钟。

猴子之所以是动物里边最聪明的，关键在于它懂得用自己的大脑去思考，然后再有目的地去寻找应对策略，而不是盲目地“随风倒”或“一刀切”地面对和解决所有问题。也许正是因为这点，猴子很少受到别人的愚弄，反而时不时地去捉弄别人，开一些调皮的玩笑……

冷静地思考，确实是轻松应对一切变化的万能润滑剂。打个比喻，能力是应付一切变化的步枪，变化就好像是狡猾的猎物，仅仅靠强大的火力是不够的，而思考就好比是瞄准的过程，它能让员工在应付一切变化的时候更加有的放矢，从而更轻松、更简单地解决职场上的难题，为企业分忧解难。

本·威尔逊是美国著名的谈判专家，有一次作为美国雷诺公司的代表与日本的一家企业进行一次至关重要的谈判。

从机场接人到第一轮谈判，都进行得非常顺利，日本方面的严谨和高效率给威尔逊留下了深刻的印象。双方约定在两天后进行第二轮谈判，谈论一些具体的细节问题，达成一致就可以签约了。

两天以后，美方代表兴致勃勃地到达谈判会场，没想到事情出现了巨大的变化，日方一改前几天的态度，提出了很多近乎苛刻的要求，谈判陷入僵局。

美方不得已只好采取拖延战术。

威尔逊仔细地思考：日方不可能毫无理由地改变谈判策略，那样对合作双方都没有什么好处，这不是精明的日本人一贯风格，一定是第一轮谈判以后出了什么意外。

威尔逊详细地回顾了从日本人下飞机一直到现在的每一个细节，询问了日方下榻宾馆的服务人员，又详细地查看了双方的谈判资料，没有找到半点破绽。

忽然，威尔逊想到日方有一个人从下飞机以后就再也没有出现过——问题就在这里。

威尔逊马上派人查找那个人的下落，原来日方偷偷地与另外一家公司接触，而另外这家公司开出了比雷诺公司更优厚的条件。

第三轮谈判开始了，威尔逊胸有成竹——不管日本人如何变化，他已经摸到了他们的底牌。

很显然，日本人对和雷诺公司的合作发生了动摇，想结束谈判与另外一家公司合作。威尔逊适时地说明雷诺在美国独一无二的地位，长期合作对日方会有更大的利益，而且虽然标准高了一些，可是雷诺拥有比别家公司更好的信誉。

威尔逊还委婉地提出了自己已经知道了日方与另外一家公司

私下谈判的事情。日方在长远利益的诱惑和巨大的心理压力下，终于做出了让步，双方成功地签订了协议。

缜密地思考，是威尔逊取得此次谈判胜利的秘诀。如果日方立场发生变化的时候威尔逊不经思索，也不去找引起事情变化的原因，那么即使他拥有再丰富的学识、再高明的谈判技巧，谈判都可能是另外一种结局。

任何变化都有潜在的原因，应付变化的最有效方法，就是找出变化的原因。在作决断的时候，多思考3分钟，有百利而无一害，因为思考是找出变化原因的那把金钥匙。

那些遇变沉着，不管发生多大的变故都能在第一时间内迅速地冷静下来，并积极思考解决或者应对方案的员工，不但在上司面前最有大将风度，而且也最容易被上司重用。

小李和小刘在大学里是很要好的朋友，毕业在即，大家都在忙着找工作，他俩也不例外。今天他们就一起到一家公司面试。

来面试的人很多，从第一轮开始到第二轮结束，剩下的人数不到10个，他俩也都感觉到了压力。第三轮开始的时候，每人先拿到一份问卷，在进行笔答的时候，小李和小刘却有不一样的表现。小李看到问题之后，不假思索，提笔就往上写，想到什么就写什么；而小刘则不是这样，他看完问题之后，不是忙着答题，而是思考3分钟再作答，负责招聘的人员一直在现场观察每一个人的表现。

然后是逐一进入面试室中，直接与负责招聘的人员来一次面对面。小李先被点到名，有些紧张，不过还是大步流星地走了进去。

其中一个人发问："你的应变能力不错，不过，我想问你一个问题：为什么你在答题的时候不做任何思考，想到什么写什么，你觉得这样好吗?”

小李仍然直接作答：“我觉得这样做才是我真实的感受。”

“谢谢你的回答，对不起，请你到别家公司看看吧。”

小李有些不解，觉得自己从开始到现在并没有什么过失，就问，“为什么?”

“这样讲吧，是你在答题时的表现让我们做出这样的决定的。工作中有很多时候，是不能仅凭感觉办事的，在职场上3分钟时间就会出现很大变化，我们需要的是善于思考的员工，最好是那种在作决断之前，再多考虑3分钟的员工。这也是我们对员工的基本要求之一。”

最后，小刘成为这家公司的职员，在工作中，他凭借自己多考虑3分钟的稳重，很快就得到了上司的信任与重用。

没有一家公司喜欢武断、不假思考的员工，小李也正是因为这种原因，与这家企业失之交臂。

“不就是3分钟嘛，能有什么不同?”仅看时间，3分钟的确很短，不过，在瞬息万变的职场之中，3分钟之内，可谓风云变幻。一只股票在3分钟里，就会出现很大的涨跌，所以，你可千万别小看了这3分钟。

在作决断之前，多考虑3分钟，你可以在这3分钟的时间里，对你已经形成的想法再想想，看看是否还有纰漏；也可以在这3分钟的时间里，把你已经填写好的订单、快递再核实一下，看看自己填写的是否正确。

工作需要一个严谨的态度，而作决断之前，再多考虑3分钟，正是这种严谨工作态度的直接体现。

李华是一家公司的会计，她进这个公司凭借的是她父亲商协主席的关系。李华是一个大大咧咧的人，做会计有些不适合，可经理没有办法，谁叫他父亲那么有影响力？

经理一直想找个机会，把李华弄走，可一直都没有找到她在工作上有什么大的失误，也只好先忍着。

有一次，有一张支票销售部着急要用，可公司的主会计师不在，外出办事去了。李华心想，不就是一张支票嘛，我也是会计专业的，我来开。

问了一下钱数是多少，李华就在支票上开始填写，填写完了之后就直接让拿走了。

等主会计师回来，李华把刚才的事情和他说了，主会计师很生气："这么大的数额，你也敢开？按照公司规定得有经理的批示才能开的。"

李华支吾着说："我不知道啊。"

"唉，早就和你说过，作决断之前再考虑3分钟，特别是我们这种成天和钱打交道的人，更得三思而后行，你怎么就这么轻率！"

后来，经理知道了这件事，当然很恼火，李华的父亲也觉得张不开口给她求情，李华最后离开了这家公司。

职场无小事，李华如果能在作决断之前多考虑3分钟，就不会犯这么严重的错误了。

作为一名员工，想要取得成绩，就不要轻易做出决定。不论事情大小，在作决断之前再多考虑3分钟，瞻前顾后，都得想到了，逐渐就会养成多考虑3分钟的习惯。

缜密而冷静的思考能让平凡的员工变得优秀，让优秀的员工变得更卓越！

［提示］

1. 面试时不管出现什么样的疑难问题，冷静思考都可以把握住考官的主要目的，回答之前一定要多考虑3分钟，不可盲目作答，而且回答问题要有针对性。

2. 在工作过程中不管出现什么样的变化，在作决断之前，都要多考虑3分钟，这样可以帮你准确地找到问题发生的原因，能让你对症下药，迅速地解决掉。

3. 在向上司汇报工作或者发表个人观点的时候，更应该多加注意。即使你之前已经有所准备，也最好在说话之前，再多考虑3分钟，这样就能避免出现不该有的失误，也能让上司感觉到你是一个逻辑性很强的员工。

4. 在工作中，切忌率性而为，不论大事小事，在作决断之前，都要多考虑3分钟，你要把自己放在一个职业者的角度处理事情，这样你才会成为优秀员工，并取得事业上的成就。

很多人在工作中总是感觉自己是在被工作赶着走，这件事忙完了之后刚想歇口气儿，下一件工作就又来了；而有些人则不然，他们手中也有忙不完的活儿，但他们却始终走在公司的前面，对每项工作应付自如。

想没想过为什么会这样呢？这就是主动完成和上司安排的差别。

28. 主动完成和上司安排有差别

> 我不光是在为老板打工，更不单纯为了赚钱，我是在为自己的梦想打工，为自己的远大前途打工。我们只能在业绩中提升自己，我要使自己工作所产生的价值，远远超过所得的薪水，只有这样我才能得到重用，才能获得机遇！
>
> ——施瓦伯

现在很多人都有这样一种想法，感觉自己是在给老板打工，觉得既然是给老板打工，那么做多与做少没有什么差别，反正多做了也没人会多发工资。同样身在职场，却还存在着另一种迥然不同的观点，他们感觉自己不是在给老板打工，而是在为自己打工，并且为自己的梦想打工，为自己的远大前途打工。

思想控制着行为，上述持有不同观念的两类员工在工作上的表现必然会有差别。认为自己是在给老板打工的员工，工作起来自然是能拖就拖，而且只要把上司安排的工作完成了就好，工作表现被动消极；而认为自己是在为自己打工的员工，则会把工作主动完成好，上司只要说一句话，这样的员工就会把相关的事宜都做好，因为他们是把工作当作自己的事业来完成的。

你若是上司，你更喜欢上述的哪类员工呢？你又会重用他们中的哪一种呢?

小强和小若差不多同时受雇于一家超级市场，都从最底层干起。

可不久小强就被升为部门经理，而小若却一直在最底层混。小若不服气，找总经理评理。

总经理想了想，对小若说：“你马上到菜市场去，看看今天有什么卖的。”

小若很快回来说，刚才集市上只有一个农民拉了一车土豆在卖。

经理问他：“大约有多少袋土豆?”

小若又跑去，回来说有40袋。

“价格是多少?”

小若准备再次往集上跑。

总经理望着跑得气喘吁吁的他说：“请休息一会儿吧。”

然后叫来小强去做同一件事情。小强很快回来了，汇报说，到现在为止只有一个农民在卖土豆，有40袋，价格适中，质量很好，还带回几个土豆让总经理看。这个农民过一会儿还将搬几箱西红柿上市，价格还公道，可以进一些货。

小强想到这种价格的土豆总经理可能会要，所以他不仅带回来了几个做样品，而且还把那个农民也带来了，他现在正在外面等回话呢——成功者与失败者的差距在何处，无须多言，一看便知。

故事中的小若就是那种被工作追着走的员工，大家也看到了他很被动，经理问一句他做一点儿，这跟挤牙膏有什么两样。而小强就不同了，经理把同样的问题交给他去处理，效果相差悬殊，他把经理可能要问的、想要了解的都想到了，这样的员工岂会不被重用与提升?

我们可以把小强与小若的工作表现分成这样两种：积极主动与消极被动。积极主动的人对于未来有前瞻性，具有危机意识和心理准备。天还没有下雨，就考虑到下雨的可能，并且想好解决之道，这就是所谓的未雨绸缪，这样的员工想上司之所想、解上司之所忧。而消极被动的人，只有在环境变化时才做反应，所谓的环境，包括人为和自然两种，或是当面临和他息息相关、不可抗拒的情况时，才不得不面对，不得不处理，这样的员工只在上司安排了工作之后才会去完成。因为没有预先设防和心理准备，所以消极被动的人会比较吃亏，作为上司也不愿把工作交给这样的员工完成，什么都得说了才能去做；而积极主动的人因为防患于未然，事先转阻力为助力，化腐朽为神奇，所以占有较大优势和力量。

这个道理很简单。就像在超级市场买东西结账，主动的人就是推车的消费者，他可以选择到哪一个收款机前面结账，看哪一台收款机的结账员动作比较快、态度比较亲切，或人长得比较顺眼。被动的人就是收款机旁边的结账员，不论推车过来的是何方神圣，都得花时间应付一下，掌控这一场相遇成败的因素不多，顶多给讨厌的消费者一张晚娘面孔，逼得他不得不加快脚步、匆匆离开！给看得顺眼的消费者一个微笑，说声谢谢惠顾而已。所以，宁可主动一点，也不要太过于被动。

有两家禅院比邻而居，各有一个小和尚，他俩每天早晨都能碰面，总是暗中较劲，互试机锋。

一天，甲问乙："你到哪里去？"

乙说："脚到哪里我就到哪里。"

甲语塞，回去请教师父，师父教他说："如果没脚，你到哪里去？"

次日，甲又问："你到哪里去？"

乙说："风到哪里我便到哪里。"

甲又语塞，又回去请教师父。师父教他说："如果没有风你到哪里去?"

第三天早晨，甲问乙说："你到哪里去?"

乙说："到市场去。"甲就这么一直语塞了下去。

任何事都是这样，自己主动才是主动，单单依靠师父，你永远都是被动的，一事无成。俗话说得好：师父领进门，修行在个人。

故事中的甲为什么一直语塞？因为他是一个不善于开动脑筋的人，师父教他一句，他就只记住了这一句，面对突发事件的时候，缺乏分析问题、解决问题的能力，也就只能消极被动下去。

主动与被动的转化往往在顷刻间完成，其差异却如天堂之于地狱，刻骨而铭心。赤壁之战，曹操兵多将广，但却使铁链固船，将灵活主动拱手相让，周瑜火攻之，遂溃败；英法坐拥强大帝国实力却对法西斯一再"绥靖"，导致"二战"初期被德式坦克碾得支离破碎……古今中外，上下五千年，主动为"王"，被动为"寇"，历史的记录已经说明了这一道理。

在现代社会生活的各个细节，我们对"主动"与"被动"认识得更为充分。"心有多大，舞台就有多大"，我们更呼唤时代的英雄。虽然这个色彩斑斓的世界迫使很多人开始调整自己的思维，可"被动"是客观存在的，如何"主动"需要更多思考。主动与被动在很多行为的过程中都需要更好地把握。

张卫是一家销售公司的业务员，作为业务员不仅要把上司安排的工作做好，而且很多时候需要有积极主动性，否则的话，是不能做好业务员的。

有一次，上司安排张卫去谈一个大客户，并交代这是一个很重要的客户，说话做事都需要多加考虑。上司既没有说成交价为多少，也没交代其他的事宜。

张卫在与客户见面之后，发现他对于茶道很感兴趣，随即把谈话的地点转到了一家有名的茶馆，客户当然很高兴，兴致勃勃地和张卫坐下来品茶。开始的时候，谁都没有说到工作上的事情，张卫也不着急，在茶喝了过半的时候，客户开口了，他觉得价格需要再降低一些，张卫在考虑着，并说出了自己的想法，虽然价格相对于其他公司偏高一些，不过，我们的质量绝对过硬，而且我们的服务也是一流水准。

说到了服务，客户真的无话可说，品着茶点头答应了。

张卫高兴自然不用说，但考虑到有可能跑单，就把合同书拿了出来，说，请您看一下相关的事项，如果有什么异议的话，我们还可以修改。

这时候，客户的心情随着茶叶的香味在慢慢地提升，他仔细地看了一遍合同书，抿了口茶说，张卫啊，说真的，我今天没想到你会把谈话的地点改在这里，不过，我却很高兴，真的。我也感觉出来你是一个有心人，把这个项目交给你来做，我很放心，合同就按这个办吧。

张卫再回到上司办公室的时候，合同已经签好了，他带着客户把相关的产品看了一下，并留有样品给他。上司听着张卫的工作汇报，赞许地点着头。

由于张卫的工作表现一直都很好，在年终的时候，领到不少奖金，而且他也得到了提升，上司说，张卫啊，你做事我很放心，以后继续努力哟。

张卫的上司当然希望他顺利地拿下这个客户，从他说的那句“很重要的客户”就可以知道，张卫可以把握住上司的心理，主动完成上司没有交代的事项，其实，这些事情是不需要上司样样交代的，想要留住客户，这也是一个业务员需要与必须做的。至于张卫的提升与上司对他的赞许，都是源于张卫主动完成工作使得上司不需要操很多心而获取的，哪个上司会不重用这样的下属呢？

主动完成与上司安排的差别就在这里，当上司把一个工作交给你的时候，他当然希望你可以圆满地完成，如果事事都要等上司说了你才去做，那么你就会变得很被动，上司也会感觉让这样的员工来做事还不如自己做的好，你自然不会得到上司的信任，就更别谈什么提升了，能继续留用你就已经很不错了。

想要成为一名优秀的员工，那么在工作中就需要做一个有心人，很多事项不需要上司点到，相关的工作需要主动完成，把工作当作自己的事业，你不是在给老板打工，你是在为自己打工，抱着这样的心态工作，工作效率自然就会得到很大的提高。

当今社会，人才的竞争异常激烈残酷，处在这样的社会之中，人才如何才能脱颖而出，做法不止一种，积极、主动完成工作不失为一种很好的做法。

纵观中国历史，在中国悠久的历史长河中会发现两种态度的入世人才：一种是积极主动的入世人才，另一种是消极被动的入世人才。

为什么要分两种态度呢？是人才有谁不愿意施展自己的才华？除非他真的没有真才实学，徒有虚名。其实不然，有的人真的有真才实学，但他并没有积极主动地展示自己的才华。

在中国几千年的历史中，中国封建社会所占有的时间最长，人才也大部分在这个时代出现，并在这个时代担当一些重要的角色。封建社会，儒家思想占统治地位，这些人才都受到了儒家文化的熏陶，而儒家思想在入世这一方面奉行“达则兼济天下，穷则独善其身”，这一思想认为，社会只要给我提供环境、条件我就施展才华，不然纵有再高的才华也不施展，因为没有环境和条件。就是因为这一思想，使多少人才没能发挥自己的才能，但他们却不后悔，还心安理得地说：“没办法，世事不容人啊！”这些人遇到太平盛世或真君明主，施展才华的机会多一些，一旦遇到乱世，他们如果在社会上碰了壁、受了阻，便急流勇退而隐居山林。或者等待真君来访或者等待伯乐来寻。如果一直等不到，他们也愿意一直等下去……

而另一种入世的态度，则正是当今社会所需要的人才，这些人在古代也表现得相当出色，比如先秦的屈原、毛遂，他们是积极主动入世人才的代表。他们敢于与世抗争，有一种胆量、勇气和上进的精神，而被人们称颂。在近代的历史上也不乏其人，如清末的梁启超，则是这种人才在近代社会中的一个杰出代表人物。梁启超之所以表现得如此出色，就是因为他有那种胆量和精神，看来这种人才不仅适应以前的社会，还适应于当今，甚至以后的社会。

人才应当积极主动，应当有一种胆量、勇气和上进的精神，这样才能适应于任何社会。作为员工，更多时候需要主动完成工作，切不可什么都等上司安排了你才去做，这样是不会成为一名优秀员工的。

[提示]

1. 把为老板打工的想法转变为“我是在为自己打工”的思想，把工作当作自己的事业来完成，在职场上就需要这样的工作态度，积极主动才是成事之本。

2. 很多时候，在上司安排的工作中有很多事项是隐含着的，对于这些隐含着的工作，你就需要想到并主动完成好，不要什么都等上司说了你才去做，那样就会很被动。在工作中要积极主动地完成工作，没有哪个上司会不欣赏这样的员工。

3. 想要在竞争激烈的职场上稳步前进，就要努力争取属于自己的机会。上司都喜欢眼中有活儿的员工，欣赏积极主动完成工作的员工，也只有这样的员工才能成为一名优秀的员工，也才能成就属于自己的事业。

很多人觉得自己所从事的工作很多都是在不断的重复、重复再重复中度过的，你会发现有这样想法的人，他们的工作成绩始终平平，他们对于工作也了无生趣。

他们为什么会有这样的感觉？为什么他们的工作作不出成绩来呢？

没有创造性的工作自然会形成上面的状态。“当人人都以为发生灾难时，创意却可以把它变成机会”，工作也因为创意而生机盎然、乐趣横生，同样，你的创造性也最容易令人刮目相看。

29. 让你的工作充满创意

只有通过工作和斗争，人才能获得自己的独创性和自尊。

——陀思妥耶夫斯基

职场的每一天都是在和困难作战，而手中最有力的武器就是创意——不断地创意！走在别人踩出的路上，走出再远，也到达不了崭新境地；独辟蹊径，有时却能收到曲径通幽的效果。

一位心理学家来到一所正在建筑中的教堂，对现场正忙碌着的三位敲石工分别进行访问，问题只有一个：“请问你在做什么？”

第一个人答道：“你没看到吗？我正在敲碎这些该死的石头。这些石头太硬了，害得我的手酸麻不已，这真不是人干的活啊！”

第二个人说：“为了每天的这点工资，我才会做这件工作。若不是为了一家人的温饱，谁肯干这份敲石头的粗活呢？”

第三位工人看上去神采奕奕：“我正参与兴建这座美丽的教

堂。落成之后，这里将容纳许多人来做礼拜。我一想到将来有无数的人来到这里接受上帝的关爱，心里就兴奋不已，我为我的这份工作而自豪。”

同样的工作，同样的环境，却有着如此截然不同的感受。

第一种人，可以说基本上无可救药了，他将得不到任何美好机会的眷顾，甚至可以肯定地说他是生活的弃儿；第二种人没有进取心，只是为工作而工作，不是企业和老板可依靠的员工；第三种工人是有着无限创造力的人，充分享受工作的快乐，把创意融入工作的各个层面，是老板特别喜欢的优秀员工。

很多企业在招聘新员工时，把是否具有创造性列在首位，可以学历不是很高，但必须要有创意；学历再高，没有创造性的人也是不会被企业选用的。道理很简单，试问，有哪家公司的老板喜欢死板僵硬的员工呢？

那么，什么是创意呢？

2001 年，美国通用公司招聘业务经理，吸引了很多有学问、有能力的人前来应聘。在众多应聘者中，有三个人表现极为突出，一个是博士甲，一个是硕士乙，另一个是刚走出校门的毕业生丙。公司最后给这三人出了这样一道考题：

有一商人出门送货，不巧正赶上下雨天，而且离目的地还有一大段山路要走，商人就去牲口棚挑了一头驴和一匹马上路，路非常难走。

驴不堪劳累，就央求马替它驮一些货物，可是马不愿意帮忙，最后驴终于因为体力不支而死。商人只得将驴背上的货物移到马身上，马就有些后悔。

又走了一段路程，马实在吃不消背上的重量了，就央求主人替它分担一些货物，此时的主人还在生气：“如果你替驴分担一点，你就不会这么累了，活该！”

没多久，马也累死在路上，商人只好自己背着货物去买主家。

应聘者需要回答的问题是：商人在途中应该怎样才能让牲口把货物驮往目的地？

甲说：把驴身上的货物减轻一些，让马来驮，这样就都不会被累死；

乙说：应该把驴身上的货物卸下一部分让马来背，再卸下一部分自己来背；

丙说：下雨天路很滑，又是山路，所以根本就不应该用驴和马，应该选用能吃苦且有力气的骡子去驮货物。商人根本就没有想过这个问题，所以造成了重大损失。

结果，丙被通用公司聘为业务经理。

甲和乙虽然有较高的学历，但是遇事不能仔细思考，最终也以失败告终。丙虽然没有什么骄人的文凭，但是他遇到问题不拘泥于原有的思维模式，善于用脑筋，灵活多变，所以他成功了。

丙就是一个非常有创意的人。

简单地说，所谓的创意就是要有创新意识，要勇于打破常规。有无限创意的人才能提出革新性的问题，工作才能有所突破，业绩才会不断创新，同样的，具有无限创意的员工自然也会令人刮目相看。

今天的社会，是一个充满竞争、充满机会与挑战的社会。受大环境的影响，企业的环境也总是处于不断的变化和竞争之中。在这种残酷的环境中，每个公司必须时刻以增长为目标才能生存。

但任何人都不是万能的，都有自己的弱项和局限性，单凭一个人的力量不可能把企业带上一座座高峰。所有成功的企业老板都喜欢其他的人能多给自己一些有益的建议，以弥补自身的不足，促进企业的发展。这就是为什么老板们都喜欢有创意员工的原因所在。

1981年4月，杰克·威尔士接任美国通用电气公司总裁。这家公司规模庞大、产品分散，而且当时的情况并不景气。

威尔士刚一上任，他就想：怎样才能管理好这样一个大公司呢？如何做才能使公司的销售和利润有所增长呢？经过调查，他发现公司管理得太死板，职工没有足够的自主权。通过仔细的分析，他认定只有全体员工团结一致，才能使公司迅速发展起来。于是根据公司的这一情况他进行了全面的思考，并重新设定了公司发展目标。

首先对公司的改革，就是实行“全员决策”制度。他让那些平时绝少有机会互相交流、按钟点上班的普通员工和中层管理人员以及工会领袖等都能被邀请出席决策讨论会，与会者彼此平等，各抒己见。

“全员决策”的施行，得到了全体员工的支持，增强了他们对公司经营的参与意识，潜藏在每个人身上的无限创意被充分发掘出来，大家纷纷献计献策，其中有90%以上的合理化建议都被威尔士采纳。

涓涓细流，汇成江海。没用多久，原本不太景气的公司取得了巨大的发展，成为全美名声显赫的优秀企业。

可以这样说，正是因为通用公司有着一大批具有无限创意的员工，当然首先得归功于威尔士善于调动员工发挥创意的积极性，才会使得公司插上了腾飞的翅膀。

弱者等待机会，强者创造机会。每个人都有一些创造力，但是大多数人并没有学会如何去应用它。

美国家用电器大王休斯原来是一家报社的记者，由于和主编积怨太深，他一气之下辞职不干了。

有一天，休斯应邀到新婚不久的朋友索斯特家吃饭。吃菜时，他品尝到菜里有一股很浓的煤油味，简直都没法下咽。但碍于情面，他又不好说什么。索斯特不可能吃不出那股怪味道，但他也无可奈何，他新婚的妻子用的是煤油炉做饭，那时候大家都用那种炉子，很容易把煤油溅到锅里。他当着朋友的面也不好说妻子什么，只好对着煤油炉抱怨："这该死的炉子真讨厌，三天两头出毛病，你急用时它偏要熄灭，每次修都弄上一手油……"

最后索斯特又若有所思地说："要是能有一种简便、卫生、实用的炉子就好了。"

说者无意，听者有心。索斯特的话对休斯的触动很大。"对呀，为何不生产一种全新的炉具投放市场呢?"有了这一想法后，他开始重新设计自己的人生目标，全身心地投入到研制新型的家用电器上。经过他不懈的努力，终于在1904年成功地研制出一系列新型的家用电锅、电水壶等家用电器，成了闻名于世的实业家。

想那位索斯特先生后来一定会很后悔吧，创意是他的，可是他却没有把握住。

一名优秀的员工，不用上司督促和监督，总能以积极的心态寻找对企业大有帮助的创意，善于抓住那些一闪而过的奇思妙想，实质上也是在寻找着成功，创造的力量是无穷的。企业这样的员工多了，那么无疑会带来意想不到的变化。

你的创意多吗？勇敢地拿出来吧，相信你的老板会对你刮目相看。

很多人都知道法国著名化妆品公司——香奈儿公司，它的发展壮大就是得益于一名员工在关键时期的一次关键性的创意。

刚开始时的香奈尔公司没什么名气，产品滞销，公司陷入困境。这时，销售部的一位员工突发奇想，并把这一想法向香奈尔汇报，立即得到了老板的大加赞同。

没过几日，在巴黎《日日新闻》上人们看到了这样一则广告：香奈尔化妆品公司精选10名丑女将在星期六晚上在巴黎大舞台与诸君见面。

广告刊出后，一时间被传为奇闻。届时到场参观的人非常多。

帷幕拉开，丑女们一个个鱼贯而出。果然一个个都是面部长得奇丑无比。观众们顿时嘘声一片，大家无不惊叹："竟然会有这么丑的女人！"

这时只见香奈尔女士笑容可掬、神态自如地走上台，她对大家说："为了展示本公司化妆品的功效，请诸位朋友稍等片刻，让丑女们化妆，以谢诸君。"

过了一会儿，随着音乐幕布再起，丑女们一个个涂脂抹粉，霓虹灯下果然另是一番模样。

观众无不叹服，自此香奈尔公司生产的化妆品在市场上成为了畅销货。

那名提出这项创意的员工无疑拯救了整个香奈尔公司，不用说随着公司的发展壮大，他会获得相应的厚遇。

我们不妨设想一下，如果是你，如果你现在就是那家化妆品公司的员工，老板正为公司的窘境而愁眉不展，正广泛征求良策，你会拿出什么样的创意呢？

或许你会说："做个具有无限创意的人是不是很困难啊？"

事实并不像你想的那样。

培根说："生活中不是缺少美，而是缺少发现。"

我们也可以把这句话换一种说法：工作中不是缺少创意，而是缺少想象。

思想上的守旧意味着不能跟上时代潮流的发展，也就无法攀登至人生的最高峰。

没有比有助于老板的建议更令人欣赏的了。你的思维要走在老板前面，更多的时候，你的效率也就是老板的效率。

真正有价值令人豁然开朗的创意像金矿一样珍贵，同时，它也总是藏在不会被人轻而易举发现的地方。

人们常说无商不奸，这句话的另一个含义就是商人都是精明的人，也就是说他们总是能灵活利用自己所掌握的知识，充分转动脑筋，利用一个个好的创意去赚取别人更多的钱。

换句话说，一个好的商人总是能够敏锐地发现人们没有注意到或未予重视的某个领域的空白、冷门或薄弱环节。

你知道日本东京岛村产业公司是靠什么起家的吗？

这家公司的创始人岛村芳雄原先是一家包装材料厂的一名普通店员，后来改行做起了麻绳生意。别小看了这不起眼的麻绳和经营它所获得的那一点蝇头小利，肯于动脑的岛村在这上面做出了大文章，创造了奇迹。商界著名的“原价销售术”就是他做麻绳生意时创立的。

所谓的“原价销售术”其实也很简单，首先他以5角钱的价格到麻绳厂大量购买45厘米长的麻绳，然后按原价卖给东京一带的工厂。这样毫无利润的生意做了一段时间以后，谁都知道了岛村的麻绳便宜，订货量日益增多，他所苦苦等待的机会也随着订货单一道向他飘来。

首先他拿着购货收据前去订货客户处申诉说：“这么久以来，我一毛钱也不曾赚过你们的，可是如果让我继续为你们这样服务的话，那么我只有破产这条路可走了。”客户通过咨询确认岛村说的话句句属实，很是感动，情愿把每条麻绳交货价格提高5分钱。

岛村又来到麻绳厂，给厂方看他开给客户的所有收据存根。“我之所以会有这么大的销售量，是因为我一直都在原价卖出你们的产品。我很想继续这样做，但坚持下去的后果就是用不了几天我便会关门倒闭。”岛村说。厂方确定岛村所言句句属实后大吃一惊，这样甘愿不赚钱的生意人还是头次遇到，于是毫不犹豫地一口答应他每条麻绳让利5分钱。

如此一来，以岛村每天1000万条麻绳的交货量计算，他一天的利润就是100万日元。没多久，岛村就成了全日本家喻户晓的生意人，他那巧用敢于自己吃亏的“原价销售术”也从此闻名。

这个故事看起来再简单不过了，一条麻绳里外共赚一毛钱，每天卖出1000万条利润是100万日元，谁都会算这笔账，关键是如何买进卖出。好的创意往往都是从极简单中悟出和得到的，根本不必将之看作有什么神秘，高不可攀。

表面上看，岛村的成功就在于他巧妙地钻了人们贪图便宜的空子，也巧妙地利用了人们的习惯心理和同情心。其实早在他卖出第一条无利可图的麻绳时，那个已经在他心目中考虑成熟的创意，就开始引导着他向成功的计划迈进了。

将复杂的事情简单化，那就是智慧；将简单的事情复杂化，那是愚蠢。

而人类生存的意义也就在于不断地创新发展，热衷于发现那些埋没于千头万绪支离琐碎背后的一个个亮点，这也是一个有着无限创意员工的极大乐趣。

如果离开了创意，再能干再勤奋的人所创造的价值，也不会比一名搬运工多出多少。

站在创新的立场上考虑工作中的各种问题，接受其他领域的优秀思想，突破制约你成功的“瓶颈”，那么你应该相信：飞上枝头变凤凰只是时间的问题。

现在越来越多的企业，感受到了“墨守成规”不会有较快或更大的发展，只有选择在变化中求生存，用敏锐的创新眼光去发现使自己立于不败之地的机会。

让我们看看柯达公司是如何在一场商战中打败富士的吧。

日本富士胶片公司在1984年的洛杉矶奥运会上，酝酿了一个打败头号竞争对手柯达公司的计划，要从这个最大的胶片制造商手中抢夺市场。作为计划的一部分，富士投入数百万美元，获得了洛杉矶奥运会135胶卷指定产品的资格。

柯达公司由于先期重视不够，并没有投入多大的人力物力。当发觉富士公司正以咄咄逼人的态势杀过来时，一切都已木已成舟，为时晚矣。仅此一举，他们已被排斥在全球最重要的体育盛会之外，从而失去了极大的市场。公司决策者们一筹莫展，束手无策，只有闭上眼睛默默等待着对手挥来的重拳的份儿了。

后来，在公司一位中层雇员的建议下，找到了IMG（国际管理集团），柯达请他们帮忙想一想“粉碎富士进攻”的策略和办法。

在许多已发生变化的环节中，IMG发现了最有趣的一点是，富士公司的“独占性”并没有包括洛杉矶奥运会的全阶段，他们只是“独占”了奥运会举办的那两周时间。

所以，IMG建议柯达公司将其宣传重点放在奥运会举办前那狂热的6个月中。

在此期间，柯达赞助了美国田径队，并聘用了一批有希望获得金牌的运动员为其宣传，还赞助了奥运会举办前的田径选拔赛，并将整个洛杉矶充满了柯达的出版物、电视片及张贴广告。

待奥运会来临，许多运动营销专家甚至没有注意到富士，还以为是柯达赞助了这届奥运会呢！

柯达公司或者是 IMG 的高明之处就在于，用全新的创意把握住了变化中的机会。他们没有把目光只局限于富士公司已经获得了奥运会指定产品这一表面现象上，而是进行了细致、全面、深入的多方位思考，另辟蹊径，出奇制胜。

由此看来，只有提出与众不同问题的人，才能得到与众不同的答案，才能有所创新。

产生优秀创意的最好途径就是用“如果怎样将会产生怎样的结果”来提问题，看看自己会做出怎样的回答，这样做有助于提高你的创新意识。

如果你是企业老板，你善于发现那些有着无限创意的员工并充分调动他们的积极性了吗？如果你是一名员工，你是否愿意从现在开始，用创意的眼光来重新认识身边的一切。特别是那些棘手的、令老板头疼的“瓶颈”问题呢？

相信你会行的，肯定能行！

［提示］

以下我们简略地列出几项建议，你不妨在工作中试着用这些方法去分析问题，寻找解决矛盾的办法：

1. 想别人想不到或没想过的，走别人没走过的路。独辟蹊径才能产生真正有价值的创意。

2. 要胆识过人，敢想，敢冒险。

3. 要执著，想问题要充分抓住现代人的心理。

4. 不要惧怕失败。

5. 用创新的眼光去发现变化中的机会。

6. 光想是不够的，还得用行动证实你的创意。

作为一名合格称职的优秀员工，就必须尽职尽责，再小的事情也要当成关乎企业命运的大事来对待。不要总想着去干一些轰轰烈烈的大事，去干一番惊天动地的伟业，而忽视了身边本该你承担起来的小责任。

30. 小事情蕴涵大责任

责任并不是一种由外部强加在人身上的义务，而是需要对所关心的哪怕是再细小不过的事件作出反应。

——弗洛姆

在美国前总统杜鲁门的办公桌上摆着一个牌子，上面写着：Book of stop here（问题到此为止）。

这就是责任。

一滴水可以折射出大海的光辉。同样的，面对一件看似不起眼的小事情，有时更能反映出你对待工作的态度和责任心。

小李和小张几乎是同时应聘到一家广告公司策划部工作的，巧合的是，他俩学历相当，能力也差不多，工作也都非常努力用心。部门主管在他俩的取舍问题上很是伤脑筋，弃谁都可惜，但部门只有一个留用名额。

1 个月的试用期很快过去。这一天，主管通知小李已被公司正式录用，从即日起享受正式员工待遇。而面对小张，主管只能说抱歉了，并预祝他能尽快找到适合自己发展的位置。沮丧之余小张很是不解，自己各方面都不比小李差，工作也算尽职尽责了，为什么竟败给了小李呢？私下里他向主管打听其中缘由。主管这样对他说：

“按说在你俩的取舍上我有好长时间都没有拿定主意，最后决定留谁舍谁完全是靠一次偶然的机会。还记得那次公司加班吗？你和小李都忙到很晚才离开公司。或许你没有在意，你在离开办公室后，电灯还亮着，电脑的电源也没有关，桌子上也是杂乱不堪。你知道小李是怎么做的吗？我后来去他办公室看了一下，电灯被他离开时熄灭了，电脑也已经关闭，桌面收拾得很有条理。就在那一刻，你和小李的去留问题已经解决了。”

“就因为这点小事？”小张惊得张大了嘴巴。

“你觉得这事小吗？”主管很认真地盯着小张问。

小张想了一会儿，懊丧地低下了头。

职场无小事，不要总想着去干一些轰轰烈烈的大事，去干一番惊天动地的伟业，而忽视了身边本该你承担起的小责任。“一屋不扫何以扫天下？”“勿以善小而不为”，任何细小的工作都包含有责任，要勇敢地去面对、去承担，机会往往就隐藏在这些细小的责任当中。

就像没有责任感的军官不是好军官、没有责任感的公民不是好公民一样，没有责任感的员工也绝不会是好员工。殊不知，越是细节问题越能体现你的责任心，处理得好便更能获得老板的青睐，使你及早迈上成功的阶梯。

日本索尼公司接待部主管小田千穗的故事可以生动地说明这个问题。

小田千穗原是公司销售部的一名普通接待员，工作职责就是为往来的客户订购飞机、火车票。有一段时间，由于业务的需要，她时常为美国一家大型企业的总裁订购往返于东京至大阪的火车票。

后来，这位总裁发现了一个非常有趣的现象：他每次去大阪时座位都是紧邻右边的窗口。返回东京时，又总是坐在靠左边窗口的位置上。这样一来在旅途中他总能在抬头间就看到美丽的富士山。

“不会总是这么好运气吧?”带着疑惑他饶有兴趣地去问小田千穗。

“哦,是这样的,”小田千穗笑着解释说:“据我所知,外国人都很喜欢富士山,所以每次我都为您预订了可以一览富士山的位置。”

听完小田千穗的这番话,这位美国总裁打内心深处产生了强烈震撼。小田千穗在听完他的夸奖后说:“这是我职责范围内的事,在我们公司,其他同事比我还要更加尽职尽责呢!”

美国客人在感动之余,对索尼的领导人不无感慨地说:“就这样一件不起眼的小事,贵公司的职员都想得如此周到细心,那么,毫无疑问的是,你们会对我们即将合作的庞大计划尽心竭力的,所以与你们合作我一百个放心!”

令小田千穗没有想到的是,因为她的尽职尽责,这位美国总裁将贸易额从原来的500万美元一下子提升至2000万美元。更令小田千穗惊喜的是,不久她就由一名普通的接待员提升至接待部主管。

小田千穗所做的事情,在任何人眼里无疑都是一件再细小不过的事情了,也可以说是她分外的工作,属细节问题,但她却将之做得很好,因为她将责任根植于内心,让它成为其脑海中的一种自觉意识。这样一来在日常的行为和工作中,这种责任意识才会让她表现得更加卓越。因为她清楚,作为一名合格称职的优秀员工,就必须尽职尽责,再小的事情也要当成关乎企业命运的大事来对待,对岗位和公司感到自豪,对自己表现出的能力有充分的自信。

我们经常可以看到这样的员工,他在谈论自己的公司时,使用的代名词通常都是“他们”而不是“我们”，比如说“他们行政部怎样怎样”，“他们财务部怎样怎样”，这看似一件小事，是再小不过的细节问题，但这也是一种缺乏责任感的典型表现，这样的员工至少没有一种“我们是一个整体”的认同感。

在工作中千万别怕承担责任，因为世上根本就没有不必承担责任的工作，哪怕是再细小的问题，也不要用逃避的态度对待，因为工作本身就意味着责任，职位越高、权力越大，你肩负的责任就越重。许多人习惯于循规蹈矩、按部就班地工作，遇事能躲就躲，事不关己高高挂起。其实世界上最愚蠢的事情就是推卸眼前的责任。有很多人总是习惯于“把球踢给别人”，或是认为此责任和自己的职权范围毫无关联，不必冒担责任的风险。更多情况下，是觉得事情不大或者是问题还不是很严重，是细节问题，得过且过，多一事不如少一事。殊不知，越是这样越不会得到上级的重视，更不要谈被提拔重用了。

董女士在一家大型超市工作11余年，没想到刚被提拔至行政部经理还不到1个月，竟被炒了鱿鱼。

事情的起因缘自一份购货合同。由于打字员的疏忽大意，在购货数量上竟少打了一个“零”，而货物款项金额等都没有改变。合同一直到客户手中，超市各级主管都没有发现这一纰漏。多亏供货方是超市的老客户，信誉较好，及时发现并通知了超市，才没有造成直接经济损失。在事故分析会上，董女士滔滔不绝振振有词，说得似乎也颇有道理：“这份合同我事先拿给购销部看过了，总经理和各副总经理也都人手一份，并没有任何人指出其中的错误，所以说责任并不在我。……”

散会后没多久，董女士就被通知她已被解除了经理职务。惊呆之余她觉得自己实在是委屈得很，便跑到总经理处哭诉。在听完了她的一番辩白后，总经理说：

“其实单就这件事故本身而言，并不是什么不可饶恕的大错误。谁能保证在工作中总是百分之百正确而不犯任何错误呢？问题的关键是，你不该推诿自己的责任。好多人是都看过了这份合同，但是你想过没有，真正应该把关的人不恰恰就是你吗？这么点的责任你都承担不起，那怎么能胜任你目前的工作呢？”

美国塞文机器公司前董事长保罗·查莱顿曾经这样说：

“我不止一次警告我手下的员工，如果有谁说：‘那不是我的错，那是他（其他同事）的责任’，被我听到的话，无论那件事多么微不足道，我都会毫不犹豫地开除他。因为说这话的人显然对我们公司没有足够的兴趣。你愿意站在那里，眼睁睁地看着一个醉鬼坐进车里去开车，或是一个两岁大的小孩单独在码头上玩耍吗？同样地，不论是不是你的责任，也无论责任的大小，只要关系到公司的利益，你就不可置身事外，你就该毫不迟疑地加以维护。因为，如果一个员工想得到提升，公司的任何一件事情都与他有关联。如果你想使老板相信你是个可造之才，最好、最快的方法，莫过于积极寻找并抓牢促进公司发展的机会，哪怕是不关你的责任，你也要这么做。”

由此可见，老板们心目中的优秀员工，各个都应是负责任的人，只有对自己的行为负责，对公司和老板负责、对客户负责的人，才是老板关注的合格的员工。如果你推卸责任，尽管这责任有时看起来是那样的细小或微不足道，或许老板认为你还有其他长处可用，不愿当众批评你的行为，但在他的心目中，早已把你归类于不可靠员工当中了。

重视细小工作，从细节入手，勇敢地承担起工作中的责任，说白了其实就是一种工作态度。看不到细节，或者不把细小工作当回事的人，必然是对工作缺乏认真的态度，对事情只是敷衍了事，习惯于把责任像球一样踢给别人。这种人无法把工作当做一种乐趣，而只是当做一种不得不受的苦役，因而在工作中缺乏责任感和热情。他们只能永远机械地由别人分配给自己工作，甚至即便是这样也不能把事情做好。这样的员工永远不会在企业中找到自己的立足之地。

只有那些重视细小工作并勇于承担起每个责任的人，才是企业的中流砥柱。这样的员工具备高度责任感，从不把该负的责任推卸给别人，永远会被周围的人包括他的老板所赏识。

［提示］

1. 记住：你是在为自己工作！把自己的前途和公司的兴衰捆绑在一起，时刻把公司的利益当成是你自己的利益。做到了这一点，公司里再小的事情都不会从你的眼皮底下溜走。

2. 眼里有活。地上有页废纸弯腰拾起来，及时清理客户留下的纸杯，下雨时赶紧将办公室的窗户关好……千万别小瞧了这些小事情，你眼里有活，老板的眼里也便会有你。

3. 于细微处显露你的才能。发挥你的潜能和创意，将每一件细小的工作做得有声有色，坚持下去，定会得到重用。

4. 在单位就像在家中一样，保持你的节俭习惯，比如一度电、一张纸、一件办公设备的简单维修等，这些举手之劳的小事情也同样会令老板对你刮目相看。只要你把公司当成是自己的家，就会发现还有许多这样的小事情值得你去做。

5. 成绩再大也别往大了看，错误再小也不能当成小事。得过且过要不得，任何一个工作失误，无论大小都要勇敢地去承担去面对。你推卸责任，成功也会对你敬而远之。

世界上的事情没有固定不变的，人与人之间的关系也不例外。要知道，秘密只能自己独享，不能作为礼物送人。不相信任何人，无疑是自我封闭，永远得不到友谊和信任；而相信任何人则属幼稚无知，终归会吃亏上当。

31. 保守秘密，不拿秘密四处炫耀

好炫耀的人是明哲之士所轻视的，愚蠢之人所艳羡的，谄佞之徒所奉承的，同时他们也是自己所夸耀的言语的奴隶。

——培根

身在职场，就应该把自己当作一个专业的人看待，记住工作是最重要的，在工作中需要多注意与同事的团结协作。即使是与你关系比较好的同事，也不要把自己的秘密说出来，每个人都应该有属于自己的隐私，这是一个人独享的领地，不要拿你的秘密四处炫耀。

很多职场新人会觉得我把自己的秘密告诉了他，其实说明了我对他的充分信任，这是一种极为不成熟的思想。在职场上想要赢得同事对你的信任，不是靠自己的秘密，靠的是你的工作实力，把自己的秘密轻易地告诉给其他人，只能显得你不够成熟，这对于你自身没有任何好处。

不知为什么女士们对自己的形象特别苛求，即使在受到赞美时，也不能坦然受之，总要来上那么几句，小腿别那么粗或鼻梁再高点就好了。其实别人是不会像你关注自己那样地关注你。

文静曾经有个在大商场当部门经理的女朋友，研究生毕业，高高的身材，五官也很秀气。由于学历和职务的关系，她整体透

出的是一种健康、自信、高雅的气质。

她们认识很多年，文静从来没觉得她五官上有什么不对劲的地方。

有一次聊天，她告诉文静说她小时候因为发高烧抽搐留下后遗症，两个鼻孔有点一大一小。

以前她从没说，文静从未注意过，自从她把这个秘密告诉了文静之后，每当文静看见她的时候，就会情不自禁地去看她的鼻子，确实是一大一小。

她犯了一个很大的错误，其实她不讲，别人可能永远都不会注意到这一点；经她这么一说出，别人不但注意到了，而且印象特别深。

平时我们周围的朋友也常常会讨论起自己的五官或身材，总是有对自己不满意的地方，还很大方地指给别人看，搞得全世界都知道，其实是件很没面子的事。我们想让自己看起来完美，从服饰的色彩到款式，从皮肤保养到发型，每天都要付出很多的时间或金钱，而我们不经意间透露的小秘密，会把我们的付出全部牺牲掉。所以请牢记，千万不要把自己的短处指给别人看，给别人一个你不够完美的印象。

这方面我们真的应该向西方人学习。如果有人赞美她，她会很欣然地接受，并回敬一个由衷的谢谢。女孩子们在一起，会争着强调自己的优势，我的眼睛特别漂亮、我的唇型特别性感、我的身材多健美，她们非常大方和自信。

其实我们每个人都有令人引以为傲的方面。人的视觉会被鲜艳的色彩、特别的装饰、精致的细节所吸引，利用这些手段，把视觉的注意力吸引到原本漂亮或想突出的部位，以极个性化的风格来定位自己的形象，这才是聪明的表现。

记住，保守自己的秘密，是对你自身的一种保护与尊重。无论是五官长相上的，还是身份地位关系上的，不该说的就是不能说，因为当你把属于自己的秘密说出来之后，就会引人耳目，招致所有人的注意，这世界上没有不透风的墙，这样说，对于你本身没有一点好处。

反思可以让人成熟，丽华讲述自己的亲身体会，希望大家莫重蹈她的覆辙。

刚进公司第一天，部门的主任就向同事们介绍："这是小程，我大学恩师的女儿，以后请大家要多多照顾。"

丽华自己还在琢磨着是否要保守秘密，主任倒替她亮了底牌。

其实，丽华也不是那么怕亮底牌，因为她的确在原公司没有熟人的情况下就有名气了，也是自己做事认真负责的结果。所以，在这个有熟人的单位，她依然会努力去做。

说实话，公开确有公开的好处。同事们对丽华的态度明显十分殷勤，就连平时不怎么答理人的老章偶尔也会在业务上对她指点一二。至于主任对她的关照更是不用说了，部里大大小小的事都让她参与。

丽华想，她的成绩大家也是有目共睹的，换个人得到这样的机会也不一定能做出来。为此，同事都戏称丽华是主任助理。因为得到了许多别人没有的锻炼机会，短短两年，她成长得很快。

人一得意，往往容易忘形，有时跟同事们出去喝酒，几杯下肚，丽华免不了跟他们吹嘘一通她老爸跟主任的私交如何如何铁，引得周围人欷歔不已。

谁料到，好景不长，单位上层"大震荡"，主任被调走了。

可想而知丽华的境地是怎样的，她被打入了"冷宫"。其实，平心而论，有今天的成果，她付出了不少，可就因为她跟主任有私交，导致了她的所有工作成绩都被否定了。

丽华如今吸取了教训：跟领导的私交就是隐私，在单位里面对此要低调、低调再低调。不然，一不小心就成了办公室斗争的冤死鬼。

主任调任新公司，还是平级，还是差不多的权力，他还想让丽华过去。丽华说，请让我考虑一下。

事实上这已是一种客套。丽华觉得不如自己找一个好公司，没有任何感情关系的牵绊，踏踏实实地经营自己的未来。

不经一事，不长一智。丽华日后懂得了，职场还是少亮底牌，多给自己一些保护为好。

说起来，这世界上有好人也有坏人，丽华的遭遇其实早晚都是必然的，谁都知道了她与主任的关系，这才使得同事对她都有所照顾，为什么？就因为他们的顶头上司与她老爸的那层关系，同事们都不想给自己惹麻烦。当主任调走之后，丽华被打入“冷宫”也是人之常情，这就是人性，主任不在了，谁还会保护她呢？即使她原来工作做出过成绩，也不会有人承认，因为大家都会认为那是主任的关系带来的。

上面的故事再清楚不过了，对于自己的秘密，切不可大肆宣扬，很多时候，就是你不宣扬，都会有人看你不顺眼，你这么一炫耀，当面自然谁都不敢说，背地里早把你恨之入骨了，道理很简单，就是因为你与上司的那层关系。所以说，想要避免这些不必要的麻烦，那么最好的处事原则就是守口如瓶，保守自己的秘密。

你有属于自己的秘密，同样的，别人也有属于自己的秘密，当你不经意间知道了他人的秘密的时候，最好当作自己不知道，如果不能的话，记住要保守住这个秘密，不要把它当作新闻一样四处宣扬。

小黄是个性格开朗的女孩子。大学毕业后，考取国家公务员，到了自己梦寐以求的某国家机关工作。但不能让她适应的是办公室气氛比较沉闷，除了工作，大家基本很少谈论其他问题，小黄活泼开朗的性格给办公室平添了几分生气。

没过多久，小黄在酒吧里见到自己的部门经理和一名年轻的女子在一起。第二天，小黄就把这件事告诉了办公室的一位同事，还要求对方不要告诉别人，她的同事也答应保守秘密。

一周后，小黄的部门经理把她叫进办公室，对她提出警告："如果再出现在办公室传小道消息的行为，就请走路。"

小黄的行为是非职业化的。办公室是职业场所，在职业社交中，尊重他人的生活方式和个人隐私是处理人际关系必须注意的。对于一些职场雷区要谨慎小心，切勿因为自己的好奇心，触犯了他人的人格尊严，造成彼此关系的伤害。

在生活方式和价值观念多元化的今天，我们应以一种开放和包容的心态来对待我们身边的人和事。小黄在讲别人的隐私时，可能并无恶意，只是她口无遮拦，缺乏自制力。

在职场中，即使偶然知道了他人的隐私，也不应到处传播。职场是人们工作的场所，应以工作为重，对他人的隐私应免开尊口，才能赢得同事的信任。

李丽是办公室内有名的"小喇叭"，她能把看来的、听来的故事讲得头头是道。

每次闲着没事，她就会拉着椅子坐到杨欣身边说个没完，从行政总监的"性丑闻"到财务主任家小 Baby 的睡觉姿势，俨然新闻发言人。

一次李丽成功地策划了一个项目，得到上司奖赏后她特意请杨欣去酒吧庆祝，由于在酒吧多喝了几杯，杨欣无意中酒后失言将上司想追求她的事坦白了。

第二天，杨欣刚踏进办公室，她就感觉气氛有点不对，很多员工都用异样的眼光瞧她，而且有的还在她背后指指点点。很快，杨欣就被上司叫了去，上司很气愤地训斥了她一通。后来，杨欣才知道，原来李丽把她昨天说漏嘴的事儿已向同事们宣扬了，并添油加醋地说上司对她一见钟情，请她去他家吃饭……

其实，大家对于“小喇叭”式人物都不太喜欢，不过，人都有一定的好奇心与偷窥心理，当有这样的一个人能满足大家的这种心理需要的时候，大家还是乐意倾听的。不过，在听的时候，很多人都在想，切不可把自已的秘密也告诉了她，那么在公司里我不成了透明的了？没有自已的隐私了吗？

慢慢地就会有人开始疏远这种人，最好的办法就是敬而远之，有一点你最好要注意，就是尽量不要在办公室谈你的私事，因为这种是非型的人最喜欢探听他人的隐私，你的私事当然会是他们的素材。他们充其量只是个小人，还不是恶人，所以你不用对他们如临大敌，如果他把矛头指向你，对于一般的谣言，记住“清者自清，浊者自浊”，不必理会；对于过分的谣言，完全可以告上“公堂”，谣言很多时候已经构成诽谤，诽谤则可能侵犯了你的名誉权，不能坐视不管。

慎勿期望他人为你保守秘密。天下本无秘密可言！

这里有一个实验，可用来证明你的组织内没有了不起的秘密。你不妨试着放出风声，对组织内与你距离甚远的某人，给他一则无关宏旨的机要新闻，然后看看这则新闻要费时多久才会再传回你这里。

这个实验，可以测试你的“天线”。大多数的秘密，都是以超音速的速度传送。如果你的秘密没有很迅速地传回来，那可能是“频率”调整错了。别人都知道那件秘密，而你却一无所知，那你就有问题了。

如果你想要成为一名优秀的员工，成为一个职业化的职场中人，想要处理好你与同事之间的关系，那么你就需要记住，保守秘密，不要把秘密四处炫耀。

守住公司的秘密，就是守住了自己的良心和饭碗。

中国人最忌讳的是“吃里扒外”，“吃张家饭、干李家活”。在一个公司里，很多信息都是有商业价值的，必须严防死守，所以一个成熟的职业人士的一条基本素质就是，不该你知道的，就绝对不要去打听；已经知道的，就要守口如瓶。如果泄露了机密，会给公司带来不可预料的损失，不管你是刻意的还是无意的，有时还会受到法律的追究。

有两个大学同学，毕业后，同学甲在一家计算机软件公司做程序员，是公司的业务骨干。同学乙在另外一家同类公司做市场营销，多年没有联系了。两家公司都在开发同一种前景广阔的办公室应用软件，是最大的竞争对手。一个偶然的机会，当同学乙知道同学甲是这个项目的核心人物时，心中大喜，计上心来。

在接到同学乙的饭局邀请后，同学甲想都没有多想就去了，两人几年没有见，异常惊喜，又是吃饭，又是喝酒，正应了中国食文化中的那几句酒谚：“要想抓住别人的心，首先抓住别人的胃”、“酒是一副药，喝了跑不掉”，被灌得找不着北的同学甲像黄河决堤一样将公司的绝密资料和盘托出。后来，遥遥领先于对手的甲公司被对手捷足先登，打了个措手不及，巨额研发费用化为肥皂泡。看着满商场的同类产品，同学甲气得浑身发抖，羞愧难当地离开了公司，还差点受到法律诉讼的后果。

因此，身在职场，要守住公司和老板的秘密，不该问的不问，不该说的不说，公司的各种事情都不可以随便张扬，绝对守口如瓶。

张平在一家大公司供职，能说会道，才华出众，所以他很快被提拔为技术部经理，他认为，更好的前途正在等着他。

有一天，一位港商请张平喝酒。席间，港商说："最近我的公司和你们公司正在谈一个合作项目，如果你能把你手头的技术资料提供给我一份，这将使我们公司在谈判中占据主动。"

"什么？你是说，让我做泄露机密的事？"张平皱着眉说道。

港商小声说："这事儿只有你知我知，不会影响你。"说着，将15万元的支票递给张平。张平心动了。

在谈判中，张平的公司损失很大。事后，公司查明真相，辞退了张平。

真是赔了夫人又折兵，本可大展鸿图的张平因此不但失去了工作，就连那15万元也被公司追回以赔偿损失。他懊悔不已，但为时已晚。

一个不拿泄露公司秘密当回事的员工即使才华横溢也不会成功，因为他无法得到老板的信任，无论是谁都不喜欢这样的人。而这同时也表明：忠于公司、老板，也就是忠于自己，背叛公司、老板，也就是背叛自己，最终必定走向失败。

作为一名员工，不要忘了自己的角色，你需要为公司争取利益，而不是为你自己争利益。只有公司"发达"了，你才会跟着"发达"，万万不可越位。有时，公司与你个人在利益上也会发生冲突，这时你千万不能把公司利益置之度外，使自己糊涂一时。

一个有职业道德的人，心里要有一条准则：可为与不可为。需要坚守的信条是：绝不选择良心的堕落。

[提示]

1. 不要有什么秘密。别用任何借口来说某事是一件秘密。问问你自己，为什么要将它看成一个秘密呢？是否为了隐藏某件使你羞惭的事实？若是如此，那就改变事实吧！是否为了使某人无法知道他有权知道的事？若是如此，那么这个秘密便与谎言、阴谋无异。

2. 假使你认为某事确实是一个秘密，便应将其泄露的风险降至最低。唯一完全的秘密，只能让你自己知道。你多告诉一个人，就会使泄露的可能性倍增。尽可能只告诉最少的人。五个人可能是最大的数目；超过这个数字，泄密之门便可能已经敞开了。谨慎选择你认为最可靠的人。你不妨先试验一下他们是否可靠，你可以将一件无关紧要的秘密说出来，来试验他们是否会泄露。一旦你和某人共知一个秘密（甚至是你的秘书，她的职称本来就含有守密的意义），那你在处理业务时就得假定这项秘密是守不住的。任何秘密迟早都会泄露出去——通常不需要太久。如果秘密已经泄露了，而你却还浑然不觉，你就变成被蒙在鼓里的人了，再处理这个问题也会变得被动。

3. 利用“秘密”来作为一种沟通的微妙方法。假使你是一位初级干部，为了自求更上一层楼，进了一所夜校。这时，你想使上司知道你在进修，但又不愿意爽直告诉他。那么你只要找一位你上司的秘书，告诉她你目前在攻读夜校，还故意说在夜校没有毕业之前，不希望上司知道。你放心，当天晚上你在夜校上课时，你的上司一定已经知道你在夜校进修了。

4. 利用“秘密”来收集情报。办公室里的闲聊，正是中央情报局最好的消息来源。你只要和一人或数人保持接触就成了。记住，你必须以情报来买情报。一个有效的情报员，通常总是以事实来换取事实，以消息来换取消息，以谣言来换取谣言。因此，如果你拥有一份情报，慎勿低估它的力量。因为你拥有的情报不可能长久保密。所以，你应该在你的情报仍有销售价值时，赶紧好好地利用它；而在它枯萎或是爆发之前，尽你所能地将它销售出去。每一个秘密都伴有其自我毁灭的种子，如果你不多加小心——那就会成为毁灭你自己的种子了。

俗话讲，“林子大了，什么鸟都有”。职场中难免有小人，如果遭遇了小人抢功该怎么办？是忍气吞声呢，还是向老板澄清事实？是惹不起躲得起呢，还是联合同盟与小人抗争？

另外，不是你的功劳，你就不要去抢，不管别人知不知道，抢别人的功劳总不是成功的捷径。从贪不贪占别人功劳这一点上，可以看出一个人的职业道德品质。

32. 贪功抢功会令你陷入孤立境地

我不能说我不珍重这些荣誉，并且我承认它很有价值，不过我却从来不曾为追求这些荣誉而工作。

——法拉第

作为一名员工，不是努力工作就可以了，你应该让你的上司看到你的工作成绩，不过，不管在哪个公司或者单位，总有些员工把别人的工作成果据为已有，并跑到上司面前邀功，这时候，你就会感觉很委屈，那么，应该怎么做呢？

在江湖漂久了，见的人自然就多，小人当然是其中之一。凡是小人，他的嘴脸很快就会显现出来，其实对待小人是要运用战术的，所谓“敌进我退，敌驻我扰，敌疲我打，敌退我追”。

首先要提高警觉，不要在人前人后多嘴，让小人有可乘之机；如果遭到小人的抢功，不能手软，打得过就要一棍子打死，让他从此记住不能做坏人，做东郭只能是害人害己。打不过，就闪，而且要快点闪，尽快脱离小人的势力范围。跑慢一点，马蜂就蜇上来了。别担心自己跑了，小人怎么办。山外有山，楼外有楼，自有高手去收拾他；打不过，又跑不了，那就只能磨，用边打边闪的战术，等待转机。

艾伦刚到一家文化公司作业务员，初来乍到，她提醒自己凡事都得小心。没想到，她遇到了一位热心人刘姐，刘姐在工作和生活上都很关照艾伦，这让艾伦感觉很好，不管怎么说，有这样一位老大姐处处帮着自己，总比一个人要好得多。

艾伦工作很努力，做业务员不比别的工作，很多业务都要靠自己去拉、去争取才行。艾伦长得很秀气，说话又有条理，总站在客户的利益上思考问题，这样一来，她手头的客户就在不断增多。

艾伦没把刘姐当外人，有时候自己拉到一个客户很开心，就去找刘姐与自己分享这份快乐，刘姐一直都在夸艾伦好样的，说自己老了，不吃香了。

艾伦也总是安慰刘姐，你比我们这些小辈多出来的是经验，我们应该好好向你学习呢。

当时是说得刘姐心花怒放，可工作还是得看业绩，业绩上不去，什么都是白搭。

有一次，艾伦去财务领工资，她觉得自己的工资不应该这么少，自己上月的业绩很高的，她就向会计索要工资表看一下，无意当中，她发现了事情的诡异：在刘姐的账单上有很多客户都是自己争取来的，可为什么都记在了她的账上了呢?

艾伦问会计，会计说不知道，他只负责把员工的业绩作一下核算，其他都不归他管。

艾伦想到是不是刘姐那里……想到这里，艾伦自己都有些后怕，冷静下来之后，她自己瞻前顾后地反复思考，觉得定是刘姐抢了自己的功，怎么办?

艾伦最后决定到上司那说理去，上司开始的时候还不相信，说刘姐是公司的老员工，不会做出这样的事情来的，艾伦提议把刘姐叫进来两人当面对质。业务员对于自己的客户应该是相当了解的，可是刘姐对于自己单上的客户情况却说得含混不清，这时候艾伦说话了，她把刘姐手中的单子拿过来，把自己如何争取到的客户以及详细的谈话内容说了个一清二楚。

事实大白于天下，刘姐真的走人了。

你辛辛苦苦地干完活，老板看不到已是令人郁闷之极的事，最可恶的是竟然被抢功者横插一杠，吃苦我去，功劳他享，转眼间小人便得了势，逐渐成了上司身边的红人，而埋头苦干者却只能在他的光环下继续暗淡地生活，心中越想越憋气，可又能奈他如何？

像上述故事中艾伦的做法就是相当可取的，应该属于自己的利益就不能被他人抢夺了去，完全可以运用正当途径揭露小人的行为，这样的人在公司里也是待不长久的。

公司犹如一个小社会，形形色色的人都会存在。即使是在团队合作精神盛行的今天，依然难免有个别藏私小人为求功劳而抢夺别人的辛苦果实。此时直接向老板哭诉，可能并不能改变既定的局面，反而还会落得搬弄是非的嫌疑；百般忍让只会更加助长小人的气焰；以牙还牙地互相报复换来的将是无休止的办公室风云。手足无措之际，建议不妨先忍耐一时，等待事过之后再陈述立场，或者将此经历埋藏心中，日后多留一手，也好及早提防。

有人的地方就有江湖的存在。生活在江湖中，怎能不挨刀？当你辛苦做了N天的方案被小人“夺走”，当你投诉无门的时候，该怎么办？

首先，你应该深思，到底是什么原因让小人有机可乘？是自己平时太过相信别人，对人没有防心？谨记不让同样的事再一次在自己身上发生，正所谓“吃一堑长一智”嘛！

其次，认真比较一下双方的实力，如果你有自信且认为自己能力在对方之上，那你可以通过邮件或者值得信任的第三方向上司澄清事实。但在事情没有得到老板肯定之前不要太过于“招摇”。如果上司不相信你的话，当然会选择离开，“斗不过你，我躲总行了吧”，你要坚信下一个工作环境永远是最好的。

李小姐最近比较郁闷，她也遭遇到了被人抢功的事，而且还是她的上司，李小姐感觉自己无法越级向上面解释，只能受到那个“小人”的压迫。也许大家会好奇地问：“那她为什么不跳槽呢?”脚长在人身上，想走的话没有人能拦得住，但是李小姐考虑到自己是一个外地人，能在上海这样的大都市留下工作已非易事。

李小姐认为自己只是一个小小的助理，还没有足够的工作经验，就算跳槽也还只能是一个助理，同样的事也许还会发生，而且她现在所在公司的福利以及今后发展都十分好。在再三考虑之后，李小姐决定还是留下来。

李小姐平时人缘比较好，同事们都为她抱不平，并让她把事实告诉老板去。李小姐考虑自己作为一个初进社会的新人，老板会相信吗?越级汇报不一定是明智之举。这件事也就这样耽搁下来了。

没过多久，李小姐被派去外地出差，老板召集员工开会。

老板在开会的时候，当着大家的面称赞李小姐在这次项目中的表现极佳，其实也是暗示：他知道这个项目的主要功臣是谁，这让李小姐很激动，作为一名新员工是多么希望能得到老板的肯定。

其实大家的眼睛都是雪亮的，“要想人不知，除非己莫为”，你在工作上的表现，大家谁都心中有数，包括你的老板，当然这就需要你有一个英明的老板。

作为一名员工，当你遭遇到被他人抢功的时候，你最好首先会评定自己的能力，如果你的能力不在“小人”之下且“小人”

与老板没什么“亲密”关系，那么建议你通过 E-mail 的方式把事情向老板说明，同时也向老板坦诚自己不会跳槽，看老板是如何处理再决定自己的去留。反之，若老板与“小人”是“世交”，那么，你只好为自己另找“婆家”了。

小人是会始终存在的，但他们也是聪明的，明眼人的做法则会将小人之法学以致用，取其精华去其糟粕，与其斗气，不如自己的度量放宽些。

Kevin 大学毕业一年多，在一家刚成立的电脑公司做业务员。他形容自己是巨石下的小草，拼命挺直身子，在公司里挣扎活命。可近一段时间以来，他发现，自己辛辛苦苦联系的客户，在老板眼里都成了部门经理的业绩。

Kevin 的部门经理资历颇深，有着多年的市场销售经验，曾创下公司销售第一的辉煌业绩，老板对他另眼相看。因为 Kevin 是新人，经理便以“老鸟”的身份处处“关照”，就连 Kevin 的业绩也不放过。

Kevin 每次与朋友们说起这些事，最常用的一个词是“郁闷”。如果不是就业形势不乐观，他已准备寻找新公司了。

后来 Kevin 觉得自己不能这样一味地容忍下去，他的忍气吞声反而会增长部门经理的嚣张气焰，他也开始采取策略进行相应的防范。

Kevin 平时不是一个话很多的人，遇到同事或者其他部门的领导顶多也就打个招呼，现在他不是这样了，他会主动上前多聊几句，他会在和同事的闲谈中透露一下自己的工作进展，这样，其他同事就知道他都在做些什么；有机会与其他部门的领导接触的时候，他也会多谈谈自己的工作，这样一来，Kevin 用自己的行动让上司无机可乘。

小人哪儿都有，办公室里也不会例外。人最郁闷的事情之一就是眼看自己的辛苦付出就要得到回报，却莫名其妙被人摆了一道，要么是功劳被人抢了，要么是成果被人破坏，总之有人就是不想让你得到自己应有的东西。

要生存，自然得跟小人做斗争。首先，被欺负了自然要先找你的老板。老板不是白当的，只要有证据，谁忠谁奸应当能分清。当然，如果事实确凿还偏袒小人的话，这样的“帮会”也没有混下去的必要了。其次，还要寻找盟友，对头势力太强，赶快联合同样受欺负的几个小帮派吧，团结就是力量是革命教会我们的真理。再有，就是要准备好以牙还牙，以毒攻毒，进攻才是最好的防守，留心小人的弱点和把柄，抓住机会，瞅准他的屁股结结实实来一脚，只要别走火入魔，自己也变成小人就好了。

回头想想那些小人也真可怜，整天想着如何算计人，必定也是胆战心惊地过着日子，华而不实，终究将换来可悲的下场。奉劝此等人士：与其整天盘算抢别人的功劳，不如多在自己的业务上下点工夫，让公司少点纷争，多一些和平的氛围，大家工作得才会更开心。

在职场上，想要成为一名优秀的员工必须保证自己作风正派，“害人之心不可有，防人之心不可无”，当你遭遇到被他人抢功的事情，一定要权衡好利弊关系，再采取对策，切不可逞一时之气，在公司里乱发脾气，这样对于事情的解决没有一点好处。

[提示]

1. 想要成为一名优秀的员工，最起码的一点就是做人正直，不是你的功劳不要贪恋，更不要抢夺。

2. 当你被其他人抢功的时候，首先你需要弄清楚是什么原因导致自己成果被其发现的，这个很重要。弄明白了之后，下次你才会引以为戒。

3. 想办法对付抢占你工作成果的小人，在这里为你支招：

（1）如果有可能，也就是说你能够充分证明那是你的工作所得的话，那么，你就到上司那里与小人当面对质，有道是真金不怕火炼，不是他做的，对于工作流程以及细节就不是很清楚，自然也就说不出所以然来。

（2）现在通信手段如此发达，你还可以利用 E－mail 向你的上司反映情况，记住，态度要明确，事实要说清楚。

（3）无论怎样，忍气吞声都不是明智之举，反而会助长小人的嚣张气焰，要记住一点，该是属于自己的功绩不可被他人抢占。

否决他人工作成果是一种忌妒，忌妒别人的才华或者其他方面的特质。其实，对他人工作成果的否决，对你自己的工作一点好处都没有。如果你经常那样做，慢慢的同事就会疏远你，上司也会重新评定你的为人。

想要成为一名优秀的员工，就必须注重团队协作精神，那么，否决他人工作成果是最无谓的事。

33. 否决他人成果是最无谓的事

牺牲眼前的一些虚荣，日后就会大有收获。当荣誉一时尚未确定归属的时候，某些虚荣心比你更强的人就会跃跃欲试，把荣誉据为己有。但是过后，甚至心怀忌妒的人，也会倾向给你公正的评价，拔下那些冒名插上的羽毛，把它奉还真正的主人。

——富兰克林

现在越来越多的企业与公司都讲求团队协作精神，在一个团队里不论你的同事做出的成绩是大是小、是多是少，都应该给予正面的表扬和夸奖。要知道谁都愿意听好话，这样还可以充分调动同事的工作积极性，你们的工作氛围也会更为快乐开心，工作效率也会更高。不要因为妒忌心的唆使或其他原因而去否决他人的工作成果，不管是对搞好同事之间的关系，还是对于你们之间的协作都没有任何好处。

所以说，否决他人成果是最无谓的事。

郭杰是一家装饰公司的一级设计师，他本人有些桀骜不驯，对于工作的要求很高，与他合作的同事都知道这一点，在很多细节上都很小心谨慎。郭杰还有一个毛病，脾气颇大，生气发火的时候让一般人接受不了，不过，他一向都是对事不对人，可是即使这样，大家还是对他有些望而生畏的感觉。

郭杰手头正负责一项较大的装修设计工程，他把工作划分了一下之后，同事们都开始了工作，最后定稿还是郭杰说了算，大家通常都是做一点就去和他商量一下，研究哪种做法或构思比较好。

小刘刚毕业不久，有幸加盟在郭杰手下做事，他是一个热情活泼的人，工作起来很有激情，他的这种工作状态影响着周围的同事，大家都觉得有了小刘之后，整个工作室比以前轻松了很多。郭杰对小刘就有些看不惯，郭杰是一个严肃的人，很多时候表情都没有一丝笑意，这也是大家对他有些怕的原因之一。

小刘把自己负责的那部分设计稿拿给郭杰看，小刘觉得自己做得还不错，谁想到郭杰大为动怒，全盘否定小刘的设计方案，这让小刘有些不知所措。小刘拿着自己的设计图垂头丧气地走出郭杰的办公室，好心的同事都过来问出了什么事，想看看能不能帮上忙。大家看过小刘的设计图，有很多人都在心中暗自称赞，这是一个很不错的设计啊，但谁都不敢说出来，不过郭杰在大家心目中的形象就大打折扣了。

后来有些人就在私下议论，郭杰可能是怕小刘超过自己，才否定小刘的设计的；也有的人说是郭杰看不惯小刘开朗活泼的样子，才这样的……反正说什么的都有，不过，大家都站在小刘这边。

上述故事是一个很典型的否决他人工作成果的例子，先不说郭杰是出于什么心理否决小刘的设计的，不难看出的是郭杰原本在同事心中的好印象在不断降温，也许还有人想这样的事指不定哪天就会让自己撞上，虽嘴里不说什么，但大家心中都有数，表面上敢怒不敢言，背地里都在为小刘心感不值。这样下去，同事们就会开始逐渐疏远郭杰，一个再有才能的设计师，没有了同事的协作就如同把一个钢琴家关在一个没有钢琴的房间里一样，不会做出成绩来的。

否决他人的工作成果是最无谓的事，也是在对自身的间接伤害，会因此而失去在同事心中的好印象，同事也会重新评定这样的人，甚至会远离。

凯琦毕业之后在众多毕业生中脱颖而出，成为一家名气远播的文化公司的员工。凯琦气质很佳，来公司没多久，就很招部门主管的喜欢，这对于一个新人来说是很重要的。

当凯琦正准备大展拳脚的时候，半路杀出个程咬金来，同一部门的张华总是有意无意刁难凯琦，一份文件她总能挑出不大不小的毛病，让凯琦复印好几回。在工作中像这样类似的事情时有发生，凯琦觉得她是故意的，明明自己做得没有闪失，她也会在鸡蛋里挑骨头，凯琦也很烦闷，去向主管反映，自己刚来，主管能相信自己吗？后来，凯琦心想，虽说是不大不小的毛病，不过终究是毛病，自己以后多加注意就好。

凯琦工作起来更用心了，张华找不出什么毛病来了。凯琦也过了一段太平生活，可是好景不长，主管把一个企划案交给张华和凯琦，让她们一起来完成。凯琦心里直打鼓，不过，她觉得如果自己做得滴水不漏，张华还能如何刁难自己。

张华在公司的资历较老，有很多工作上的经验，凯琦也在偷偷学习，开始进行的还算顺利，最后她们把企划拿去向主管汇报工作的时候，张华没把凯琦的文案拿去，在主管面前说都是自己亲力亲为的，敢情凯琦什么都没有做。

主管有些不太相信，问凯琦意见，凯琦当然不会错失这个好机会，她把自己的创意都说了出来，主管问，我怎么没看见你的文案呢？

这时候，一直不开口的张华首先说话了，哦，可能是我刚才来的时候忘拿了。

其实，主管心中早就有数，否则他就不会问凯琦了。

可想而知结果如何，主管最后采用了凯琦的创意，对于张华只是说了句要多注意同事之间的团结协作。

在同事之间，否决他人的工作成果是最愚蠢的做法，你一个人的否决没有一点作用，在上司那里对于每一个员工都心里有数，你又何必拿这么拙劣的行为出来现丑呢？第一，对于以后同事之间的协作只能是有害无利；第二，这样做，会让上司感觉你是一个心中不能容纳他人的员工，再有什么重要的工作，他就不会放心地交给你去做；第三，如果做得相当过分，到了谁都无法容忍的地步，那么你就只能走人了。

很多时候，对于他人工作成果的否决，都是一种妒忌心理在作怪，妒忌某人身上的某一点，而这正是自己所欠缺的，说起来，这样的人真的很可悲，自己没有的也不能容忍他人有之。其实，这可以通过自己的心理调节来改变的，知道是自己身上没有的东西，那么就应该承认，并且也是可以通过自己的改变来完善的。这样岂不是更好？

想要成为一名优秀员工，想要在职场上打拼一片属于自己的天下，忌妒之心要不得，否决他人的工作成果的想法更不能有。

［提示］

1. 身在职场的你，切记不可轻易地否决他人的工作成果，工作成果都是同事一片心血得来的，也可谓来之不易，你可以提出自己的不同看法，但是，否决却是最无谓的行为。

2. 如果你遇到百般刁难你的同事，那么你就需要用你的聪明才智来使自己摆脱这样的处境。针锋相对对于事情的解决没有一点好处，最好能抓住机会，让其自己露出原形。

3. 想要成为一名优秀的员工，那么记住你要特别注重团队协作，否决他人成果的行为与想法都不能有。

变色龙温顺而又不具备猛兽般的攻击性。然而，它们却广泛地分布于地球的各个角落——无论怪石嶙峋、寸草不生的险峰，还是酷日当头、干旱无比的沙漠，都留下它们悠然行走的踪影——随着环境的变化而变化是变色龙得以悠然生存的唯一法宝。

面对不断变化着的职场环境，职场人唯有像变色龙一样，随时随地地跟着环境的变化而改变自己，才能迅速地适应它，才能在这竞争日益激烈的职场中赢得更多胜出的机会！

34. 做一只尽快适应环境的变色龙

人，只要有一种信念，有所追求，什么艰苦都能忍受，什么环境也都能适应。

——丁玲

变色龙躲过猛禽恶兽得以生存的唯一法宝，就是它拥有超强的能随环境而改变自身颜色的特性。这一特性也正是大型跨国企业里的优秀员工所必须具备的。

全球经济一体化使国际间竞争日益激烈，尤其是世界500强这样的大企业，都呈超大规模化、国际化和内部分工多样化的企业格局。所以企业客观上越来越要求员工，尤其是那些精英员工必须具备适应改变工作环境和工作模式的能力。

浅苍兰是西门子集团的一位传奇人物，大学毕业时，迫于生计，她舍弃了深爱着的服装设计专业，加入了当时规模还很小的西门子工作，做了一名普通的车间工人。

很快她就适应了新的工作环境，以稳重、刻苦的工作态度赢得了大家的一致好感，与此同时，她还提出了不少改进工作的方法，被公司采用后大大地提高了工作的效率，获得了上司的赏识。

两年后，因为操作经验丰富，领悟能力强，她被调到了西门子的新产品研制部门。这对浅苍兰来说是一个完全陌生的领域，对设计一无所知的浅苍兰利用一切可能的时间学习相关的知识，很快就掌握了相应的技术，并成为了一名主力科研人员，在她和同事的共同努力下，开发出了很多非常受欢迎的新电子产品，为西门子的发展壮大立下了汗马功劳。

后来经济危机袭击日本，电子产业遭受到了前所未有的致命打击，浅苍兰受命于危难，担任了美洲地区的销售经理，很快就创造了惊人的业绩，为西门子产品打入美国市场奠定了基础，同时也帮公司渡过了难关。

十几年里，浅苍兰几乎从事过西门子公司所涉及的每一种工作，不管到哪里，不管从事什么职业或者职务，她都能像水滴渗入沙子一样迅速地适应新的环境，并依靠自己的才干迅速地为公司打出一片新天地。

正是靠着这种强大的适应能力，她从一名普通的员工，一步一步一直走到西门子公司美洲地区业务总代理的显赫职务，创造了西门子公司的一个员工神话！

不管在什么岗位、什么工作地区都能迅速地打造出一片新天地的员工，必将成为各类企业都想积极拥有的高级人才！

害怕新环境，不愿意适应新环境的员工，无疑在拒绝新环境的同时，也拒绝了新的发展和表现自己的机会！

企业都是在竞争中不断地发展的，它们必须不断地开拓新的市场，而决策者们更喜欢把那些像变色龙一样，能够迅速适应新环境的优秀员工安排到更为重要的工作岗位上去。他们迫切需要的是这样的员工——

“我行！”

“我可以！”

“我能适应！”

“我到哪里都能做得更好！”

任何企业中的每一位优秀员工，从来就不怕工作环境的改变，相反的，他们把这视为进一步提高自己的契机，是公司在给自己提供锻炼适应环境的能力的机会，从而更充分地发挥出自己的聪明才干。而那些拒绝去适应新环境或者害怕面对新环境的员工，只能在企业的发展中越来越默默无闻，最后惨遭淘汰。

变色龙一样的员工，不管在什么环境下都可以快速地适应并融入到新的工作中，打出一片新天地，他们才是优秀企业最需要的人！

“物竞天择，适者生存”，不但是达尔文生物进化论的理论基础，同样也是职场上每个员工必须遵循的必然法则。

职场上只有像变色龙那样拥有顽强适应能力的员工，才可能在变化、发展的企业里获得自己的一席之地！而那些适应能力差的员工，即使有恐龙一样的力量，仍旧难逃被淘汰的命运。

一次，松下集团为了选拔一位南美区的总负责人，在全世界的各个部门内寻找最优秀的人选。经过激烈的竞争和层层选拔，最后剩下两位最优秀的松下中层主管被送往总部接受总裁的面试。

两位主管，一位来自美国松下公司客服部的经理马克·戴维；另一位是来自马来西亚松下公司产品开发部的负责人日籍马来西亚人阿巴蒂姆。两人都在松下公司任职多年，并且各自都有过辉煌的业绩。这次在众多的松下员工中他们能脱颖而出，也充分显示了他们不俗的实力。

两人都满怀信心、兴高采烈地来到日本松下总部。进总部之前，他们都思索着总裁会给他们出什么样的题目，我该如何回答。但是，他们并不怎么担心，一路过关斩将地到了这里，对他们来说什么样的难题都已经经历过了。

他们接到通知："总裁松下幸之助先生让你们去东京帝国酒店，在那里你们将会得到面试。"

东京帝国酒店？那可是全日本最好的酒店，他俩兴冲冲地赶到了帝国酒店。酒店经理听了他们的来意之后，笑容可掬地对他们说道："松下先生让你们在我这儿做一个星期的服务生，这就是他给你们的面试题。"

"服务生？"戴维和阿巴蒂姆一脸的惊愕，酒店经理看了看他俩僵硬的表情，依然笑容可掬地继续道："从现在开始你们已经是我的员工，根据酒店的安排你们可以去洗厕所了。"

"洗厕所？"戴维和阿巴蒂姆简直有些不敢相信自己的耳朵，酒店经理拍了拍惊呆了的俩人的肩膀喊道："干吧！必须把马桶洗得光洁如新，记住是光洁如新！"

洗厕所，说实话没人爱干，何况他俩都是松下的精英，年薪过百万的高级职员。别说干了，就是想也没想过自己有一天会去洗厕所。那种视觉上、嗅觉上以及体力上的折磨都会令他们难以承受，心理暗示的作用更是让他们忍受不了。

经理那句重点强调的"光洁如新"更是让他们犹如挨了一记闷棍，打得他们措手不及。做还是不做？已经没有让他们有多少考虑的时间了，既然来了他们谁也没有想过要放弃。

当马克·戴维的手拿着抹布伸向马桶时，胃里立刻有如翻江倒海，恶心得想呕吐却又吐不出来，太难受了。他甩下抹布，冲出了卫生间对经理说道："上帝！我干不了这个！"

酒店经理微笑着对戴维说："你去看看阿巴蒂姆是怎么做的吧！"

马克·戴维来到阿巴蒂姆擦洗的那个卫生间，只见阿巴蒂姆高高地挽起他洁白的衬衣衣袖，拿着抹布一遍遍地认真地擦洗着马桶，直到擦洗得光洁如新。然后从马桶里盛了一杯水，毫不犹豫地喝了下去！

他拿着空杯子微笑着对皱着眉头的戴维说道："'光洁如新'！要点在于'新'，新则不脏，因为不会有人认为新马桶脏，反过来讲，只有马桶中的水达到可以喝的洁净程度，才算是把马桶抹洗得'光洁如新'了，而这一点已被证明是可以办得到的！"

戴维听了他的话，目瞪口呆，恍然大悟："就算一生洗厕所，也要做一名洗厕所最出色的人！"戴维敬佩地握了握阿巴蒂姆的手，回到自己的那个卫生间，也将马桶擦洗得"光洁如新"。

当然，最终阿巴蒂姆成了南美地区的总负责人。马克·戴维在离开东京前握住阿巴蒂姆的手说："这次你赢了！不过，下次胜出的将是我！"

在新的环境下特别是在这种反差极大的环境下，阿巴蒂姆能够像变色龙一样迅速调整自己的颜色——心态，与新环境融为一体的本领使他赢得了这个难得的职位。戴维虽然在阿巴蒂姆的启发下也做出了调整，但毕竟他已迟了一步。

面对艰苦的环境，任何员工都应该清醒地意识到，一味地抱怨是没有丝毫用处的，与其将精力和时间花在这上面，倒不如让自己去主动适应它！

而最先适应环境的员工，往往能够最先在新的工作环境中站稳脚跟，在激烈的竞争中他们的业绩就能高人一筹！

在很多企业的老板眼里，凡是那些对任何环境都有很强适应力的员工，大都是具有才华的人，因为他们的学养、他们的技能、他们的经验完全能够让自己轻松驾驭任何一种工作，也绝不怕工作环境的改变。这样的人当然也就越容易被主管发现和重用！

职场遵循的是适者生存的法则。是像恐龙一样被环境所淘汰，还是像变色龙一样顽强地生存下来，完全看你的适应能力！

职场中哪有那么多称心如意的岗位等着你去就任？又哪有那么多的事情可以随心所愿、顺水顺风？而一名真正出色的员工，在环境发生改变的时候，不是抱怨，也不是试图让环境来适应自己，而是去努力、主动、乐观地适应新的环境。

适应，既是一种磨炼，也是让事情向好的方向发展的崭新开始。当你还无法适应环境的时候，可能会觉得一切都很残酷，一切都得从头开始，甚至还会担惊受怕。而当你适应了以后，就会发现，你原本担心的许多事情其实并没有想象的那么可怕。

最为重要的是，既然你已经进了职场，那么这些就是应该也是必须面对的挑战！

优秀企业在选拔人才的时候，往往会先把这些员工安排在最艰苦的新岗位上去考验，缺乏适应能力的员工只有被淘汰，而那些能经受住考验，迅速适应新工作的员工才会被委以重任！

尤其是那些进入微软的员工，听到的第一句话往往是："你的学历和现有的知识说明不了任何问题，唯一能够影响的就是你三个月以内的底薪。因此你的一切必须从适应开始！"

微软是这样说的，也是这样做的。他们总是通过定期地更换工作环境，来磨炼员工的适应能力的。

在微软公司里，每一个员工在同一个岗位大约只能待三个月，然后就被安排去干别的工作。因此，微软的员工可以说一直处在一个不断变化的环境中。为了更快地适应环境，每个员工都不得不自发地努力学习相关的知识，熟悉不同的工作，了解整个公司不同部门的不同需求。

从短期利益上看，如此频繁的人员调动可能会影响到员工业务的熟练，可是从长远看，这却是对员工适应能力的绝好锻炼。

更有助于他们发挥自己对工作的潜能和创造性。也只有这样，整个微软公司才能永葆一种生机勃勃、蒸蒸日上的态势。

任何新的工作都不是一件很难介入的事情，只要你有很强的适应能力，不管做什么工作，其实都能很快地做到得心应手！

而那些越是优秀的员工，在艰苦的环境里越是表现出顽强的韧性和乐观的态度，因为他们知道，适应工作环境的过程就是一个学习、播种的过程，环境越艰苦，往往收获也就会越丰厚！

丹妮尔女士是联合国难民署的一名官员，工作的性质决定了她必须经常性地来往于世界各地，而且工作的环境还异常的恶劣、艰苦。

很多男性同事都因为工作环境太过艰苦、工作地点变化过于频繁而调到了别的部门，只有丹妮尔在这个岗位上一干就是数年。

是什么力量让她能够一直坚持下来？在回答记者提问的时候她不无自豪地说："我认为我从事的是一项很伟大的工作，能够使千万的难民从战争和饥饿当中解放出来，我感到很光荣，虽然环境比较危险和艰苦。但我把适应这些都当作人生的一种磨炼，有时候这些痛苦会成为别人无法理解和得到的宝贵财富！"

丹妮尔的工作获得了千万人的理解和支持，也激发了无数的员工到更艰苦的环境中去锻炼自己，去寻找那些"别人无法理解和得到的财富"。

想想吧，变色龙能够从千百万年前一直繁衍生存到今天，而且仍旧保持着旺盛的种族活力，不正是因为它们能迅速适应各种不同环境的磨炼吗？

再想一想，经受不住环境的磨炼而灭绝的恐龙，是不是同样会给你的心灵带来悸动？

职场也是如此，只有那些像变色龙一样适应并战胜了环境挑战的员工，才有可能成为一名优秀的员工。

[提示]

1. 想要成为一名优秀员工吗？那么，请记住越快适应环境的人，越早做出成绩。当你面临一个全新的工作环境的时候，告诉自己“我行”、“我可以”，心理暗示也是一种具有魔力的武器。

2. 想要做一只适应环境的变色龙，那么，你就要对你所处的环境多那么一点点好奇和探究的成分，好奇心就如同孩子的童心一样，会使你工作具有无限激情与动力。

3. 对于你所处的环境不需要抱怨，因为这是工作不是在挑选自己喜欢的房间，当你把工作放在第一位的时候，你就不会再抱怨什么了。

废弃文件，顾名思义就是对工作再无意义的文件，这些文件并不应该像生活垃圾一样随手扔掉。因为文件上所记录的信息流失很可能会影响工作的正常运行。在一些大的企业当中，废弃文件的处理，是企业日常工作当中的重要一环。

35. 废弃文件要妥善处理

千里之堤，溃于蚁穴。

——《孟子》

在我们的生活当中，会产生很多垃圾，通常我们对这些垃圾的处理方法都是直接扔到垃圾筒里面，然后自然有环卫工人对其进行分类处理。在工作的过程中，因为时间的推移、项目的完成、工作内容的改变，都会产生一些过期的、无用的废弃文件。那么这些文件是不是随手扔掉就可以了呢？

废弃文件和生活垃圾并不一样，尽管它对公司已经没有任何实用价值了，但是废弃文件里面往往记录着大量的信息，这些信息处理不好，可能会对工作产生极为不利的影响。

微软公司在运营过程中最大的对手不是来自于同行的竞争企业，而是来自于美国政府。为了防止个别公司垄断市场，影响正常的市场秩序，进行不公平竞争，美国政府出台了一系列反垄断的法律，甚至还有专门处理企业垄断行为的司法部门。

微软是世界上最大的软件业巨头，高份额的市场占有率使其吸引了反垄断部门的密切注意。微软本身也很清楚这一点，所以相关的保密工作做得十分到位，尽管相关部门一直怀疑，但是苦于拿不出有力的证据，也只好让微软为所欲为。

正当微软在市场竞争中大展拳脚的时候，比尔·盖茨的桌面上出现了一张美国司法部的传票。在这场官司当中，司法部出示的证据让比尔·盖茨大吃一惊，很多证据都是微软公司的高度机密，如果没有内奸的话外人根本就无法掌握。

最后，微软虽然依靠着强大的经济实力和世界上最优秀的律师逃脱了这场官司，但是也伤了不少的元气。回去以后，比尔·盖茨马上组织人调查机密是如何泄露的。

经过整整三个月的严格盘查，最后终于找出了消息泄露的来源——问题竟然出在一个清洁工身上，原来这个清洁工被微软的一个商业竞争对手高价买通，每天他把微软总部各个办公室的废弃文件都收集起来，甚至是一些小便条都不放过，然后经过分类整理，交给对手。

正是从这些废弃的文件当中，对手掌握了很多关于微软垄断经营的证据，并把它偷偷地交给了司法部，打了微软一个措手不及。

随着先进科学技术在生产当中的广泛应用，企业相关信息的保密性要求也就越来越严格。企业的机密一旦泄露，轻则在竞争中失去优势，或者损失大量利润，重则可能导致企业全面崩溃，陷入破产的境地。而收集废弃资料是商业间谍窃取企业机密的主要手段之一。所以对待工作中的废弃文件，千万不要粗心大意，处理废弃文件应该成为正式工作当中的一部分，而且是相当重要的一部分。

废弃文件处理不当，也可能会给个人带来不必要的损失。

一天，小李到银行去取钱，却发现自己账户上的8万多元存款竟然不翼而飞。他欲哭无泪，只好报了警，1个月过后，案件侦破了，原来是别人冒用他的名字制作了假身份证，取走了存款。

小李感到很奇怪，自己的身份证号码和银行账户从来没有向别人透露过，为什么犯罪分子会有这些重要信息？

原来，小李平常取钱的时候把存根和填写失误的废弃表格都直接扔进了银行的垃圾筒里，犯罪分子正是从这些看似无用的废纸当中找出了小李的身份证号码和银行账户。

如上面例子中所说，一些携带有个人重要信息的废弃文件，一定要彻底销毁，以免留下安全隐患。银行一般没有碎纸机，要把存根和失误的废弃单据撕碎然后扔掉，或者带回家烧掉，以彻底消除安全隐患。在公司的话这类废弃文件要用碎纸机粉碎以后再丢弃。

档案，是企业文件当中的最重要部分，所以对过期的废弃档案处理要更加慎重。

张师傅一天下班回家，发现自己家的邮箱里放着一张催款单，上面写着他共拖欠养路费6000多元，加上罚款4000多元，限期到交通管理部门交齐，不然就法庭上见。

看着这张催款单据，张师傅哭笑不得：自己有3年多都没碰过车了，哪来的什么养路费？疑惑之下只好去交通队查询。查询的结果让张师傅大吃一惊，交通队的档案里明确写着，他有一辆私人轿车，3年以来一直都没交养路费。张师傅这才想起来，自己以前确实有一辆轿车，不过3年前出了交通意外，车被撞毁了，当时还是交通队处理的。

他赶忙把这个情况反映了过去，交通队一查资料，果然如此。当时处理完交通事故以后，张师傅的车辆档案一直没有销毁，后来交通队内部人事调动，就更没有人管了，结果才会闹出这么一出笑话。

幸亏3年前的处理记录还在，不然张师傅可真是百口莫辩了。废弃档案的处理不当很可能引发严重的问题。比如一家国有企业的一位老职工，退休以后厂里每个月都会按时把退休金打到账户上。后来该职工去世了，家人也向厂里打过招呼，按正常处理步骤，该职工的档案应该废弃销毁或者封存了。可是厂里却疏忽了，每个月照样往原来的账户上打钱，职工家属还以为是厂里给的福利，心里都很感激，一直过了5年工厂转制，彻底清查废弃文件的时候才发现，这时候已经给这个早就不存在的退休职工发了接近10万元的退休金了。

那么，究竟怎样处理工作当中的废弃文件呢？个人废弃文件和日常工作当中产生的垃圾文件，要一天一处理，先用碎纸机粉碎，然后集中处理掉。

对于企业的重要文件，如来往商业信函、员工档案、工作计划、产品档案等则需要建立完善的文件废弃管理规章制度，安排专人进行处理。

为了加强对过期档案、废弃文件的鉴定销毁工作，可以成立过期会计档案鉴定销毁工作小组，负责日常工作。

废弃文件、过期档案的鉴定工作业务性很强，必须做到认真细致，严格把关，绝不能走过场，更不能按保管时间搞“一刀切”。如果对鉴定标准把握不准，档案专业能力和力量不够，可以委托专业性中介机构进行鉴定。

经鉴定后需要继续保存的档案和文件要重新装订，重新划定保管期限，单独排列编号后集中保管。经鉴定需要销毁的档案和文件要仔细清点并造具详细清册，销毁之前要做好详细记录，存档备查。大量销毁废弃文件的时候，为了安全、保密，加强监督，应该实行定点、集中销毁。

［提示］

1. 并不是所有的废弃文件都需要销毁，有些重要文件，虽然没有什么实际价值，但是日后可能会查阅。此类文件要封存，封存应在文件袋上贴上标签，记录好封存的日期和经手人员，然后放在特定的文件柜中锁好。

2. 工作当中要养成把废纸放好，下班时候直接用碎纸机粉碎的习惯。不要把什么废弃文件都直接揉成一团，扔进纸篓。

3. 公司的重要机密信息不要放入互联网，电脑上的一切废弃文件不要直接删除，更不要简单地拖入回收站。这样做黑客很容易就可以把文件还原，而应该用专业的软件对废弃文件进行彻底清除。

你在人多的场合一不小心，一旦失言，你的话就可能中伤到某个人，引来祸端。在任何地方和场合，针对任何话题，都要做到说话看场合、有分寸，这不仅是在同事之间，也包括在朋友，甚至是夫妻之间都应该注意说话的分寸。

36. 多注重自己的言谈

与人善言，暖于布帛；伤人之言，深于戈戟。

——《荀子·荣辱》

职场上，我们每天和同事、领导之间难免有话要说。说什么、怎么说、什么话能说、什么话不能说都很有讲究。可以说，在职场上说话也是一门艺术。很多时候，有些人吃亏了还不知道是因为什么，其实原因可能很简单，那就是因为没能管住自己的嘴巴。

人多的场合说话更要注意，该你说的就说，不该你说的你就不要说，而且是不能说。如果你是一个口无遮拦的人，言多必失，你就会指不定哪句话就得罪了某个人，这对于你搞好同事之间的关系极为不利。

千万别把说话不当回事，越是人多的场合越要少说话，常言道“祸从口出，言多必失”，说话也是门学问，如果你想成为一名优秀的员工，那么就得注意这样的细节。

细节决定成败，有很多员工工作能力并不差，但一直没有得到提升，为什么呢？因为他们不懂得做人的学问，不会说话，冷不丁来一句话就能把人给饿死，同事不乐意与之亲近，上司也不愿意把重要的工作交给他完成。

很多员工都会在工作之余闲聊，大家聚在一起，开始的时候还有所顾忌，慢慢地随着话题的深入，本来的精神防线放松了警惕，很多不该说的，属于个人秘密的话也给说出来了。

如果你不想给自己惹不必要的麻烦，那么在人多的场合说话一定要慎重，切不可一时兴起，想说什么就说什么，一定要管好自己的嘴巴，不该说的就是不能说。

职场中，在关键时刻必须说出的关键的话，是决定你成功与否的重要因素。说话不仅仅是一种信息和情感表达方式，更是一门艺术。越是人多的时候，说话越应该慎重，特别是公司里的信息，不可以肆意张扬。

孙文刚刚得知公司有一项非常重要的工作出了问题，他冲进本来十分安静的办公室，慌里慌张地脱口而出，办公室里一下子炸开了锅，大家都在议论纷纷，正常的办公秩序没了。

上司看到外面混乱一片，从里间的办公室里走出来，大声问道："怎么回事?"

同事们七嘴八舌地开始说出了什么事，上司好不容易弄清楚是怎么回事，又问："这是谁说的?"

大家把目光投向了孙文，上司的脸上呈现出不悦的神情，看向孙文，然后说："孙文，你来我办公室一下。"

孙文马上意识到事情不妙，自己不应该在办公室里大声宣扬的，可是已经晚了，低着头跟着上司进了办公室。

孙文先开的口："我刚才太冲动了，我不应该在办公室里宣扬这件事。"

上司坐在办公桌的后面说："你看到了，整个部门一片哗然，怎么继续工作?"

孙文的头低得更低了，上司接着说："出现问题，总有个解决的方式，你应该先来跟我说，而不是在部门里引起骚动，这样会引起恐慌的。"

孙文赶忙点头答应着。

孙文上司的话说得很对，也很在理，其实，这种事情对于员工来说遇到也不奇怪，不过孙文的处理方法就很欠考究了，上司会质疑他处理危机的能力。最佳做法应该是这样的：先把自己得知的消息向上司汇报，而且你应该以不带任何情绪起伏的声调，从容不迫地把事情说出来，这样就会让上司感觉你是一个面对危机冷静果断的员工，并且理解为你会与上司站在统一战线上，把这件事处理好。

如果孙文是这样处理的，那么在不动声色之间，潜藏着的危机问题就会被解决，而且这件事只有他和上司知道，上司在以后的工作中或许就会把他当作自己的心腹，有什么事都会与之商量，并且部门正常的工作氛围没有受到一丝伤害。这样双赢的事情，何乐而不为呢？

在人多的场合一定要把握好说话的分寸，该说的说，不该说的一定不要说，特别是关乎公司机密的地方，更应该慎之又慎。

李洪在一家文化公司做公司经理的秘书，她平时就是一个话很多的人，在刚开始上班的那段时间里，经理就把话先说明白了，“你作为我的秘书，不管在哪里说话都要注意，不管是公司内部的事情还是公司对外的业务都不能说，特别是还没有正式通知之前的那段时间里，你作为秘书自然会比其他人知道得多一些，但一定要注意说话的分寸。”

李洪当时嘴上没说，心里却在想，我做秘书不是一年两年了，我自有分寸。她只当经理是在啰唆，就没太往心里去。

没过多久，经理想要裁员。原来公司里的员工实在太多，并且有的工作只需要一个人就可以完成，现在却要两个或三个人来做，人多了就会相互比较，谁做得多谁做得少，反而影响了工作效率。

经理向李洪要了一份详细的公司员工名单以及近阶段的工作业绩，并反复推敲此事。经理虽没有向李洪明说这件事，但李洪凭借她多年的秘书经验已经知道经理想要裁员。

在公司里，李洪有一个相当要好的朋友，如果不是她的推荐与介绍，李洪也不会来这里上班。李洪在心里把这件事憋了好几天，一直在寻思该不该告诉好友，后来还是决定说了，她觉得这事反正迟早要让大家知道的，再说我现在只对我的好朋友说，应该没什么大不了的。

自从李洪对好友透露了公司要裁员的消息，到经理家造访的雇员就突然多了起来。经理感到很纳闷，怎么这两天到自己家中来的公司员工这么多，而且都在说自己的工作上面的事情，无形当中是在暗示自己工作很努力。经理觉得必然事出有因，难道是自己裁员的事情走漏了风声？可这事只有自己和秘书李洪知道，难道是李洪走漏了风声。

第二天，经理就把裁员名单直接贴了出来，上面赫然写着李洪的名字。

李洪被裁员怪不得别人，只能怪她自己。经理最后的那句话说得很有道理，“你只告诉过一个还不够吗？有一个人在闲聊的时候说上一句，很多人都会知道……”李洪就是考虑不周全，她只想到了自己的好朋友，那么，好朋友就不再有其朋友了吗？一个不能为经理保守机密的秘书，不走人留之何用？

想要成为一名优秀的员工，在言谈上就应该多加注意，如果你不注意这个细节，那么吃亏的人一定是你自己。

［提示］

1. 在同事闲聊的时候，可以尽量说些与工作无关的话题，既可以使紧张的神经得以疏解，也不会说出不该说的话。

2. 当你得知公司一项重要的消息，一定不要在公司里大肆张扬，特别是不利的消息，最佳处理方式是先去找你的上司，用平静的语气把事情的来龙去脉说清楚，让上司来决定如何处理。

3. 不要把公司的内部机密告知任何人，这也是作为一名员工最起码的职业操守。

职场之上，越来越重视团队协作，搞好与同事之间的关系就变得尤为重要。多发现同事身上的优点，多承认和赞许他人，你与同事的和谐共处的热度就会如雨后春笋般节节高升。

37. 多赞许和承认他人

不会宽容人的人，是不配受到别人的宽容的。

——贝尔奈

上班族大部分时间都跟同事在一起，没有多少机会跟同事以外的人结交朋友。如果不跟身边的同事做朋友，烦恼就不能及时倾诉，压力就不能及时排解。实际上，同事跟你一样，也都是普通人，有血有肉有情感，只要以真心换真心的方式与之相处，是能够成为朋友的。

当然，同事朋友毕竟是特定环境下的朋友，与普通意义上的朋友有所不同。跟普通朋友相比，同事朋友之间往往存在既合作又竞争的关系，很多时候还会出现利益冲突。因此，处理好与同事朋友之间的关系，更需要一定的技巧。

话说回来，在职场上的每个人都希望能与同事搞好关系，这样工作起来也会变得轻松许多，那么如何才能搞好你与同事之间的关系呢？多站在他人的立场与角度上看待事情，多体谅一下对方的感受，多给予同事一些承认与赞许，如果能这样去做，那么你与同事之间的相处就会和谐而又温馨。

高洁现在是一家企业的部门主管，不过，她在刚进入这家公司的时候，也是一个不懂世事的“菜鸟”，她很庆幸遇到的第一位上司是一个通情达理、体恤下属的好大姐。

高洁的这位上司名叫李云，高洁到公司的第一天，就感觉到了她是关心包容同事的上司。高洁毕业于名牌大学，她自身也就有些优越感，见到主管之后，她不再那么优越了。他们一行招聘来的有3个人，主管看着眼前年轻而充满活力的大学生，脸上流露出来的是羡慕之情，“你们好，我是李云，也将是你的部门主管。你们有的是你们的青春与激情，当然还有你们很高的学历，现代企业就需要这样的年轻人。以后在工作上有什么需要我的地方可以尽管来找我，刚开始的时候，是我在教你们，慢慢的你们就会把你们的所得再教给我，总有一天，你们中会有人超越我的……”

高洁有感于李云这样的一番话，对待新人早有耳闻，很多公司是不看好的，没想到李云这样赞扬他们，无形当中，感觉这位上司是很容易亲近的。

李云是一位30出头的已婚女性，但是，她工作上的干练不是一般年轻人可以相比的，除此之外，她为人正直乐观，同事们都这样说她，“李云用她的乐观点燃着自己，同时也照亮了她周围的人”。

在以后的工作中，高洁真切地感受到了这一点。

有一次，高洁负责编写打印一份文件，她在学校里就是出了名的打字高手，这小小的文件不算什么。没过多长时间，高洁拿着打印好的文件去向李云汇报，李云接过文件，向高洁投来赞许的目光，“年轻人就是好，打字速度很厉害。”

接着她开始认真地看这份文件，几分钟之后，李云说：“高洁啊，我可能真的老了，这里我看得不是很清楚，你来给我看看。”

高洁一看，哎呀，自己把一个重要的数据给少打了一个“0”，“主管，我太毛躁了。”

李云并不生气，用柔和的眼睛看着高洁，“其实谁都会犯错误的，我刚到公司的时候，还不如你，高洁其实你很优秀，真的。”

时至今日，李云对高洁的承认与赞许，她仍然牢记在心。李云很少批评下属，她总是能让人心服口服，也正因为如此，同事们都很敬仰她。

李云的那句话说得很对，“谁都会犯错误”，一般来说，当事人认识到自己犯错误的时候，内心都会自责，如果这时候再对其批评或者训斥的话，就会产生两种后果：一种是会变得叛逆起来；另一种则是变得自卑。也就是说，这时候的动怒对事情没有一点好处，而且你还有可能失去一个工作上的合作者。

高洁的处理方式就显得相当智慧，她总是在承认和赞许对方身上的长处，委婉地指出工作中出现的闪失，面对着这样的上司，下属必然是赴汤蹈火在所不辞。

对他人的承认与赞许就如同化学催化剂，它会在人与人之间绽放出美丽的花朵。

同事之间本来存在竞争，也就有干好、干坏之分。干得不够好或较差的一方心理上一时不平衡是完全可以理解的，干得较好的一方一定要照顾到对方的这种微妙心理，在对方面前注意放低姿态，承认和赞许其在小事情上的良好表现，尽可能帮助对方提高业务水平。切忌趾高气扬，给对方造成更大的刺激。

华强与赵民一直都是工作上的搭档，而且他们的合作也很愉快。公司里的同事对于这一点都很好奇，甚至是怀疑，大家都知道赵民不是一个工作能力很强的人，有些时候还会显得畏手畏脚，华强则是一个雷厉风行的人，他们两个怎么会相处得这么默契？

这中间藏有秘密。

华强知道赵民不适合在大事情上做决策，这样的时候，华强会自己果断决定，不过，他也知道自己不是一个细腻的人，而华强正好可以，所以当有细小的环节需要精雕细琢的时候，华强就把它交给赵民做。

赵民对于自己不够自信，他清楚同事是如何看待他的，做事情的时候更为认真仔细，他想改变自己在同事心目中的形象。华强时不时地鼓励赵民，“你看，这么烦琐的事情，你都能处理得这么好，真是厉害，要是换作我，准会搞得一塌糊涂。”

华强对赵民的承认与赞许，增强了赵民对自己的自信心，赵民虽嘴上不说，但他也很明白，华强是想真的帮他，在心里他很感激华强。

你想想，这样的同事协作，岂会有不成功的道理？

赵民后来在工作上的表现越来越出色，不过，他仍愿意与华强一起做事，因为是他让自己摆脱内心的阴影的。

我们可以重新设计一下，如果华强不是那么体谅赵民，而是埋怨他没用，“什么事都要我来决定”，赵民的自卑心理就会越来越严重，而且他们两人的协作也只能半路告吹。

谁都不会是十全十美的，谁身上都会有弱势，关键是如何看待这一点。华强就做得很好，他对于赵民在细微环节上的良好表现给以肯定与承认，并不失时机地表扬和赞许他，赵民自然就会感觉自己是一个相当有用的人，这无形当中对他自卑心理的调节起到了关键作用。

其实，不管是在工作上还是平常交往中，多承认和赞许他人，不仅会给对方带来愉快的心情，而且还会令你与同事的相处更加和谐。

王洁在公司里人缘特别好，她特别会说话，总是能令周围的同事很开心。

小刘今天穿了一套新西装来上班，自己心里很高兴，走起路来精神抖擞的。王洁注意到了这一点，开口说："小刘，今天这身衣服好帅气哟。"

本来就很神气的小刘，乐滋滋地说："嘿嘿，我老婆昨天给我买的，好看吗？"

"你老婆真有眼光，这西装很合你的身材，好看，很好看。"

"是不是有点太显眼了啊？"

"不会，怎么会呢？很精神的感觉。"

"那就好，那就好。"

小刘被王洁这么一说，更开心了，脸上洋溢着幸福的笑容，投入到一天的工作中去了。

现在知道为什么王洁有这么好的人缘了吧，她从不放过任何一个赞许他人的机会，就算对方本来心情不是很好，经她这么一说，不开怀才怪呢？

工作中有这样的一个同事，工作起来心情好不说，干劲也会十足。对同事服饰的赞许也是赢得好人缘的一个方式，当然类似这样的机会很多，比方对方字写得好看、办公桌上的摆设与众不同，等等，谁都愿意听到对自己的赞许，那么你又何乐而不为呢？

"不就是说好话吗？有必要吗？"有人会这样问，那么请问，你想不想与同事和谐相处？你想不想有好人缘？

答案是肯定的，那么，就请你给予你周围的同事多一些承认与赞许，你不但不会少些什么，反而还会赢得你所期待的与同事的好关系。

肯定你的同事，即使与工作无关，也能够成为你与之建立友好桥梁的机会。其实，这样并不难做到，多观察与注意同事得意的地方，例如穿衣品位、兴趣爱好、工作态度、做事效率等，就是这样一句不经意的话语，里面却体现着你对他的关心。

如果你想要成为一名优秀员工，那么与同事建立良好的关系就很重要，那样也有益于你与同事之间的团结协作。现在越来越多的企业把团结协作作为一项工程来开展，他们在招聘新员工的时候，也把这一点当作选拔人才的一个指标。

托马斯毕业于某名牌大学，他是一个品学兼优的优秀毕业生，不过在学校里的时候他就很少说话，也不太和同学交往，没想到这竟然成为他择业道路中的一块绊脚石。

托马斯面试的公司是他心仪已久的企业，他认为凭借自己过硬的专业知识，进入这家公司不成问题，这也是他学生时代的一个梦想。

经过一系列的考核与闯关，到了最后一项人际考察的时候，托马斯被淘汰出局了。当他得知这一消息之后不能接受，找到主考官，想要问个究竟。

主考官说："我真的很意外，一直以来我都很看好你，不过，你的人际交往真的应该引起你的关注了。考核中放像机里出现的是同一个人，只是衣着不同，你对这一点竟然没有察觉，这是其一；见到同事怎么会不知道说什么呢？难道连最起码的问候也不懂得？这是其二。以上这两点足以把你淘汰掉。"

托马斯说："可是，我的专业考核是第三名啊。"

主考官摇了摇头，说："这个我们都知道。其实书本上的知识真正在工作中用到的不是很多，工作上我们更注重团队协作，一个不懂得如何与人交往的人，又岂能营造好与同事之间的关系？"

托马斯很惭愧地低下了头。

主考官接着说："你回去好好想想吧。"

托马斯就这样与这家公司失之交臂了，主考官最后的那句话值得深思，"与同事相处其实也很容易，多给予他人一些承认与赞许，就这么简单”。

职场之上，事无大小，想要取得自己事业上的成就，那么你就必须清醒一点：只有团队协作得好，才更有利于你事业的发展。

［提示］

1. 如果你是一个新人，记住搞好与同事的关系有利于你更快地适应环境。多给予他人一些赞许，即使只是服饰上的，也能令你更快地融入其中。

2. 作为公司中的老员工，当有新人加入的时候，记住你对其工作的承认与赞许将会是其进步的动力。

3. 想要做到多承认与赞许他人并不难，这需要你多站在他人的角度思考问题，多体谅与包容你的同事，很多东西都是相互的，当你给予他人承认与赞许的时候，他人也会在心里肯定与接纳你。

4. 当你表达对他人的承认与赞许的时候，要有真实的情感体验，要有发自内心的真情实感，这样的赞许才不会给人虚假与牵强的感觉。带有情感体验的承认与赞许既能协调人际交往中的互动关系，又能表达出自己内心的美好感受，对方也能感觉到你对他真诚的关心。

5. 站在对方的立场上，感受对方的真实感受。如果你的同事情绪 特别低落，或有不顺心的事情，过分的赞许反而会让对方觉得不真实，所以说，要注意用词得当，多关注对方的感受。

6. 跟着感觉走，每一个人都有敏锐的直觉，能够感觉到他人的感受。一定要相信自己的直觉，恰到好处地把它用在对他人的承认与赞许中。

想要成为一名优秀员工，还应该具备良好的反省能力。当你与同事或者上司出现意见不一致的时候，你就需要先对自己有所反省，而不应该辩解，辩解会让人无法接受，对事情的解决也不利；而反省则可以让你想一下他人的意见，有时候反省比辩解更容易令你受器重。

38. 反省比辩解更容易令你受器重

吾一日三省吾身，为人谋而不忠乎？与朋友交而不信乎？传不习乎？

——《论语·学而》

自省是指通过自我反省随时了解、认识自己的思想、意识、情绪与态度。孔子教导弟子说，能否坚持这样做是区别君子与小人的主要标志："君子求诸己，小人求诸人"，又说："吾未见能见其过而内自讼者也"。"内自讼"即内心自责，自我反省。孟子进一步发扬孔子的"求诸己"思想，提出："爱人不亲，反其仁；治人不治，反其智；礼人不答，反其敬。行有不得者，皆反求诸己。"意思是说，我爱别人而别人不亲近我，应反问自己的仁爱之心够不够；我管理别人而未能管理好，应反问自己的知识能力够不够；我礼貌地对待人而得不到回应，要反问自己态度够不够恭敬；任何行为得不到预期效果，都应反躬自问，好好检查自己。

孔门大弟子曾参关于自省有一段著名的论述："吾一日三省吾身，为人谋而不忠乎？与朋友交而不信乎？传不习乎？"曾参每日三省是从另外三个方面去检查自己的思想和言行；一是反省谋事情况，即对自己所承担的工作是否忠于职守；二是反省自己与朋友交往是否信守诺言；三是反省自己是否知行一致，即是否把学到的内容身体力行。总之，通过自省是要从思想意识、情感态度、言论行动等各个方面去深刻认识自己、剖析自己。

这个理论在职场之上同样需要，作为一名员工，当你的意见或者想法与他人不一致的时候，你就需要进行一下反省。有些性情急躁的员工，不是对自己进行反省，反而固执己见，这样做一点好处都没有，同事会听从你一次、两次甚至三次，可是，你总是这样，就会让人感觉你是一个听不进不同意见的人，甚至会对你有所反感。

其实，这个时候不妨对他人的意见考虑几分钟，也反思一下自己的想法是否有不合适的地方，反省比辩解更容易让你受到器重。

小夏在一家合资企业做企划。他是一个自我主张非常强硬的人，在工作上有一定的能力，但却不肯虚心接受意见，只愿所有人都听到自己的声音，希望按照他自己的思路去做本应集体协商的工作。

在一次新品推广方案讨论会上，当谈到在几个销售人气一直不旺的区县做推广时，有同事认为，应该减少这几个地区的宣传费用，把主城区的活动搞大。其他人都赞成，唯独小夏不以为然，反而力陈应加大投入，然而听惯了他强硬主张的经理早已不耐烦了，"小夏，你为什么总是这样，一点都听不进不同的声音，也从不管是好的意见或者是不好的建议，你都一律给予否决，有你这样的员工在，我们公司还怎么讲究团队协作?"

小夏听了经理的这番话之后，还是在为自己辩解，他只说了两句，就被经理打断，"你用不着再说了，你被炒鱿鱼了。"

这件事对于小夏被炒鱿鱼只是一个导火索。前不久，小夏请缨到了销售一线，上个月和同事一起出差，也同样因为意见不合跟别人几番争执。

小夏从不自我反省，固执己见，到后来，每有任务时，再没人愿意和他分到一组。经理对于小夏早有芥蒂，小夏的性子太强，从不进行自我反省，这才是他被炒鱿鱼的真正原因。

个性较强，并不是坏事，但是总看不起别人的观点就不对了，小夏就是这样，即使是他对的，其语气和态度也让人不舒服。这时候，辩解就会让人感觉很难接受，反省比辩解更容易让同事接受你，也更容易得到上司的器中，放下自我，多几分宽容和接纳，注意说话的态度和方式，把自己放到和同事平等的位置，注意从别人那里发现闪光点。

作为下属，如果挨骂或受到警告、指责时，心里都会不痛快。尽管你知道下属被上司斥责是再正常不过的事了，可还是常常会产生抵触和抱怨情绪，从而影响到你和上司的关系。

一切关键是个心态问题。无论是强者还是弱者，自己的心情不能被别人的斥责所扰乱，而应当保持弹性，经常保持冷静，挨骂时只要低头认错就好。既然上司已经斥责了，还是干干脆脆地道歉，这才是下属应持的可爱态度。这时候你的辩解只会令对方火气更大。别人指责你的缺点和错误时，只有能够自我反省的人，才能提升自己的人格，同时也是个有内涵的人。

郭明在一家销售公司做部门主管，他负责的部门的销售业绩一直都很不错，这也是令经理格外欣赏他的一个重要方面。他对待下属的要求是："努力工作，不懂就问，当在工作上出现不同的意见时，要记住：反省比辩解更有利于事情的解决。"

郭明也是这样严格要求自己的，在经理那里他是一个好下属，在下属面前，他是一个好上司。

不如意之事十有八九，郭明被经理骂当然也是正常的事情。

"你看看你是怎么做事的，销售数额对于我们从事销售工作的人来说是很重要的，你竟然能把这个都写漏了一个‘0’，这一个‘0’相当于你们多少工作的成果啊?”经理大发雷霆，气得脸都变红了。

郭明虽然还没有搞清楚是怎么回事，就被经理骂，不过郭明既没有辩解也没有询问，而是说：“我知道我错了，我会注意的。”然后拿起经理桌子上的那份文案，走出了经理的办公室。

第二天，经理找到了郭明，和他说：“昨天的事情不是你的错，是我的秘书在打印的时候出的错误，可是当时为什么不为自己辩解呢?”

郭明笑了一下说：“没什么的，我要是当时辩解，情况只会更糟。”

这件事之后，郭明在经理心中的印象更好了。

成大事者心中必能载重物，郭明就是这样的一个人，经理有什么理由不器重他呢？郭明说得很对，如果他当时辩解，情况只会更糟，经理当时正在气头上，辩解根本就不利于事情的解决。经理毕竟是经理，他自有位居经理的本事，他也会反省自己，反省了之后，他也会对于自己的过失加以承认与纠正的。

这也是与上司相处的一门哲学，挨骂的时候最好不要辩解，是你的错你就领着，不是你的过失也不要辩解，这样才会给足上司面子，也可以说给上司一个发泄愤怒的机会。

与同事相处也是这样，同事是你工作上的合作伙伴，也是你的竞争对手，处理好你与同事的关系也会对你的提升有所帮助。

小刘与小王一直是一对搭档，工作上二人协作得很有默契，可是最近小王对小刘爱答不理的，小刘有些丈二和尚摸不着头脑。他想问小王，可又怕他在生气的时候不愿意理睬他。更头痛的是，小刘自己都不知他在什么地方得罪了小王，他也只好先默不作声。

小刘开始对最近几天发生的事进行反思：工作上，与小王刚漂亮地完成了一个任务，没理由是工作上的；那么会是哪里出问题了呢？

小刘走在街上，这条街向来都是小王和他一起回家的必经之路，现在他一个人，形单影只、垂头丧气地溜达着。路边一支凋谢的玫瑰花令小刘眼前一亮，哎呀，糟糕，我忘记小王交代给我的一件十分重要的事了。

小刘回到家中，抓起床头的一些单据直奔门外而去……

第二天，小王主动找到了小刘："你生病了，你怎么不告诉我？"

小刘说："其实是我的错，你出差在外，可我把你交代我的给你女朋友订玫瑰花的事给忘得一干二净，她一定为这个生你气了吧？"

"她还真为这个生我气？要不是你昨天和她解释，她还会跟我闹几天呢？"

"女人嘛，好好哄哄就没事了。"

"走，我们喝酒去！"

小刘与小王重归于好，这都归功于小刘对自己的反省，还有他解决问题的能力，他没有去找小王，说自己如何忘记了小王交代的事情，是出于什么原因忘记的，而是去找小王的女朋友，通过她来把这件事给圆满地解决了。如果他去找小王辩解自己不是存心忘记的，而是因为自己生病了，那么对于事情的解决就不会有这样好的效果了。

反省比辩解更有利于事情的解决，反省自己哪里做得不对或有什么遗漏，对于自己也有好处，以后再出现同样的情况时，也是对自己的一种警戒与提醒。但是，过分的反省也会有碍于你与他人的相处，会令你周围的人感觉与你共事很累。

肖华就是这样的一个人，不管遇到什么事他都会首先问自己，是不是我什么地方做得不好？其实，这也不是件坏事，可是肖华搞不清事情的状况，只是在一味地自责。

“小赵，对不起，刚才我说话语气重了些，你千万别往心里去啊?”肖华找到小赵说。

小赵看了一眼肖华，有些莫名其妙地问：“你说话语气重了吗？我怎么没感觉到？你不需要道歉。”

“可我觉得你生气了？我以为是我……”

肖华还没有说完，就被小赵打断了，“我生气不是因为你，拜托你以后能不能别这么敏感，好不好?”小赵已经不止一次被肖华突如其来的道歉搞得晕头转向，这次他实在是忍不住了。

肖华悻悻地走开了。

肖华周围的同事都遇到过这样的事情，刚开始的时候，大家还会觉得是肖华心思过于细腻了，太在乎他人的感受了，可久而久之，大家就会感觉肖华有些神经过敏，不太愿意和他相处，感觉和他共事很累人。

这是典型的敏感类人的表现，由于他们过分地反省自己，主动地去向他人“承认”自己的“过失”，让同事感觉和他在一起很累。

其实，这类人的出发点是好的，只是太在意他人的感受了，当对方出现一丝一毫的不开心的时候，他们就会归咎于自己，开始在自己身上找错误，即使根本就没有做错什么，他们也会找到什么来填充进去，也就是因为这样，同事们才会感觉到累。

凡事都有个度，适度就会刚刚好，超过了这个度，就不太好了。在这里奉劝这样的员工，把更多的精力投入工作中，不要太在意他人的感受，做好自己的本职工作。这样把注意力转移一下，那么你与同事的相处就会更和谐一些了。

［提示］

1. 想要成为一名优秀的员工，就需要记住这一点，当出现不同意见的时候，先来个自我反省，多注意与他人不同的地方，认真比较，哪个观点对公司更有利，千万不要急于为自己的想法辩解，反省比辩解更有利于他人接纳你。

2. 作为下属，被上司责骂也是正常的事情。当上司在气头上的时候，一定不要为自己辩解，即使不是你的错也最好不要，生气的人都需要一个发泄的方式，你的辩解对于事情的处理一点好处都没有。你可以对自己进行反省，对于上司对你的指责，“有则改之，无则加勉”，这样的态度更容易得到上司对你的器重。

3. 虽说反省比辩解更容易得到他人的接纳，但是，过度的自我反省则会有害于你与同事的正常相处。

4. “吾一日三省吾身”，这对于职场上的员工同样有益。一天忙碌的工作完成之后，不妨对这一天的工作来个反省，哪里自己做得比较好，哪些地方还需要改进，这对于你成为一名优秀的员工来说很有必要。

当你被一家公司正式招募为雇员以后，你就正式成了公司的一分子，这是公司的选择，也可以说是你自己选择了公司，既然是你自己的选择，那么你就要热爱这份工作，并竭尽所能地做好它。

把公司当作你事业的基石，任何情况下都不要抱怨你的工作单位。

39. 任何情况下都别抱怨工作单位

不要因为失去而抱怨，享受你所拥有的。

——H. 斯坦利·贾德

现如今，跳槽已经是再平常不过的事了，当你对所在公司不满的时候，你可以选择跳槽。很多职场上的人就这样从一家公司跳到另一家公司，他们就像跳蚤一样，不停地在跳。好多人在任何一家公司都不会待多长时间，因为他们不断地在抱怨，不是抱怨公司这里不好，就是那里不完善。职场上最为忌讳的就是对于工作总是抱有不满意的情绪，总是在抱怨公司，总寄希望于不断地跳槽、不断地更换单位或行业来寻求自身的价值，结果却常常落得个学无专精、一事无成，不但没有任何一家优秀企业会重用他，最后就连找份混口饭吃的工作都将会变得非常的困难。

很多时候，即便你很有本事、很尽职尽责、很善于团队合作和目光远大，但谁也不敢保证你就会被重用，能在很短的时间内得到升职加薪。在这种情况下，有些员工就会忍受不了，他们不愿再坐冷板凳，而是选择了跳槽，去寻找自身更大的价值。但他们忘了，世界优秀企业中许多伟大的业绩也都是由一些平凡的、脚踏实地的员工取得的。同时他们也忽略了那些心浮气躁、这山望着那山高的人，最终只会落得“落群孤雁遇秋风，只感秋风阵阵凉”的迷茫境地。

卡尔与戴维都是哈佛大学经济管理学系的高才生，他们既是同班同学又是亲密如兄弟的朋友，又一同进了500强企业之一的费巴集团的国际贸易部。

卡尔与戴维对能进入费巴集团这样的大企业都感到非常的幸运和满意，因为他们对国际贸易都有着非常浓厚的兴趣，工作起来格外努力。然而半年下来，他们不但没有得到上司的提升，还经常听到上司对他们不满意的训斥声。

一日，卡尔对戴维忿忿地说：“我们可是哈佛的精英，上司却一点也不把咱们放在眼里，明天我们就对他拍桌子，然后辞职不干了！”

戴维反问道：“你对公司的流程都弄清楚了吗？他们做国际贸易的窍门都明白了吗？”

卡尔想了想说：“没有！”

“君子报仇十年不晚，我觉得还是把他们的一切贸易技巧、商业文书和公司组织完全搞通了，甚至连怎么修理复印机的小故障都学会了，再辞职不干！”戴维继续建议道：“用他们的公司做免费学习的地方，什么东西都通了之后，再一走了之，不是既出了气，又有很多收获吗？”

卡尔坚决地说：“我再也忍受不了上司的那张臭脸了，要待你待着，我明天就拍桌子！”

就这样，卡尔辞职了。而戴维却继续留在了公司，并且正像他自己所说的那样，开始默记偷学公司的一切运作流程，甚至下班之后，还留在办公室里研究如何书写商业文书的方法。

一年之后，卡尔找到戴维问道：“你现在大概多半都学会了吧，可以拍桌子不干了吧？”

戴维道：“可是我发现近半年来，上司已经对我刮目相看，并且总是委以重任，还提升我做了他的助理，薪水也加了不少。我看费巴集团会给我提供比较大的发展空间，能让我实现原先我们在学校所定下的理想，所以我不想辞职了！”

卡尔一脸怒气地说道：“我又刚在微软递了辞呈，这些公司怎么都请了些有眼无珠的主管，居然没有一个看出我是一个大器之材，真是让人生气！”

戴维微笑着拍了拍卡尔的肩膀，语重心长地说：“在你离开费巴半年以后，我就开始预料到你会有这么一天，但我一直都联系不上你，无法跟你探讨我对工作所取得的新认识。当初我们的上司不重视我们，是因为我们的实践能力不足，又不努力学习。你走了以后，我痛下苦功，不断学习，一步一个脚印地尽量使自己做到出色，使自己在各方面都超越其他同事。自然，上司对我也就越来越刮目相看了！”

推动任何一家优秀企业正常发展的不是那些严格意义上的天才职员，而是一群智力平平、脚踏实地、埋头苦干而又不断勤奋学习的人。

那些天资卓越、才华横溢的天才，如果总像流星一样没有一颗踏实的心和比较稳固的工作目标，反倒不如那些如大象一样脚踏实地、踏实肯干的人——世界上优秀的企业大量需要的也正是这样的人！

短短一个月赵杰去某通信公司的三个部门面试过，但很不幸每次都没戏。虽然输了，但他没失败，经过这三次的面试他开始思考，到底缺少了什么，为何这么多机会都没法好好把握？

面试的三个部门分别是研发部、供应链质量工程师、研发资料开发部，在这三个部门中，感觉最后一次表现还可以，但最后失败也归咎于他本身的专业知识不够扎实。

就拿最后一次面试举例，那次赵杰印象还是很深刻的。那天的面试官很和蔼，所以他们谈论的气氛非常好，赵杰也没有一点心理压力。虽然面试官问的问题都非常的细，细得他以前根本就没去考虑过，而且他问的问题也完全体现了该公司的招聘原则：即不注重经验而注重素质潜能，他没问赵杰一个关于该公司的问题，相反他一直问在原来公司的情况以及在原来公司做了些什么工作。比如他问，电话振铃电路结构和工作原理，这个赵杰还记得，但他问到 2410 芯片的输入电压，问到此芯片输入脚信号，这些是赵杰没想过的。他还问到消侧音电路，其大致原理赵杰也还记得，但他问到侧音从何而来，是从对方电话还是交换机还是本身的电话电路中返回的，这个又是赵杰没想过的问题，又一次“很抱歉”，于是他问了赵杰一句：“这些问题你从没在头脑中想过吗，也从没想过要请教别人吗?”这句话也体现着他们招聘的原则，即你到底有多少潜质，你在以前的工作中是否真的用了心。

这是赵杰所汗颜的，在原公司待了半年，除去喝酒发牢骚真正用在工作学习上的时间倒还真不多。他还问到 ADSL、GPRS 的全称怎么写，这些都是极常见的名词，但赵杰还真记不得它们的全称。机会就这样在一个又一个的抱歉中丧失。

那天当赵杰走出大门，就开始思考自己的失败所在。如果当初能把抱怨、发牢骚的时间用来专心学习一些实用的东西，那么就不会出现今日的情况了。

如何成为一个大部分企业都认为的有潜力的人，这需要我们不懈的努力。社会给予我们的机会是平等的，唯一的差别是我们努力的程度，机会总是留给有准备的人，这句话包含了全部的真理。无论在什么环境里我们都是有东西可学的，所以千万不要抱怨，不要抱怨公司给予你的太少，给予你的机会太少，一切事物有果必有因，不是别人对你不公平，而是你没对自己负责而已。认真学习身边的知识，永远别觉得知识没用，不要抱怨环境，在恶劣环境中生存发展才是真本事。

在工作中不可以有抱怨公司的情绪，它会影响你一整天甚至是长期的工作状态，如果长期处在这样的情绪里，最后你就只能变成一只“跳蚤”。

张大维最近对自己目前的工作情况和待遇感到失望，正准备跳槽。

一次偶尔的机会，张大维和一个朋友聊天，说出了很多他认为所在公司不如意的地方，比如薪水、工作环境、公司规模、制度，甚至同事之间的感情、公司的发展目标，等等。

他是张大维很好的一个同学，大学四年他们住在一起。他说出了自己的看法，其间跟张大维说了一句：“Don't Complain！不要抱怨身边的同事，不要抱怨老板，不要抱怨工作环境，不要抱怨公司发展方向，不要抱怨规章制度……”

其实，妨碍一个人成功的最大因素不是别的，恰恰是自己。抱怨越多，你的烦恼就越多，你的工作积极性就越差。既然选择了一份自己认为喜欢的工作，为什么还要抱怨呢？这个世界上有多少人在做着自己不喜欢的事情？只是为了生存而已。你也一样是为了生存，但是你却能选择自己喜欢的工作，选择自己的方式去生存，还要求什么呢？

“知足常乐”并不是不思进取，只是转换一种方式去思考，转换一种态度去生活，那样，生活就变得很快乐。只要你能感觉到快乐，你就是在进步。

在工作压力大而烦恼时，在生活贫穷而苦闷时，在爱情失败而悲伤时，请记住一句话：“Don't Complain！”

不要抱怨你的工作压力，因为那是你的选择。

在不顺心的时候，你可以选择抱怨环境，但更可以选择改变自我。而这种改变自我的努力如果成为一种信念，那么，它就会成为我们人生的驱动力，并逐渐成为一种习惯，成为我们获得成功的最重要条件。

工作之余我们往往会碰到一些人，他们讲的话是非常类似的，他们习惯的口吻通常是：

这个事情不是我的事情；

这个事我要负责任的（所以不去做）；

这个事情不归我负责；

为什么没有人来协调这个事情呢？

为什么他们不来指导我、培训我呢？

老板没有指示，我不知道怎么办呀；

这个事情是解决不了的，只能这样了；

这个市场很怪的，很特殊，很难做，所以业绩也只有这么点……

老板就给了这么点费用，我们这里要做好是不可能的！

他们都在不停地抱怨，抱怨自己的公司，抱怨自己周围的同事，以上的想法看起来似乎没有什么不对，但却暴露出我们组织之中的推诿、抱怨、拖延、执行不力、目标不能达成等许多表面问题背后的核心问题——缺乏个人的责任感。

“事不关己，高高挂起”这条流传多年的俗语催生了一些人缺乏个人责任感的做法。一件事情最好是“我不知道”，而被迫“知道”之后的第一个反应就是“不归我管”。逃避责任和抱怨环境与条件是缺乏个人责任感的两大表现，他们的本质是一样的，那就是从来没有想过从自己做起，看看自己能为组织做什么，为达成目标作出一些自己的改变。

改变这些错误的想法，要从“我能做什么”开始。想要成为一名优秀的员工首先你要是一个负责任的员工，你需要更多地关注于结果，并想尽一切办法去获得结果。为了把注意力放在结果而并非是推诿、抱怨或者“踢皮球”上，有两件重要的事情是我们所必须做的，那就是我们需要衡量“解决问题”在公司中的作用，其次就是我们必须果断、永久地解决工作中浮现出的种种日常问题。

“解决问题”是职业精神的表现，也是敬业的首要前提，同时也是工作的目的。如果一个员工每天向上级反映的都是问题，比如市场难做、别的部门支持不够、客观条件限制等，请问，他凭什么去做好自己分内的工作，又凭什么去获得更高薪水？这是一个评估优秀员工的重要前提，员工不是因为做事而被雇用，雇用的前提是所雇用的人能够去解决问题。

请把你抱怨的时间用在思考如何更好地解决问题上，使自己成为一个善于思考问题并能够解决问题的优秀员工，这样，你就会更加热爱自己的工作，也更容易做出成绩。

［提示］

1. 很多员工都会有工作不顺心的时候，总觉得某些人做事没有责任心，且不会考虑自身利益之外的东西。此时他们就会有很多的抱怨，其实这也没什么。如果你能多站在他人的角度上想，每个人都有自己的工作方式和习惯，为了把一件工作做好，相互容忍和适应是必须的，改变自己总比改变别人更容易。

2. 当办公室里扫地的阿姨没把地面清洁干净的时候，有些员工就会开始抱怨，抱怨怎么连这么小的一件事情都做不好。其实，你与其抱怨，不如自己动手清扫干净，上司与同事都会注意到你的举动，也会给他们留下好印象。

3. 对于你所选择的工作，你需要热爱它，这是你的工作，也是你所追求的事业。不要对你的工作有太多的抱怨，抱怨淤积多了，你就会变成一只“跳蚤”，只能从一个地方跳到另一个地方，没有安定，永远都不可能做出成绩。

4. 如果你正在抱怨你的下属，没有卖力或者没有给你一些好的点子或者建议，还不如多给他们一些激励，或许他们第二天就会为你拼命或给你一些极好的建议。

5. 假如你在抱怨你的上司没有看到你的工作成绩，还不如仔细地反省一下自己，是否在工作中做到位了，这不仅可以让你对自己的工作流程有一个很好的回顾，而且还会使你避免很多工作中的失误。

开会时，勇于表达自己的意见是必要的，可是如果讨论偏离问题的根本，在情绪的带动下，对与会人员出言不逊，甚至人身攻击，势必会给人们留下不好的印象。职场如战场，细节决定成败，所以千万别忽略了控制好情绪这一细节，把握住方向，稳定好情绪，才能赢得尊重！

40. 开会时切忌人身攻击

己所不欲，勿施于人。

——《论语》

身在职场，会议也如一日三餐般重要起来，这一点相信每一个职场人士都深有体会。周有周总结会议，月有月总结会议，再加上花样翻新的表彰会议、讨论大会、动员大会，数不胜数，眼花缭乱。

虽然很多人都表示非常厌烦会议，但工作起来还真就离不了开会，若不然领导们也不会总去做那些费力不讨好的事情。在大多数会议上，大家坐在一起，总结前一段工作的进度和得失，布置下一步工作任务和具体安排，遇有问题大家踊跃讨论、集思广益，寻找到最有效的办法。所以，开会的时候，总可以听到上级鼓励大家勇于将自己的意见表达出来，百家争鸣才可以找到问题之所在。虽然“争鸣”是需要提倡的，但是，如果过分“争鸣”，甚至开始人身攻击，那就很有可能伤和气，引起他人不满。

老赵所在的公司在武汉设了一个办事处，于是资格最老的老赵成了这个办事处的经理。本来办事处不是很忙，每个礼拜一老赵就给那些业务员们开个周会议，大家喝喝茶聊聊天，走走过场一样就结束了。可是，不久总公司高层新上来一个雷厉风行的老总，一上台就大刀阔斧来了三把火，其中一把火就是准备撤掉几个不干实事的办事处，并提供了一个淘汰标准：年创收益最低要200万元。这下老赵可着急了，只好开始慎重对待，会议开了一次又一次，讨论到底应该怎样打开产品销路。可是，大家都习惯了平时的开会作风，都不说话，由着老赵一个人在那讲得口干舌燥。于是，怎样让大家各抒己见、勇于发言成了老赵的心头病。

绞尽脑汁，老赵想了一个办法：谁的意见得到大家的认可，就发奖金；如果一直没有好意见贡献，那就只好请他走人了。重奖之下必有勇夫，会议的气氛真的活跃起来了，大家在会议上各抒己见。老赵还跟大家说，不管谁的意见，大家都可以提出自己的疑问，辩论一番，这样才能找到最好的办法。就这样，大家热热闹闹的，还真想出了不少好点子。

一天开会，业务员小黄兴冲冲地掏出一个小本子，把自己昨天想了一个晚上的意见告诉大家，老赵一听，虽然有可取之处，但还是觉得有点不够好，就跟小黄辩论了起来。刚开始，老赵还能心平气和地对小黄计划中的弱点进行评点，可是小黄今天也许是太兴奋了，或者也许是求胜心切，怎么都听不进老赵的意见，还一个劲地坚持自己的观点。老赵的脾气一下子上来了，大声说："我过的桥比你走的路还多呢，还非要跟我争。你也不看看你，文化水平只是高中，平时做事也没见做出什么惊天动地的大事来，还跟我争！"会场上一下子静了下来，小黄的脸刷一下子红了，讪讪地坐回到座位。老赵虽然觉得自己也有些说得过了，不过他也没当一回事，反正只是讨论嘛。

这事过后，小黄就辞职了，虽然老赵也努力挽留，但小黄去意已决，而且陆陆续续又有一些人离开了公司，留下的一些人任凭老赵再怎么以利引诱，在会议上也不愿意再发表什么意见。老赵又一次陷入了僵局，一潭死水的情景又一次出现。一个月后，武汉的办事处被总部撤销。

老赵刚开始鼓励大家各抒己见的做法是对的，但是，在后来的讨论中，他却犯了一个细节上的大错，那就是将本来正常的批评变成了人身攻击。一般来说，上级的话总是会在职员们心中起到重大的作用，老赵在大会上这样露骨地批评别人，不仅会让其他职员觉得“伴君如伴虎”，不敢随便发表自己的意见，同时也会让大家认为他是一个刚愎自用、尖酸刻薄的人。这样的领导，谁还敢伺候呢？有些人可能觉得，在讨论过程中出现争吵是在所难免的，小事而已，细节问题，根本无须放在心上。但是，一句话可以成就人，也可以毁灭人，在会议中露骨的人身攻击势必会产生不良的后续反应。不仅身为领导开会时要注意这个细节，身为职员，同样也要注意。

小刘今年刚刚大学毕业，进入一家广告公司工作。之所以选择广告公司，是因为小刘觉得广告公司的环境比较开放自由，像电视上那样，大家在一起各抒己见，共同创意，那种感觉实在很棒，而且尔虞我诈的事情也较少发生，可以远离办公室政治。可是没多久小刘就失望地发现，广告公司也是一样，阿谀奉承的人总是可以得到上司更多的青睐。小刘最看不惯的就是公司的老曾，在小刘看来，对于广告，老曾真的没什么本领，可是就是一张嘴会说，所以老总器重，他的工资是小刘的好几倍呢，公司的同事跟他关系也挺好的。为此，小刘总是有些愤愤不平。

星期六的例会上，小刘提出了一个广告方案，小刘对这个方案可是做足了功课，他自己也非常满意，果真，许多人都非常赞同，小刘不免有些志得意满起来。这时老曾却忽然提出了反对意见，认为小刘方案中关于媒体投放计划部分太过理想化，不大容易实现。这么一说，大家也觉得这确实是个问题，可是小刘这会儿已经什么都听不进去了，一来他对自己的方案太过自信，二来长期以来他对老曾的成见也让他觉得老曾根本就是不懂瞎说。在这两个因素的刺激下，小刘的火气就越来越大，把自己以前所学的理论依据一条条搬出来辩论，有一些话语很学院化，比较晦涩难懂，老曾有些招架不住了，笑眯眯地说："小刘，把你刚才说的再跟我说一遍，我听得不是很清楚。"小刘脱口而出："既然你什么都不懂，凭什么资格来对我的方案指手画脚的。"

此话一出，会场一下子安静了下来，老总赶紧出来圆场："火药味很重嘛，赶紧轻松一下，我给大家说一下咱们公司上个月的盈利状况，很不错啊，你们很快可以加薪了。"大家嘻嘻哈哈把这件事带过去了，但是，一个月的试用期结束后，小刘并没有顺利进入公司，老总给他的评价是"太过冲动，不听取别人意见，没有团队合作精神"。

小刘怀抱一腔热情来到公司做事，但是却因为会议上一句脱口而出的话而丢掉了第一份工作。也许，他的才能真的毋庸置疑，但是他的处事能力却太过幼稚。会上虽说可以热烈讨论，表达自己的意见，但是当别人提出反对意见的时候，不应该一时激动就不顾后果，偏离讨论的重点，将其他情绪顺带出来，攻击他人。这样的行为，完全可以说是没有基本的职业操守。老总最后给他的评价虽然有些严厉，但是也确实切中要害，一个不能在公开场合掩饰自己情绪的人，公司又怎么能委以重任呢？

设身处地地想一下，当我们在公开场合听到别人侮辱性的话语，是不是也会血涌上头，火冒三丈。正所谓"己所不欲，勿施于人"，自己都受不了，别人又有什么理由去平静地承受同等的侮辱呢？

凡事三思而后行，在会议上发表意见的时候，最好提前静想三分钟："我所说的是否针对问题的本质？我是不是将个人情绪带了进去？我是否能用一种更加委婉的方式表达出我的意见?”考虑这些之后，你的思维会更加缜密，说出的意见也更易被别人接受。

［提示］

1. 在会议中要求发言时，可以举手示意，但也要注意谦让，不要争抢。不管自己有什么高见，都不要打断别人的发言。肯定成绩时，要力戒阿谀奉承。提出批评时，不能讽刺挖苦。切忌当场表示不满，甚至于对他人进行人身攻击。

2. 如果你是一场会议的主持人，在会议进行中，应反复强调会议目的，以统一大家认识，并要求与会者共同努力以实现会议目的，把争论限于对实质问题的讨论上。要千万避免人身攻击现象发生，不做离题的讨论，不重复别人已经讲过的观点，表达观点应简洁明了，对于构思不成熟的创新型观点，应鼓励会后继续完善并提交书面建议，不能开议而不决的会议，要做到“会而有议，议而有决”。多次会议才能解决的问题，应当明确宣布暂时休会，并应宣布下次会议的进一步要求，提醒大家早作准备。

3. 如果在会议中实在难以平复心中的怨气，在心中默数三下，然后再考虑自己怎么回答。只有一个善于控制情绪的人才能赢得别人的尊重。

4. 不要太相信领导所说的“畅所欲言”之类的话。大多数的领导，都相信员工如果赞同自己的决定并且随大流，要比反对决定、存在抵触情绪好得多。这种行为模式也是领导们晋升到目前地位的一个原因。虽然表面上的和谐常常限制了建设性的争执，但是，如果领导喜欢，自己也可以放低一下姿态，太过较真只会让自己吃苦头。

往往为了方便，有些人会让别人帮自己办理私事，尤其是身居领导的位置，更加觉得指使下属办事是一件非常正常的事情，但是，如果不在事先作好准备，贸然地相信别人，往往会做出“搬起石头砸了自己脚”的事。看起来微不足道的细节问题，却很可能成为你生活中的“定时炸弹”！

41. 指使他人办私事要慎之又慎

害人之心不可有，防人之心不可无。

——中国古谚

京剧舞台上，我们总能看到各种不同的脸谱，蓝脸的窦尔敦、红脸的关公、黄脸的典韦、白脸的曹操、黑脸的张飞，种种不同的脸谱粉墨登场，但是我们永远不知道，这层脸谱下到底是一张怎样的真实面孔。职场上，大家为了各自保全，也都或多或少地戴上不同脸谱，你也根本不可能知道站在你面前的到底是朋友还是对手。在这种雾里看花的情况下，如果贸然地托同事或者部下办私事就是一个不太妥当的行为了。

老王在政府机关中任要职，官位显赫。他有一个秘书叫小蔡，已经跟了他3年了，小伙子真是能说会道，而且非常聪明伶俐，老王交代给他的事情他都做得非常好。小蔡逢年过节都到老王家去，时间长了也混熟了，还常常一起吃饭，跟一家人似的。老王对小蔡非常放心，以至于后来一些私事也都交代给小蔡去办，比如送站、买东西，等等。

就单说买东西这一点，小蔡还真是一把手，不管是大宗电器还是小件物品，小蔡买回来的都价廉物美，要比别人买的便宜几百元。老王的老同事们都羡慕老王有这么一个得力的助手，什么都能做得妥妥帖帖的。老王也十分满意。而且，小蔡最好的一点是几乎从来不跟老王提什么要求，老王对他就更加信任了，甚至儿子换房子这种大事也都交给小蔡去办理。果真，小蔡这一次又是办得非常漂亮，老王买到的房子绝对物超所值，房产商在优惠的基础上还又给打了个八折。

不过，房子买了大概一个月后，房产商找上门来了，带着大包小包的东西，另有一个大红包来求老王办事。原来，房产商希望能借助老王的力量，把城区附近的一块地接下来。一听是这件事，老王和气地予以拒绝。老王在公事上还真的是毫不含糊，周围的人想方设法地巴结，可老王从来没有收受贿赂。而且在这段时间，正好上级对他非常欣赏，据内部消息称，很有可能调去省里工作。在这个节骨眼上，老王更不能出差错了。

一个星期过去了，老王被叫进了市里的反贪局，老王丈二和尚摸不着头，一进办公室，局长给了他一封信，说："老王，看看这封匿名信吧。"老王一看，不禁火冒三丈，信中说老王利用职务之便，在买房的过程中故意压低价钱，并说一切好商量。他愤怒地说："局长，请你相信我，我老王买房也是正经合法，这肯定是因为我没有答应那个房地产商的要求，他才故意造谣。"局长拍了拍老王的肩膀，安慰他："老王，你的人品我是知道的。你不要着急，我一定会查清楚这件事情的。"

有了这句话，老王挺放心的，因为自己确实没有做那种事情啊。没想到，几天之后，老王又走进了反贪局的大门。这次，局长的脸色很不好看，他把一份材料给老王看，生气地说："你自己看看。"老王一看，里面的材料全是写他如何利用自己的职务压人，要求别人降低房价等等一类的事情。

回到家里，老王越想越不对劲，这些事都是小蔡办的啊，难道是小蔡？老王赶紧去找小蔡，可是小蔡已经先他一步辞职了。老王这才明白过来，原来他所认为的便宜事都是小蔡用他的名义去办的，这样的行为说得难听一点就是“强买”啊！

事后，虽然老王因为一向功绩卓著并没有遭到免职，但是升职的机会却白白丢失了。

知人知面不知心，老王太过相信自己的部下，把什么事情都交给部下全权办理，但却忽略其中可能产生的危害，结果铸成大错，后悔莫及。天下没有白吃的午餐，老王在得到便宜的时候，如果能够多去思考一下，比如“几百块的价格差从哪里来”，这样的事情可能就可以避免了。

梅丽刚刚毕业不久，是一个心地非常单纯的女孩，朋友们都劝她到了工作的时候要多长个心眼，可是她也不是很在乎，总觉得那显得太世故了，而且梅丽觉得自己运气特别好，不管在哪里都会遇到特别好的人。这不，梅丽在跟人合租房子的时候，就遇到了一个非常友好的室友。

在外独自生活，梅丽可是第一次。刚搬到房间里，看着一堆东西，梅丽就发愁了：这要收拾到什么时候啊！而且那些电器一类的，梅丽还真不知道该怎么弄。室友莎莎早她一个月搬入，看起来也是一个非常独立自强的女孩，她主动过来帮梅丽收拾东西，一边跟她闲聊。梅丽心里想：“这个女孩还不错呢。”

在接下来的相处中，梅丽越来越觉得莎莎是个非常值得交的朋友，她每天都笑眯眯的，梅丽有什么事，她都会帮忙；梅丽有些小性子，可是莎莎也不怎么介意，反而常常安慰她。第一次出门在外的梅丽慢慢就被感动了，俨然和莎莎成了亲姐妹。

一天，梅丽赶着上班，可是家里最近需要钱，她得去工商银行转账。这可怎么办呢？莎莎看她着急的样子，就问她出什么事了，梅丽把事情一说。莎莎笑了，说：“我工作的地方附近就是工行，要不我帮你办吧。”梅丽十分高兴，二话没说就把卡和密码给了莎莎。

晚上回来，莎莎把卡还给了梅丽，事情已经办妥了。

从此以后，每当再遇到类似的情况，梅丽都会让莎莎帮自己的忙。家人知道了上次莎莎替她转账的事后，曾经劝告梅丽赶紧改一下密码，预防一下，可是梅丽总是很不耐烦，反过来还责怪家人杞人忧天，把人心都想坏了。

半个月后的一天，梅丽回到家中，发现莎莎已经把自己房间的东西带走了，同时带走的还有梅丽的银行卡。梅丽这才觉得事情的严重性，赶紧到银行去挂失，发现，卡里的钱已经全被提光了。梅丽不禁失声痛哭，那可是她辛辛苦苦攒的啊，原以为找到了好朋友，没想到反被自己所谓的好朋友出卖了。

像梅丽这样初出校园的社会"新鲜人"，往往思维还停留在学校的单纯阶段，以为真心就一定可以换回真心，轻而易举地相信别人，结果被居心叵测的人利用。刚刚认识没有多久的人，梅丽就可以把银行卡密码告诉她，真不知道该说她是天真还是愚蠢了。

高尔基说："只要有太阳照射的地方，就一定会有阴影。"不可否认，世界上确实存在很多好人，但是，人是世界上最难解的谜题，你可以保证他现在友好，但不能保证他以后一直友好下去。人的贪欲、自私永远不可能根除，今日的朋友很有可能成为明日的敌人。古往今来成大事之人，往往考虑周全，步步谨慎。《康熙王朝》里的一幕情景一直让我觉得意义深远：

在康熙的生活中，魏东亭扮演了一个十分重要的角色。在康熙小时候刚入太子殿读书，魏东亭就被皇太后选为伴读，一直陪伴在康熙的生活中。他们一起读书、一起嬉戏、一起受罚、一起淘气，成为非常好的朋友。身为皇子的康熙从来没有因为自己高贵的身份而看不起魏东亭，这更让魏东亭觉得为康熙肝脑涂地都是值得的。

康熙登基后，魏东亭被封为四品带刀侍卫，保护康熙的安全。这个时候，康熙年岁很小，太师鳌拜居功自傲，一直不把康熙放在眼里，这引起了康熙极大的不满，于是在康熙16岁的时候，他与几个心腹大臣商量了一条妙计，决定孤注一掷，生擒鳌拜。

康熙对魏东亭委以重任，让他带领卫兵把守太和、中和、保和三殿要津，可以说是将身家性命都放在了魏东亭身上。魏东亭自然表示全力以赴。

决定生死的时刻到了，康熙约鳌拜单独见面，在大殿中康熙训练的一帮侍卫与鳌拜展开肉搏。终于制伏了鳌拜，但大臣班多尔善居心险恶，想在康熙与鳌拜搏斗之时，冲进宫内，杀死康熙，然后嫁祸于鳌拜，企图篡位。班多尔善在宫外试图冲进，危机之时，魏东亭带领军队赶到，拿下了班多尔善。

魏东亭敲着大门，大喊："皇上，请打开大门，臣已制伏乱党。"

康熙身边的侍卫赶紧去开门，出人意料的一幕出现了，康熙坚决反对侍卫此时打开大门，说了一句耐人寻味的话："我怎么知道魏东亭有没有叛变。"过了大约两分钟，康熙终于打开大门，放他们进来。

康熙拍着魏东亭的肩膀，大赞他是一位忠心耿耿的勇士，同时，令自己早先安排在魏东亭身边的卧底现身。魏东亭当时一身冷汗，跪在了康熙的面前，心里一阵的后怕，康熙的心思实在太过缜密，连自己10多年的朋友都信不过。

从此之后，魏东亭对康熙更多了一分敬畏，一直忠心地伴在康熙左右。

相识10多年的朋友，康熙仍然信不过，足足设了两道防线，谨慎如这般，真让我们一般人叹为观止。可也就是这份谨慎，使得康熙成了历史上最伟大的皇帝之一。

“害人之心不可有，防人之心不可无”，这句话虽说简单，但却是中国传统思想中的一个重要体现。父辈们也总会用这句话来教育我们，但这并不是说我们时时刻刻都要严防以待，那样一来，生活得未免也太累了一点。我们所要做的是在心中事先做一个权衡，公事私事分清界限，私事中的点点滴滴往往会成为生命中的致命伤，哪些事不该说，哪些事不该让别人去做，为人与人之间设立一个安全距离，这才是正确的生存之道！

［提示］

1. 不要轻易将自己的身份证等有效身份证件借给别人用。

2. 保管好自己的银行卡、信用卡，如果遗失，立即到所属银行办理挂失手续。

3. 管住自己的嘴巴。如果有牢骚，找一个可以真正信任的人诉说，不要随便把自己的私事告诉泛泛之交或者同事。

4. 私事最好自己办理，如果实在需要别人帮忙，切忌将事情全盘托出，另在事情办完之后要及时核查，有问题及时发现，及时解决。

职场之上，流言飞语四处传播不是什么新鲜事儿。如果你想要成为一名优秀员工，想要在自己的工作岗位上做出成绩，想要得到提升，那么，就请远离流言飞语。

42. 面对流言飞语不要介入

流言飞语是一只缠扰不休的黄蜂，我们对它决不能轻举妄动，除非我们确信能打死它，否则它反击我们时会比从前更加凶猛。

——尚福尔

制造流言飞语者的心理再清楚不过了，说到底还是因为忌妒，忌妒某人的才能或者地位。西班牙作家塞万提斯指出：“忌妒者总是用望远镜观察一切，在望远镜中，小物体变大，矮个子变成巨人，疑点变成事实。”

忌妒是对与自己有联系的而强过自己的人的一种不服、不悦、失落、仇视甚至带有某种破坏性的危险情感，是通过把自己与他人进行对比，而产生的一种消极心态。

因此，千万不要把流言飞语看成是一件小事，有可能正是你觉得无所谓的一些话语却毁了你的一生。

很多职员，当看到与自己有某种联系的人取得了比自己优越的地位或成绩，便产生一种记恨心理；当对方面临或陷入灾难时，就隔岸观火，幸灾乐祸；甚至借助造谣、中伤、刁难、穿小鞋等手段贬低他人，安慰自己。于是乎，流言飞语就随之产生，男性职员间还会好些，而在女性职员中流言飞语或许就是一件很普通的事情。

出于利益的争夺，“办公室政治”愈演愈烈，女性之间则更为严重，被别人窥探隐私，传播毫无根据的流言飞语；因为一些鸡毛蒜皮的小事而故意挑衅，甚至掀起轩然大波；一不小心还可能掉进他人精心布置的陷阱……

正如黑格尔所说："有忌妒心的人自己不能完成伟大事业，便尽量去低估他人的伟大，贬低他人的伟大性使之与他本人相齐。"

记得《流星花园》中有两个一见面就要比拼容貌、衣着的千金小姐，除了周身名牌，甚至手术整出来的鼻子都会成为她们炫耀的资本。你可以把这仅仅当作一个笑话，但女人对于美貌的比较，从来就没有停过，即便在外人看来工作能力胜于一切的职场竞争中，美貌同样是女人的撒手锏，尤其是拥有一位男性老板的时候。

朱丽叶前不久就遭遇到了这样的一场战争，那是一场没有硝烟的战争。

朱丽叶在一家文化公司做行政助理，一直以来由于工作的良好表现而得到上司的器重，她虽长得好看，但她从没有把美貌当作一个武器。

不知从什么时候开始，朱丽叶走进公司的时候，会有很多员工在自己身后指指点点、交头接耳，这让朱丽叶感觉很不舒服，不过工作毕竟还是工作，身正不怕影斜，她当时就是这样想的。

有一次，朱丽叶进上司的办公室递交一份文件，门是虚掩着的，她正想离开之际，听到了这样的对话。

"朱丽叶一直都在散布说自己有多么能干，如果没有她，公司里很多大事您都不能处理妥当。"

"怎么可能？朱丽叶不是这样的人，她的为人我很清楚，有人忌妒她的能力这倒是真的。"

门外的朱丽叶听到上司的这句话，感到十分的欣慰。

"您怎么不相信呢？很多同事都可以证明她真的说过。"

"好了，我知道了。你要是没有别的事情，就回去工作吧。"

朱丽叶做好了正要进入办公室的动作，正好与一个人撞了个满怀，她手中的文件散落了一地。

原来是她——麦瑞，与自己毕业于同一学校。麦瑞自认为自己也很漂亮，可工作几年下来就是没得到提升，她忌妒朱丽叶，忌妒她的美貌与工作表现，想到了制造流言来进攻。

麦瑞看到是朱丽叶，脸上有种很不自然的表情，她帮朱丽叶把地上的文件拾起来之后，就匆忙离开。

朱丽叶很清楚自己根本就没有说过这样的话，从麦瑞的表情中也可以看出她就是这些流言的始作俑者，朱丽叶决定不动声色，辩解是毫无作用的，只会越涂越黑。她还是继续做自己该完成的工作，事实终有大白于天下的一天。

一个月之后，麦瑞被炒鱿鱼，朱丽叶紧绷的神经也可以放松下来了。

朱丽叶的处理方式就很好，自己首先不能乱，乱了反而会给对方可乘之机，对于流言飞语也不需要辩解。麦瑞这样做的目的只有一个，她忌妒朱丽叶的才能，并不是说女人生来就贪慕虚荣，但总有一些人希望不劳而获，最起码也要走条捷径，打小报告与老板套近乎，自然是最愚蠢的行为，老板对于每一个员工的工作表现都是清楚的，又岂会轻易相信?

在这里奉劝那些想通过这样途径往上爬的人，不想自毁前程的话，就按部就班地做好自己该做的工作，把自己的嘴巴管好；对于那些喜欢传播流言飞语的人，也送上一句，想要远离是非，那么就不要介入其中。

有些人天生就喜欢搬弄是非，他们如果不散布流言飞语就好像浑身不舒服，所说的话属实少之又少，可有些员工就喜欢聆听，甚至还喜欢做第二层的传播者。

“知道吗？老板昨天和他的小蜜一起去了夜总会。”

“是吗？你怎么知道的？”

“我亲眼看到的。”

“×××昨天亲眼看到老板和小蜜到夜总会包房间了。”

“真的？”

“当然是真的，她亲眼看到的还会有假！”

老板不经意间走过女卫生间，听到了上面的对话，你猜结果会如何？

第二天，×××被叫进老板的办公室，“是你说亲眼看到我和小蜜去夜总会了？”

“我没说。”

“还想狡辩？我亲耳听到她们说是你亲眼看到的。”

无语。

老板为了杀一儆百，×××被开除，参与这件事的员工都得到了相应的处理，扣除当月奖金。

对于喜欢散布流言的人，其他女性同事只要置身事外，让她们感觉自己不存在任何危险性，大可明哲保身，安心工作；但对于这种没事就喜欢搬弄是非的女人，应对起来可就没那么容易了。此类女人天生八卦，而且忌妒心强，自己没有多大的能力，但却看不得别人超过自己，于是就在同事之间散布各种谣言，就算不能真的将对手击败，也求得嘴上一时快活。

为了能够引人注意，窥探隐私、无中生有是这种人的拿手好戏，倘若你一时气愤，与她正面对抗，那正中了她的下怀。这种人怕的不是对骂，而是没人理睬。所以，一旦办公室里出现这种人，就对她敬而远之，就好比一条狗要咬你，你总不能咬它，最好的方法就是先躲开，再找机会还击。只要办公室里对她的口水言论不再兴致勃勃，她也就不会再自讨没趣了。

大学毕业，小黄加盟到现在这家商贸公司，做一名小小的文员。没有任何工作和社会经验的他，很希望尽快和大家打成一片。其实，公司的业务还是非常繁忙的，大家整天都忙忙碌碌。不过，小黄很快发现，同事们有个坏习惯，那就是大家都喜欢聊些飞短流长。

小黄知道这样做不对，但是也不便当面制止他们。很多时候，同事们在不断地说，他只是安静地坐在一边。

前不久，同事们在讨论老总是个吃软饭的家伙，一切都是依赖着太太娘家的支持。他们在口若悬河，小黄心底里却厌恶得不行。正在这个时候，老总一脸怒气地出现在了办公室。从此，老总再看到当时在场的几个人，都是一副冷峻的表情。

这无疑让小黄刚刚开始的职场之路布满冰霜、心焦不已。不过，他没有急于向老总解释，而是在闲暇时刻意和爱说是非的同事保持距离。比如午休，一个人百无聊赖，但是纵使趴在办公桌睡觉，也不再当“旁听”。

渐渐地，老总终于开始信任小黄，不再对他冷眼相对。而那些同事却因再一次无中生有，超越了老总心理承受的极限，在付给他们遣散费后，提前解除了他们的合约。

谣言的流传可以说是职场上的“毒瘤”，不仅会伤害到别人，也会给自己的职场生活蒙上阴影。回避谣言是最聪明的做法，让自己永远远离“是非”，这样才能让自己走得更远。

职场之上的流言飞语就是一把“软刀子”，它是一种具有杀伤性和破坏性的武器，往往会对受害人的心理造成伤害，会令受伤害的人感觉厌倦不堪。如果你热衷于传播这些流言飞语，那么你至少不要指望其他同事能对你产生好感。

经常地搬弄是非、散布流言飞语的员工，会让公司里的同事对你产生一种避之唯恐不及的感觉。谁敢把自己的事情和你说，没准今天说了，明天公司上下都在流传着，要是真到了这种地步，相信你也不会在这个公司待得太久，因为已经没有同事愿意与你相处了。

[提示]

1. 当你听到这样的声音的时候，例如："×××真是烦人，说话就像是在抬杠似的！"、"×××有什么了不起的，不就是长得好看点吗？说不定和经理有一腿呢？"、"×××怎么处处与我作对，真不知道我哪里得罪他了？"……不要觉得奇怪，更不需要去询问，这些人说话的目的就是想引人注意，你一问正好让他打开了话匣子，你就成了他的聆听者。最好的做法就是当作没听见。

2. 当有人在公司里搬弄你的是非，散布你的流言的时候，首先你要沉住气，先反省自己是否哪里做得不得当，如果没有的话，那么大可以不把它当回事。你要知道你越在意这些，传播者就会越起劲，你的低调方式反而会令这些无中生有的流言飞语不攻自破。

3. 如果你所在的公司有喜欢散布流言飞语的同事，切记要离他们远点，而且不论什么情况之下，不要拿自己的事情与之诉说，这样，你就不会有话柄落入其手。

4. 当同事们聚在一起闲谈时，谈到同事或者上司的私事的时候，不要多加询问，也不要表现出很好奇的样子，诉说者正希望有人表现出这样的神情。最好的方式就是找个借口，独自走到一边，不参与其中，你就会远离流言飞语。

5. 自己对工作或者同事的抱怨千万不要挂在嘴边，逢人就说，喜欢搬弄是非的人正需要这样的消息，如果你这样做了，你就会令自己陷入流言飞语之中。

6. 当你某天发现竟然有人在你背后四处说你坏话，暗中破坏你的形象，该怎么办？千万不要因为一时气不过，就怒气冲冲地找对方理论。先稳定好自己的情绪，然后一步步地化解难题：

（1）先检讨自己。你应该想想，自己是不是做了些什么事、说过哪些话，让对方看你不顺眼。如果不明就里地去找对方兴师问罪，只会让对方更看你不顺眼。

（2）问清楚原因。你可以问："我不知道发生了什么事，是否可以告诉我是什么问题？"如果对方什么话也不愿意说，干脆直截了当地跟对方说："我知道你对我似乎有些不满，我认为我们有必要把话说清楚。"

（3）委婉的警告。如果对方不肯承认他曾经对别人说过不利于你的话，你也不必戳穿对方，只要跟对方说："我想可能是我误会了。不过以后如果你有任何的问题，希望你能直接告诉我。"你的目的只是让对方知道：你绝对不会坐视不管。

（4）向老板报告。当类似的事情第二次发生时，你可以明白地告诉对方："如果我们两人无法解决问题，就有必要让老板知道这件事情。"如果事情仍未获得解决，就直接向老板报告。当然，不是所有的情况都必须向老板报告。如果对方只是对你的穿衣品位有些挑剔，就让他去吧，这并不会影响你的工作或是你和同事之间的关系。

很多时候，我们都懂得在别人面前不说他人的坏话。那么，在他人的背后呢?

职场之上，想要成为一名优秀的员工，就需要做到表里如一，即使是在他人的背后，也要坚持说好话，不要把平时的抱怨留藏心中，多站在他人的立场上替他人着想。别担心好话传不到当事人耳朵里，你宽厚待人，他人也会宽容待你。如果有人在你面前说他人的坏话，你只需要微笑着面对，绝不要参与其中。

43. 坚持背后只说同事的好话

善言乃人世间的音乐。

——法布尔

每个人都喜欢听好话，这也是人的一种天性。来自社会或者他人的赞美很容易令一个人的自豪感与荣誉感得到满足，我们便会情不自禁地感到愉悦和鼓舞，并对说话者产生一种亲近感，彼此之间的心理距离就会因赞美而缩短、靠近，自然就为交际的成功创造了必要的条件。

职场之上，如果想要成为一名优秀员工，那么就需要搞好与上司和同事的关系。你可以抓住人人都喜欢听好话这一特点，不过，当面说很容易给人一种拍马屁的感觉，背后说他人的好话就不会这样。你也别担心当事人不在场就听不到，好话传千里，经他人之口被当事人听到，当事人就会觉得你是真心夸奖他，而绝不是奉承之词，他就会在心里也肯定与承认你，以后工作上或生活上，他与你的距离自然就会拉近了。

布尔与凡林同一年进入一家公司，他们两个人的工作能力差不多，都是热爱工作、努力工作的员工，不过，布尔在一年之后得到了提升，而凡林还在原地踏步。

为什么会这样？布尔与凡林相比，他更懂得人性，更会做人。

举一个最简单的例子吧。

上司召集员工开销售策略会议，谁要是有什么好点子都可以说。在同事们绞尽脑汁，想不出好的意见的时候，上司提了一个意向，征求大家的看法。

凡林连想都没想就说："上司不愧是上司，经验多、主意也多，这个方法肯定没问题。"

凡林还在沾沾自喜自己对上司的夸奖，上司的脸上不是颜色了："凡林，奉承的功夫见长啊，你说我的这个意向好，那我倒要你说说，好在什么地方？"

凡林这时候才开始对上司的点子进行分析，上司一看凡林在思考，火就更大了："连想都没想过就说好?！我更欣赏实事求是的员工。"

你要是上司你也会生气，当着这么多人的面儿，这不是故意让他难堪吗？拍马屁也要看准时机，拍在马腿上就很麻烦了，凡林就拍在马腿上，这下凡林留给上司一个"马屁精"的印象，以后即使工作上有好的表现也会因这一印象而大打折扣。

布尔在上司面前永远都是毕恭毕敬的样子，这让上司感觉布尔很尊敬他，除非上司问他意见，一般情况之下，布尔不会乱说话。不过，布尔会把对上司的赞美说给同事听。

"我真的很庆幸，毕业之后能遇到这样一位好上司。他公平待人，工作上有问题请教他，他也总是耐心地讲解，可谓是知无不言、言无不尽，在这样的一位上司手下做事，我感到很高兴。"这是布尔中午吃饭的时候向身边的同事说的话。

在背后说一个人的好话比当面恭维说好话要好得多，你不用担心，你在背后说他的好话，很容易就会传到他的耳朵里。布尔的上司当然也听到了他对自己的称赞，布尔在他心中的形象也就更好了，再加上他平时工作上的良好表现，在年终的时候，布尔得到了提升。

对一个人说别人的好话时，当面说和背后说是不同的，效果也不会一样。你当面说，人家会以为你不过是奉承他、讨好他；当你的好话在背后说时，人家就认为你是真心实意地说他的好话，人家自然就会领你的情，并感谢你。假如你当着上司和同事的面说上司的好话，你的同事们会说你是讨好上司，拍上司的马屁，而容易招致周围同事的轻蔑。

另外，这种正面的歌功颂德所产生的效果反而很小，甚至有反效果的危险。你的上司脸上可能也挂不住，会说你不真诚。与其如此，倒不如在公司其他部门，上司不在场时，大力地“吹捧一番”。这些好话终有一天会传到上司的耳中的。而同时，这个员工的形象也会在上司心中上升，那些“传播者”在传达时也捎带对这个员工夸赞了一番：这个人心胸开阔，人格高尚，真不错。

兰琪与琳达一直是一对工作上的好搭档，这是大家公认的事实，可是没人知道，刚来这家公司的时候，她们却是一对冤家。

兰琪早到公司一年，不过由于她对自己的要求过于严格，导致工作压力很大，工作上的表现也平平。琳达来到公司不久，就发现了兰琪的这个个性，但是，她认为这样的人如果能放松对自己的苛求，会是一个很好的工作合作者。

于是，琳达创造机会与兰琪接近，她有不懂的地方就去问兰琪，兰琪也乐意讲解，琳达自然很高兴初来乍到就能遇到这样一位好大姐。琳达逢人便说兰琪如何帮助她的，说她是一个很容易相处的人，对自己的帮助很大。

兰琪对于琳达在背后对自己的赞许也有所耳闻，她觉得琳达没有当面夸自己，而是在其他同事面前说自己的好话，这明显不是在奉承，而是一种对自己真诚的承认和赞扬。兰琪沉浸在这种氛围里，无意当中放松了对自己的苛求，工作起来也得心应手了许多。

与此同时，兰琪也在心里默许琳达，随着交往的深入，慢慢地，她们就成了一对好搭档。

试想一下，如果有人告诉你，某某人在背后说了许多许多你的好话，你会不高兴吗？这种赞美，如果当着你的面说给你听，或许适得其反，让你感到虚假，或者疑心他不是出于真心。为什么间接听来的便觉得特别悦耳动听呢？那是因为你坚信对方在真心地赞美你。

一个员工在背后说别人的好话，能极大地表现此人的“胸怀”和“诚实”，有事半功倍的效用。比如，你夸上司说他公平，对你的帮助很大，而且从来不抢功。以后，即使你的上司有想要“抢功”的念头，他可能会有那么一点顾忌，因为他不想毁掉自己在员工心目中的形象，自然就会手下留情。

在背后说别人的好话，会被人认为是发自内心、不带私人的动机的。其好处除了能给更多的人以榜样的激励作用外，还能使被说者在听到别人“传播”过来的好话后，更感到这种赞扬的真实和诚意，从而在荣誉感得到满足的同时，增强了上进心和对说好话者的信任感。

如果你坚持在背后说同事的好话，别人就会了解你对任何人都一样真诚时，对你的信赖就会日益增加。上司会更加信任你，你在同事心中的形象也会有所提升，这对于你在职场上的晋升无疑是起决定作用的。

人总是喜欢听好听的话，即使明白对方讲的是奉承话，心里还是免不了会沾沾自喜，这是人性的弱点。换句话说，一个人得到别人的赞美，绝不会觉得厌恶，除非对方说得太离谱了。赞美是一种学问，其中的奥妙无穷，但最有效的赞美则是在第三者面前赞美对方。

因为当你直接赞美对方时，对方极可能以为那是应酬话、恭维话，目的只在于安慰自己罢了。若是通过第三者来传达，效果便截然不同了。此时，当事者必然认为那是真心的赞美，毫不虚伪，于是真诚接受，对你感激不尽。如果这个人是你的下属，在深受感动之下，他会更加努力工作，以报答你的“知遇”之恩。

《红楼梦》中就有这么的一段：史湘云、薛宝钗劝贾宝玉走仕途为官，贾宝玉大为反感，对着史湘云和袭人赞美林黛玉说：“林姑娘从来没有说过这些混账话！要是她说这些混账话，我早和她生分了。”

凑巧这时黛玉正来到窗外，无意中听见贾宝玉说自己的好话，“不觉又惊又喜，又悲又是叹。”结果宝黛两人互诉肺腑，感情大增。

因为在林黛玉看来，宝玉在湘云、宝钗、自己三人中只赞美自己，而且不知道自己会听到，这种好话就不但是难得的，还是无意的并且是发自内心的。倘若宝玉当着黛玉的面说这番话，好猜疑、小性子的林黛玉怕还会说宝玉打趣她或想讨好她呢。

这就是背后说好话与当面说好话的不同之处，很多时候我们会把他人当面的好话当成是在奉承自己，即使对方说的是对的，我们也很少会在意，但是，当他人背后说我们的好话传到耳朵里的时候，感觉就不一样了，我们会觉得那人是在真心赞扬自己，我们也会在心里默认此人。

其实，这就是人性，如果你懂得了这个道理，那么你在职场上一定就会有极好的人缘。德国的铁血宰相俾斯麦，为了拉拢一个敌视他的议员，便有计划地在别人面前赞美这位议员，他知道那些人听了之后，肯定会把他的话传给那个议员。后来，俩人成了无话不说的政治盟友。

事实上，在我们的周围，可把这种方法派上用场之处不胜枚举。例如，父母希望孩子用功读书时，如果整天把“你要用功读书”这类的话挂在嘴边，你的孩子只会感到厌烦，说不准还会产生抵触情绪。假如你的孩子从别人嘴里知道父母对自己有很高的期望，他们就会感受到父母在自己身上花的心血，自然会产生极大的动力。

在背后说人好话的策略中，还有一则经由第三者传送好话的方法。这种方法不仅能使对方愉悦，更具有表现出真实感的优点。假如有一位陌生人对你说：“某某朋友经常跟我提起你，他说你是个很了不起的人！”相信你感动的心情会油然而生。因为这种赞美比起一个人当面赞美你更让人舒坦，更容易让人相信它的真实性。

在背后说他人的好话并不难，难的是你能否坚持说好话，而不把抱怨之词流露出来。职场之上，最忌讳的就是表里不如一的员工，在人前是一副模样，到了人后又是另一副嘴脸，这类员工也是不受大家欢迎的。

如果你想要成为一名优秀员工，那么，你就需要学会多站在他人的角度上思考问题，记住，你在背后对同事的承认与赞许要比当面的夸奖的功效更高。

［提示］

1. 如果你想赢得一个好人缘，那么多赞许他人，特别是在他人背后说的好话更容易让他人接纳你。

2. 即使是办公室里扫地的大妈也同样需要你背后的好话，“你们看看，大妈把这地清扫得多干净啊！她每天来得比我们早，真是不容易啊。”这样的话同样会传到大家耳朵里，在同事心中会觉得你是一个很有人情味的人。

3. 在背后说一句好话并不难，难的是你能否坚持在背后只说他人的好话。刚开始可能不容易，慢慢地养成一种习惯就好了。

受到批评对一名职场上的员工来讲，是很平常的事情。如果你不能正确地面对上司对你的警告、指责的话，那么你就会产生抵触情绪，而对你的上司心存抱怨，这不仅会影响到你当天的工作表现，而且还会影响到你与上司之间的关系。

不能正确对待上司指责的员工，他就不可能发现并及时改正自己工作上的失误，带有抵触情绪就更加错上加错，这样的员工，怎么可能成为一名优秀员工？

44. 对批评有抵触情绪只会错上加错

只有接受批评，才能排泄精神的一切渣滓；只有吸收他人的意见，才能添加精神上新的滋养品。

——徐特立

作为一名员工，你必须明白上司不会随便批评自己的下属，他更加明白训斥很容易伤和气。上司在提出批评的时候一般都是比较谨慎的，谁都不愿意无缘无故与人翻脸。上司对员工的批评一定是有原因的，或对或错，都表明上司对该员工工作上有不满意的地方，员工都应该好好想一下，虚心接受上司的批评。

有些员工不是这样的，他们接受不了上司的批评，抵触情绪很强烈。其实，上司的批评里含有忠告、指示与鼓励的作用，他对你的批评也可以看做是对你的重视和鞭策。正因为他眼里有你这个员工，他才会注意你的错误或过失；如果不是因为你是他的下属，他才不会批评你，犯不着好人不做当坏人。如果对上司的批评有抵触情绪，那么只会让你更加错上加错。

李兵上班从来没有迟到过，不过，他总是紧扣钟点进入办公室，他自己还没当个事儿，津津乐道“这叫做多一分钟浪费，少一分钟不够”，哪里知道上司早就看在眼里了。

李兵的上司是一个很传统的人，他希望自己手下的员工能早几分钟到办公室，这样就可以为一天的工作有充分的准备，他也在部门会议里提过，只有李兵没有照做。李兵觉得反正自己能把工作做好就行了，干吗非在乎那么几分钟，早去了又没人发加班费，何必？

上司实在无法容忍每天早上看到李兵急急忙忙冲进办公室，有一天他正往办公室门口走，正好和进来的李兵撞了个满怀，上司十分恼火：“我早就说过，提前几分钟到，提前几分钟到，为什么你就是听不进去？每天都匆匆忙忙地进办公室，怎么可能做好工作？”

李兵并不觉得自己这样不对，大清早被上司当众大骂一顿很没面子，他把脸拉得老长：“对不起，我没太留神，刚才没有撞疼您吧？”

上司听到李兵这句避重就轻的话，更为生气：“你故意没听到我说什么，对吧？扣除你本月考勤奖，如果以后你还是这样的话，那么立马给我走人。”

李兵如果能在上司第一遍批评他的时候，就虚心承认错误，那么就可以避免扣除当月考勤奖的处分了，上司也不会那么生气。正是李兵的抵触情绪作怪，他没有承认自己的错误，在同事面前没给上司面子，上司当然会更为恼火。

一个员工再聪明、再能干，也总有犯错误的时候，犯了错误对待上司的批评往往有两种态度：一种是拒不认错，找借口辩解推脱；另一种是坦诚承认错误，勇于改正，并找到解决的途径。

其实，关键是心态问题，自己的心情不能被斥责所干扰，而应该让自己的情绪富有弹性，经常保持冷静，挨骂的时候只要低头认错就好。既然上司已经斥责你了，那么就认认真真地接受批评，并勇于承认自己的过失。

每个人都有犯错误的可能，关键在于你认错的态度。只要你坦率承担责任，并尽力去想办法补救，你仍然可以立于不败之地。一个人做错了事，最好的办法就是老老实实认错，而不是去为自己辩护和开脱。

日本最著名的首相伊藤博文的人生座右铭就是“永不向人讲‘因为’”。这是一种做人的美德，也是为人处世、办事做事的最高深的学问。

乔治是一家国际商贸公司的市场部经理。在他任职期间曾犯过一个错误，当时他没经过仔细调查研究，就批复了一个职员为纽约某公司生产5万部高档相机的报告。等产品生产出来准备报关时，公司才知道那个职员早已被“猎头”公司挖走了，那批货如果到达纽约，就会无影无踪，货款自然也会打水漂。

乔治一时想不出补救对策，一个人在办公室里焦虑不安。

这时老板走了进来，他的脸色非常难看，质问乔治：“你是怎么做事的？出了这么大的漏洞，才发觉？”

还没等老板开口，乔治就立刻坦诚地向他讲述了一切，并主动认错：“这是我的失误，我一定会尽最大努力挽回损失。”

老板被乔治的坦诚和敢于承担责任的勇气打动了，答应了他的请求，并拨出一笔款让他到纽约去考察一番。经过努力，乔治联系好了另一家客户。一个月后，这批照相机以比那个职员在报告上写的还高的价格转让了出去。

如果乔治面对老板的斥责不是坦言有错，而是推卸自己应该承担的责任，说都是那个员工在背后做的手脚，那么乔治的老板一定会把他炒鱿鱼。

一个人犯了错误并不可怕，怕的是不承认错误，不弥补错误。

松下幸之助说："偶尔犯了错误无可厚非，但从处理错误的态度上，我们可以看清楚一个人。"老板欣赏的是那些能够正确认识自己的错误，并及时改正错误以补救的职员。

一名优秀员工，在受到上司责骂的时候，应该尽可能保持谦逊的姿态、虚心的神情，同时眼神不可随意飘动，这样就可以表现出对上司批评的专注，不会让上司认为你心不在焉或者不服气。

小娟刚到一家文化公司上班，她工作认真负责，上司对她的印象也不错，可是上司对小娟办公桌的陈设就不太喜欢。

小娟的办公桌上摆放着的都是小孩的东西，她要是工作表现极佳得到上司的赞扬之类的时候，还会抓起一玩偶冲它微笑，嘴里念叨着"噢耶"。开始的时候，上司还以为是小娟适应不了公司的环境，既然她能找到调节自己的方式，那么就这样好了。

转眼一算，小娟来公司已经快半年了，她做事已经不像刚来时候那样毛手毛脚了，不过她的办公桌还是老样子，一点改变都没有，而且那个"噢耶"的毛病还保留了下来。

上司真是看不过去了，把小娟叫进办公室来。小娟对上司很尊敬，还以为是自己什么地方做错了呢，一进来就耷拉着脑袋，站在一边。

上司先开口："小娟，你能不能回去把你的办公桌改变一下？"

小娟有些不理解，看着上司，张大嘴巴说了句："啊？"

"这样跟你讲好了，你要是看见一个中年人穿着一身卡通服饰，你会有什么想法？"

小娟想了一会儿，回答说："我明白你的意思了。我的办公桌是需要改变一下了，现在的样子给人很小孩子气的感觉，谢谢你的教导。”

如果上司对你的指责里面有你立刻明白的教训，最好能在上司批评完后，将指责复述一遍，并尽可能地陈述善后对策或改善方法，如果有机会的话，在事后还可以对上司的训示加以感谢一番。

下属能完全接受教训，理解上司的一番“苦心”，积极地谋求改善，而且还对上司心存感激，这对上司来说，是再高兴不过了。这样一来，即使你哪天真的做错了事情，上司也会觉得你是可以原谅的。因为在你承认自己的错误，并肯定上司对你的批评的瞬间，你让上司感受到了他的价值，也让上司得到了指导他人的满足感和成就感。

成功来自于在错误中不断学习，因为只要你从错误中学到经验吸取教训，就不会重蹈覆辙。只要你坚持并且有耐心，认识、改正并弥补错误，就能吸取经验，取得成功。

让上司觉得他是被信赖与尊敬的，最直接的就表现在下属很愿意听他的“教训”。但是，如果你不服气、发牢骚，那么这种抵触情绪就会让你与上司的感情距离拉大，关系恶化。

赵文与其上司的关系不是很好，赵文看不起自己的上司，他经常和同事讲：“哼，他有什么可神气的，成天就知道教训人。”

有一次，赵文在工作上出现很大的失误，上司当然会批评他。上司一边说赵文工作不认真、浮躁的时候，赵文一边在心里说上司就会教训人，好像哪天不骂人就浑身不舒服。上司说的什么，赵文一概不知，同时还表现出一副很不服气的态度，上司看在眼里，嘴上说：“赵文，你是不是不服气啊？”

赵文立马回答：“没有。”

“真的没有？”

"真的没有。"

"那好，你回去自己好好想想吧。"

出了上司的办公室，赵文就开始发牢骚："不就是一点小事吗？至于这么骂我吗？"他哪里知道，上司老早就站在办公室的玻璃窗前看着呢，赵文不但没有理会上司的真心真意，反而用这样的方式回应批评，招致上司的嫌恶，从这以后，上司有什么重要的工作都不会交给赵文来做。

一个连批评都听不进去的员工，哪个上司敢委以重任？对于上司的批评不要不服气，牢骚满腹，退一步说，即使上司对你的批评没有什么附加意义，只是一次简单的训斥，你也应该通过得当的处理，利用好它。让它成为你走进上司视线，受到关注的一个机会，这样，也会比你带有抵触情绪，导致上司与你对立要好得多。

乌龟在受到攻击的时候，会把自己的头缩进壳里，这样就可以避免自己受到伤害。你面对着正在气头上的上司，也可以把自己当做一只乌龟，收起自己的不满和冲动，虚心接受上司的批评，摆正上司与下属的关系，这是一种聪明和正确面对批评的做法。

[提示]

1. 常见到这样的员工，遭受上司的批评之后，就像霜打过的茄子一样，整个人都蔫了，做事情提不起精神来，好像世界末日来临了一样，他们在心里把上司的批评看得太重了。

其实受到批评并不代表着什么，上司批评你主要是针对你所犯的错误，大部分领导是对事不对人的，上司的本意是想通过责备让你意识到错误，避免再犯。你这样的表现，谁以后还敢说你的不是，上司会看不起你，今后可能就不会信任你了。

2. 对待批评带有抵触情绪是最愚蠢的行为，上司会觉得你不是一个能接受批评的人，当然就不会把纠正错误的希望寄托在你身上。一个听不进批评的员工，不会得到上司的信任与重用。

3. 在公开场合受到上司的批评和指责，你难免会觉得难堪，在周围同事众目睽睽之下，你切不可为了自己的面子，失去理智，反驳上司的批评以显示自己的无辜。这样的一时之快的做法，留给上司的却是加倍的愤怒与斥责，最终受害的还是你自己。

“忍一时风平浪静，退一步海阔天空”，你完全可以把上司的责骂当做当街遇到一场倾盆大雨，风雨过后自然会平息，你又不会真的损失什么，又不会让上司感觉丢了面子。一名优秀的员工就需要学会压制自己的冲动，理智冷静地看待问题，特别是在上司面前，一定不能让上司感觉没面子。

在职场中打听别人的薪水并相互攀比是一种非常常见的行为，虽然绝大多数公司对这种行为是禁止的，并且很多公司在发放薪水时也是保密的。

或许你觉得攀比薪水只是工作之余的一种调剂，但是你时常为之，会让人觉得你只重薪水而不重平时的工作表现，这样的话就会让同事小看你，并且老板也会觉得你在扰乱同事的工作心情，这将对你极为不利。

45. 攀比薪水会让你踌躇不前

老是把自己当珍珠，就时常有怕被埋没的痛苦。把自己当泥土吧！让众人把你踩成路。

——孔繁森

一些刚刚进入社会不久的年轻人，总对自己抱有很高的期望值，认为自己一开始工作就应该得到重用，就应该得到相当丰厚的报酬。他们喜欢在薪水上相互攀比，似乎薪水成了他们衡量一切的标准。但事实上，刚刚踏入社会的年轻人缺乏工作经验，是无法委以重任的，薪水自然也不可能很高，于是，在相互攀比薪水的过程中难免生出许多怨言。

在喜欢相互攀比薪水的人眼里看来，我为公司干活，公司付我报酬，应该等价交换，无可厚非。因此，他们看不到工资以外的东西，甚至对这种行为会引起同事的反感也毫不在意。

在攀比薪水的过程中得知有人薪水永远比他高，在校园中编织的美丽梦想立刻被“薪水”击碎，工作没有了信心、没有了热情，于是，采取一种应付工作的态度，能少做就少做，能躲避就躲避，敷衍了事。他们一心想的只是对得起自己挣的工资，却从来不去想是否对得起自己的前途，是否对得起自己的家人和朋友的期待。

许华毕业之后，顺利进入一家公司做文员。

刚开始，许华在工作上兢兢业业，但两个月后，许华在与同事攀比薪水的过程中发现自己虽然努力地工作但薪水还是没有别人的高，一些看起来每天工作没什么事可做的同事却比她高出了很多，于是在许华的心里产生一套自己的“工作经”，她认为自己刚开始工作，上司一定会留意像自己这样的新员工的表现，所以让自己每天看起来都很忙碌就行了，而去做自己分外的工作却没那个必要，即使多做了工作，也没人多发钱给自己。

于是，许华每天守着上司当天给自己下达的工作任务，并尽量掐点在下班之前完成。

许华也是按照这样的工作原理进行的。

三个月之后，另外几个与许华同时进入公司的员工都收到了转为正式合同工的通知，只有许华没收到。

当天下班的时候，许华被上司叫进了办公室。

“十分抱歉，我们公司最后决定不录用你。原因很简单，这是一个讲究效率的时代，这三个月来，你的工作效率真的很难让人接受……”

许华目瞪口呆地站在那里。不知事后，她是否会重新考量一下自己的那套“工作经”，并做一些相应的修改呢？

每个人都存在一定的忌妒心理，如果你在职场中与同事攀比薪水，看到有比自己高的，难免会生出些忌妒来，久而久之就会让你觉得自己不如人或认为老板偏心，从而影响了自己的工作热情。如果你拿 100 元的工资就只做 100 元钱的事，上司肯定找不到理由给你加薪，但是，你如果拿了 100 元的工资做了 1000 元钱的事，那么上司就不可能不给你加薪。

很多刚刚步入职场的年轻人，他们不懂得“小付出，小回报；大付出，大回报”的道理，他们有的是“做一天和尚撞一天钟”、“拿多少钱，做多少事”的想法。对于薪水的问题斤斤计较，一时没有加薪就一时不好好工作，殊不知这样却让他们永远也得不到加薪的机会，情况严重的将永远失去工作的机会，没有哪一家公司愿意要他们。

但在人的天性中，存在这样一个可悲的习惯，总是只有见到具体的回报才愿意付出。如果一个人习惯这么想，可以说他经常得到的很少，甚至什么也得不到。只有明白了先付出，才会有所取得的道理，勇于付出、乐于付出，再期待相应的报酬一定不晚。

苏尔森在进入这一家公司短短的三年时间里，由最低级的员工做到了部门经理的位置，这也引起很多人的关注。

有的人认为苏尔森必定有着一般人所没有的能力；有的人觉得苏尔森家里与公司的高层领导一定有关系，不然怎么会提升得这么快；更多的人是向他投来欣赏与羡慕的眼光。

苏尔森对这些流言蜚语也有所耳闻，但他并不多加解释，这就更招致人们的猜疑。

年终公司开表彰大会，苏尔森当然是公认快速进步奖的获得者，在他上台领取奖品的时候，需要有一段简短的发言。

苏尔森一身黑色西装登上领奖台，他看了看手中的奖杯，并环视下面等待说法的人们，只见他微微一笑，说：“很多人对于我的晋升有很多不同的看法，今天就让我来揭开谜底吧。我刚进公司的时候，很多人会问我拿多少薪水，但我对自己的薪水要求并没有太在意，只觉得我工作的义务是提供优质的服务给我的客户，这也是为什么客户对我有那么高评价的原因之一；在我被提升为部门主管之后，我对自己的薪水多少也没有太大的要求，只是觉得公司给了我加入管理阶层的机会，我就得提供优质的服务给公司。只要你热爱你的工作，那么就会觉得攀比薪水是很无聊的事，这个理念我一直到现在都没有改变过。谢谢大家。”

下面的很多人都很吃惊，他们中有多少人感觉工作是件枯燥乏味的事情，可是每天还得继续下去；更多的人只是在为薪水而工作，觉得没有薪水就无法生活。所以，他们的工作和生活都没有多大的快乐，而苏尔森则不同，他是在为快乐而工作，而不仅仅是为了薪水，这也是他取得成功的秘诀。

无论薪水高低，工作中尽心尽力、积极服务，能使自己得到内心的平静，这往往是事业成功者与失败者之间的不同之处。工作过分看重薪水，觉得薪水低就可以工作得轻松随意些，那么，无论你从事什么领域的工作都不可能获得真正的成功。

将工作仅仅视作赚钱谋生的工具，这种想法本身就会让人蔑视，更不会因为薪水低而得到别人的同情，有这种想法的人永远也感受不到工作所带来的快乐，他们只是工作的奴隶而已。

无论如何，相信大多数企业经营者都是明智的，都希望吸引更多富有才干的员工为自己工作，并根据每个人的努力程度给予公平的晋升、加薪。而只有那些工作中把薪水放在背后，尽职尽责服务于公司，并坚持不懈地提高工作品质的人，才会获得晋升的机会，那么，他们还担心薪水不会提高吗？

俾斯麦，这位德国历史上赫赫有名的人物，虽然有许多做法并不能引起我们的认同，但他在对待薪水的问题上，还是值得我们学习的。

俾斯麦在德国驻俄外交部工作时，薪水很低，但是他却从来没有因为自己的工资低而放弃努力。在那里他谦恭处世，学到了很多外交技巧，结交了许多有权势的朋友，也锻炼了自身的决策能力，这些对他后来的政治活动影响深远。

世界上大多数人都希望在付出之前就得到回报，如果你能改变这种看法，不在你的职业生涯中与人攀比薪水，过分在意付出之后的回报，那么你就能超越自己，超越他人，在成功的道路上迈出坚实的一步。

[提示]

1. 对刚刚步入职场的新人说这样一句话：记住你不是在为薪水而工作，你是在为自己工作。想要快速进入工作角色，想要尽快地适应工作环境，那么你就要改变付出多少就要得到多少的观念，它决定着你的行动，你的工作热情。

2. 不要一心就想着加薪，你应该想如何让上司给你加薪。当你得到1000元的工资却付出10000元的工作努力时，上司岂能不给你加薪？

3. 思想决定行为，记住“小付出，小回报；大付出，大回报”的道理，没有付出，哪来的回报。如果想要成为一名优秀的员工，你就必须打破只有看到回报才愿意付出的习惯，这样你才能更好地驾驭你的工作。

4. 不要总想着“我多做了工作，也没人给我加薪水”，你不是为了薪水而工作的，工作是为了获取更多的工作经验，当你的工作经验积攒到一定程度的时候，自然就会得到加薪，记住，多做的工作不可能白白浪费，它会为你储备更多的工作经验。

科技的快速发展使得我们的生活节奏加快，很多时候不需要面对面也可以进行交流。对于职场中人来说，与客户、老板、朋友等进行沟通更多的时候是通过电话来完成的。

如今打电话已经是再平常不过的事了，但你可别小看了电话，在打电话时你也需要特别注意谈话的艺术。

46. 微笑着面对你的话筒

要使别人喜欢你，首先你得改变对人的态度，把精神放得轻松一点，表情自然，笑容可掬，这样别人就会对你产生喜爱的感觉了。

——卡耐基

与人交谈过程可以分为面对面与不面对面两种，面对面的交谈，我们不仅可以利用语言，而且还可以用表情、手势等肢体语言来帮助我们表达思想和情感；可是，另一种不面对面的交谈，比方说通过电话来交谈的话，我们面对的只是话筒，只能听到对方的声音，根本无法看到对方的面部表情，这时候就只能依靠语言，利用语言来判断彼此的表情态度，因此通过电话进行交谈的时候，就需要特别讲究谈话的艺术。

快节奏的工作中，我们每天都有许多事情是通过电话来完成的。通过电话，可以认识很多人，这些人和你并非都见过面，只是由于工作上的需要才和你接触得多了。很多时候，你是不是有这样的一种感觉，只要你拿起话筒，说上一句“你好”，对方就能够判断出是你而不是其他人，只是因为对方对于你的声音已经很熟悉了，产生了某种印象。

不是所有员工面对话筒都能给对方留下一个好印象，有些人平时对人还不错，可是一拿起话筒，声音就变得机械、单调，甚至粗声粗气，给人一种很不舒服的感觉，对方就赶紧三言两语把事情说完就收线，谁愿意和这样的声音多聊一分钟？

很多人认为他面对的只不过是一个没有生命的设备，也就不把打电话当回事，你应该知道就是你的这种想法导致了你与客户的关系总是没有想象中的那么好，工作业绩也总是不好不坏，始终无法得到提升。打电话绝不是一件小事，严肃地说在这里面蕴涵着一种学问，你应该在想象中看见那个远方接电话的人，就好像跟他面对面一样，微笑着面对你的话筒。

安微是一家文化公司的经理秘书，身为秘书每天接听电话就如同家常便饭一样，一天下来肯定得接好几十个。不管接听的电话有多繁杂，安微都有一个很好的习惯，那就是拿起话筒，面带微笑并且亲切地送上一句：“您好，这是华达文化有限公司。”不管是谁听到这样的声音，都会感觉心情愉快，久而久之客户对安微的评价也越来越高。

有一次，经理在开日常会议的时候，还专门提到了这一点，说安微接听电话时的面部表情以及语气语调都让人感觉十分舒服，不管是哪个客户听到这样的声音都会心情愉悦，而且有不少客户都向我说起过，听到你秘书的声音本来手里的事情很繁多，心情也会变得十分的好。完成工作是很重要，带着一个快乐的心情来完成工作，岂不是更好？所以，我在这里向全体员工提出这样一个要求，无论你的工作有多忙，只要你拿起话筒，就必须微笑着面对你的话筒，否则你就不要打电话了。

安微也因此得到了经理的极高的评价，工资也有所提高。

在日常生活与工作中，我们的许多行为举止常常是无意的，但从这些无意之中却能体现出一名员工的职业操守。像接听电话这样的小事情上，也能够充分看出一个人对待工作的态度如何。

一个接听电话面无表情、声音委靡不振的员工必定是对工作感到烦躁，工作态度也不过是“做一天和尚撞一天钟”，像这样的员工，上司对他的印象怎么会好，又怎么会信任他，更别谈提升他了。

职场无小事，细节决定成败。你要想成为一名优秀的员工，那么就需要对一些细小的环节多加注意，接听电话时的面部表情、语气语调更需注意，你要知道对方只是通过电话与你取得的联系，你的声音也是与对方进行交谈的一种重要媒介，没有人会拒绝笑容，同样的也没有谁接听电话时会拒绝带有微笑的声音。

杰卡作为一名销售代表，经常与客户有电话上的接触。杰卡长得玉树临风，也特会来事，不过，他有一个毛病，就是喜欢一边忙手头的事儿，一边接听电话。

有一天，杰卡正被手里的工作忙得焦头烂额，电话响起，杰卡抓起话筒，拖着声音来了句“喂”之后就把话筒放在肩头，用脸和肩膀夹着电话，手里一点都没闲下来。

话筒里传来这样一句：“你好，麻烦一下，我找你们公司的销售代表，杰卡。”

杰卡觉得对方连自己的声音都听不出来，有些不高兴，“我就是，你是哪位？有什么事情吗？”这时候，他一只手拿着笔在一个文件上飞快地写着什么，笔尖接触到纸面发出“吡吡”的响声。

“我是×××公司的，不好意思没听出你的声音来，看来你很忙，以后我们再谈吧。”

杰卡连一声“再见”都没说，就挂上了电话。他哪里知道，这家公司听说杰卡办事效率高，服务好，有一笔大的订单想与他谈一下细节问题，却因为他那慵懒的声音而吃了闭门羹，后来这家公司与另一家公司签了合同。

杰卡有一位朋友在那家公司上班，当天打来电话的正是他们的部门经理，放下电话，顺口说了一句“哪有这样说话办事的呀？绝不能与这样的公司合作”。

杰卡因此错失好大的一笔订单。

这就是话筒艺术里体现出来的一个最明显的事例，要知道想与你合作的人在打电话之前必定会对你以及你所在的公司进行多方面的了解，下定决心之后才会打电话过来，本来这样的“天上掉馅饼”的事情就不多见，更多的时候是你用你那“三寸不烂之舌”费很多的周折才能争取到一个客户，而杰卡却因为接听电话的漫不经心，轻而易举地把客户送走了。

所以说，作为一名员工，接听电话的时候，需要面带微笑，而且要让对方感觉到你是很认真地在听他说，如果杰卡能够做到这一点，对方就会觉得自己得到了尊重与重视，以后的事情也就不可能发生。不论你手头的工作多忙多重要，接听电话微笑着面对话筒，都是很重要的。接听电话的时候，由于你的姿态、笑容、动作与表情，对方完全看不到，因此，你的善意、亲切、好感，完全依靠你的语言与声音来传达。

在平时，你的声调不太好，你说话不大讲究，他人还可以通过你的举止和面部表情来判断你的态度，但是，在电话里一切都只能借助声音来表达。你就需要小心地控制你说话的声调，让你的声音能够温和、亲切、友善，这样就可以传达出你的情谊，同时也要口齿清楚地传达出你的谈话内容。

冯杰是一家药物公司的销售代表，从进入这个行当的第一天，他就明白想要取得成绩，凡事都得多加留心，不能因为小事情上的疏忽而失掉了大好的前程，就连接听电话这样的小细节，冯杰也充分显示出了作为一个职业人士的潜质。

每当电话响起，冯杰绝对会在三声之内，拿起话筒，这样就不会让对方因为等待过长而十分急躁，也不会给公司留下一个不好的印象；接着，微笑着面对话筒，送上一句“您好，这是×××药物公司，您有什么需要服务的吗?”这样一来，与对方的谈话就有一个很好的开始。

然后，冯杰会随手做记录，例如：对方是哪家公司，接听电话人的姓名，有哪些需要，在什么时间内把药物送到等的详细记录。在工作中这些资料十分重要，你翻开冯杰的笔记本，上面字迹工整地留有某年某月某日，接听了多少电话，需要做哪些工作，并根据急缓程度，用不同颜色的笔在下面做出标记。在通话结束的时候，冯杰总不会忘记说这样一句：“希望我们合作愉快，再见。”

冯杰凭借自己对待工作的认真负责以及客户对他的好评，在众多销售代表之中脱颖而出，平步青云。现在，冯杰已经是这家药物公司的销售经理，不过，他并没有因为升官了就有了架子，仍然保持着微笑着面对话筒的习惯。

接听电话时保持微笑，有人说就算你有笑容，对方也看不到不是吗？从表面上看，的确是这样，正是因为对方不能从话筒中看到你的笑容，你说话时候的语调在这时就显得很关键，它就要负起责任来，让你说话的语调充满笑意，要对方感觉到你比平时高兴时更多的笑意。

还有，电话并不能把你的“原声”传递给对方，因此，你在话筒前说话的时候，就不能完全根据你平时的说话习惯，你需要有一种特殊的适合于接听电话的语速和节奏，声音太轻或太重都会使对方听不清楚。

小李是东北人，虽在北京读了4年的大学，可是说话的时候还是会夹带一些东北方言进来，他并没有觉得这是个事，还认为自己说话很有特色，很容易让他人记得自己。

毕业之后，他来到一家网络公司就职。开始的时候，他被分配在服务部，一方面是因为他在学校里学的就是这个专业；另一方面是由于他为人热情爽朗，一眼就被上司看中。在服务部接听电话很频繁，可他的普通话不标准就成了问题。

很多人都听不明白他偶尔蹦出来的一两句方言是什么意思，他就需要详加解释，甚至有一次客户还以为他是在骂对方，对方相当生气，小李费了很大的劲解释，自己不是那个意思。这样一来，本来两三分钟就可以说清楚的问题，在小李这里，就需要十多分钟，上司不乐意了，太浪费电话费了，没有办法，只好把小李转到其他部门，最后，他被调到档案室管理资料去了。

别觉得不就是接听电话嘛，还是小孩子的时候，就开始接听电话了，有什么难，其实里面还有很深的学问。说话干净利落是最基本的，不要让对方听不明白你的意思，简明扼要最好。一般来说，你的嘴要正对着话筒，微笑着面对话筒，咬字要清楚，诸如数目、时间、日期、地点等环节，最好能重复一遍，并且确认对方已经完全听清楚了。

［提示］

1. 当我们打电话的时候，第一声很重要，如果对方能听到亲切、友善的招呼声，心里一定很高兴，这样也有利于双方谈话的顺利展开，也会对你有一个很好的印象。职场上，接听电话的第一句话一般是“你好，这里是×××公司”，无形当中，他人也会逐渐对你所在的公司增加印象。

2. 接听电话的时候，需要保持一个良好的心情，即使对方看不到你，但是也会被你愉快的语调所感染，对你留下一个很好的印象。记住面部表情会影响声音的变化，所以，就需要微笑着面对你的话筒。

3. 接听电话的过程中绝对不可以吸烟、喝茶与吃零食，即使是慵懒的姿态，对方也能感觉出来，所以，千万别觉得反正对方看不到你，就不注意自己的姿势，最好能够端正自己的坐姿。

4. 接听电话的时候，最好能够在电话响起三声之内接听。这样对方就不会因为等待太久而显得急躁，也不会给你所在的公司留下一个不好的印象。即使电话离自己太远，听到铃声之后，也应该用最快的速度拿起话筒，这样的态度是每一个员工都应该具备的。

5. 如果你发现你在讲话的时候，有某个不好的口语或方言，那么为了便于矫正，你可以把它写在便条上，贴在电话机上，它可以时刻提醒着，让你在通话过程中表现出最好的一面。

6. 工作时间打来的电话即使不是找你的，也不要说一句“不在”就收线。接电话时，应该尽可能地问清对方的来电意图，即便自己无法处理，也应该委婉地说明一下，绝不可敷衍了事，这样既不会误事，又能够赢得对方的好感。

7. 最好能够一边接听电话，一边做简明扼要的记录，例如：什么时间、什么人、公司在哪里、有什么事情等，这些资料在工作中都相当重要。

8. 在结束通话的时候，应该道一句“再见”再挂电话，切不可只管自己讲完了就挂断电话。

公司的物品不是免费资源，你必须坚持原则，处处注意自己的不良行为，养成不拿公司一针一线的习惯。尽管这些小东西不会值很多钱，却能反映出一个人的职业操守和道德品质。

在职场中，我们必须做到上班时全身心地投入工作，不占用上班时间处理私事，不贪占公司一点儿小便宜。

47. 不贪占公司一点儿便宜

贪如火，不遏则燎原；欲如水，不遏则滔天。

——甘地

很多人都有贪小便宜的嗜好，他们认为“不贪白不贪，反正是公家的东西”，于是乎，就有人顺手牵羊，把公司或单位里的东西拎回自己的家中。这是一种影响很坏的行为，在一个公司里存在“你拿，为什么我就不能拿”的思想，在这种思想的作用下，这种贪占小便宜的行为就会蔓延成一种不良的风气。

公私分明本来是每一个员工都应遵守的职业纪律和必备的职业道德。可总是会有违反规则的人，他们动辄就“一不小心”地将公司的物品私有化了，而且在他们眼中，占用公司的一张信纸、一个信封等这些小物品都是理所当然的，是很正常的事。其实，正是这些看起来微不足道的小节却恰恰能反映出一个人的职业操守的高低。职场中的你要想脱颖而出，就应该在小节上下工夫，不要贪那些小利，因为时刻都会有人注视着你。

占小便宜吃大亏，蝇头小利同样也会绊倒人。

凯恩是一家公司的采购部职员。一天，他看到公司定制的圆珠笔、复印纸异常精美，便不断地拿些回去，给他上学的女儿使用。这些东西被女儿的老师看见了，而该老师的丈夫恰好正是与这家公司有业务往来的高级主管。

该高级主管了解了这件事后，说道："这家公司的风气太坏了，公司的员工只想着自己而不是公司！这样的公司怎么能有诚意做好生意呢?"于是，他终止了与该公司的合作计划。公司的合作计划被终止以后，老板大为恼火，下令在全公司范围内彻查此事。经过多方查证，最终，凯恩被揪了出来，他被开除了。

凯恩大约不会想到自己不经意地拿这些小东西回家竟然能让与他公司合作的对方公司的高级主管知道。谁会想到计划的中断，竟然是由这些小东西造成的呢? 估计更想不到的是他竟然因为这件事而丢了工作。

其实越是这样小的细节越应该引起人们的足够重视，也许你的一个不经意的举动就会成为人家的话柄，那样你就因小失大了。不要以为你做的事神不知鬼不觉，总会有人注意到你的。不贪小利，你在老板眼中才是可信的。

还有些人总是见钱眼开，对别人的东西总是喜爱得不得了，公司的财产也是如此，见了便宜就占。更有甚者，利用自己工作上的一点点便利，也会乘机大捞一笔，这样的人，自然是为老板所唾弃了。

某公司的老王便是这样的一个人，他竟然连出差的机会也不放过。

老王在公司表现很好，于是便被委以重任，公司派他去一个下属的子公司出差。

出差对于老王来说就像一次解放，虽然这次赴外地出差是代表着总公司，且负有重大的责任，但是能够暂时地离开办公室一下，让平时工作繁忙的老王多多少少会有小鸟出笼的感觉。

老王出差到 A 市，当地的下属子公司知道"钦差大臣"要来，自然在事前做足了准备。老王一到，对方便以尽地主之谊为名拉着老王在 A 市逛了个遍。然后才去了要视察的实际地点，而且文件资料也已一应俱全。老王走马观花地履行了所有程序，公务便宣告结束。紧接着对方便将老王接到五星级酒店用餐，各种生猛海鲜、飞禽走兽尽皆收入口中。晚上，老王便下榻于此了。就这样连着几天，老王过得美满滋润，下属公司方也是极尽奢华之举。

转眼间，公差已毕。下属公司为表“孝心”给了老王一大堆礼物及土特产让他带回去。老王也不客气，推辞一下便尽收囊中。

“拿人家手短，吃人家嘴软。”盛情款待之下，老王回到公司在出差报告中对下属公司的表现是极尽善言。

公司是依据老王的报告来进行评估并进行下一步的战略计划的。但老王在报告中夸大其词，水分过多，公司的计划在当地根本行不通。

老板大怒，经过调查，发现老王在出差期间不仅没有认真工作，而且还收受“贿赂”，数额达万元。

老王甚是迷惑，自己仅是拿了些礼品和土特产，哪里收受现金万元？原来下属公司见老王捅了娄子，于是，便落井下石，倒打一耙。这样，老王面红耳赤，有口难辩。最终在公司里待不下去，自己辞职回家了。

老王的问题就出在他贪占小便宜上。占便宜而且还把工作置于脑后，老王的结局不言自明。

贪小便宜对一个员工来说实在是有百害而无一利。因为“若要人不知，除非己莫为”，贪小便宜很容易就会被别人感觉到，到时一传十、十传百，你的名声便毁在了这点蝇头小利上，可谓是拾了芝麻丢了西瓜——得不偿失。

一个员工，要养成不拿公司一针一线的习惯。一张复印纸、一支圆珠笔，看似细小之事，其所造成的伤害，可能比你想象的要严重很多。

这个社会不缺乏聪明的人，缺的是忠诚的人。相比而言，员工的忠诚对于一个企业来说更重要，因为聪明并不代表一个人的品质，对企业来说，忠诚比聪明更有价值。

建立在忠诚之上的聪明，才是可以相信的聪明。反之，一个人再聪明，如果缺乏忠诚，也没有人敢用他。

三年前，一家很有名的图书销售公司开始筹建自己的图书数据库开发和网上营销工作，并投入了巨大的人力、物力和财力。丹尼尔是这个项目的技术总监，全权负责项目的开发工作。当然，按照协议，公司也给予了他不菲的薪酬。

两年来，项目的开发工作进展得不太顺利，今年是最关键的一年，技术开发进入到攻坚阶段，而丹尼尔突然宣布要辞职，除非公司给他比目前更高的薪酬。其实，这家公司给他的薪酬已经是这个行业最高的了。不仅如此，他还以要带走这个公司开发研究的全部成果为要挟。

也就是说，他用公司的钱来进行开发研究，当他拍拍屁股走人的时候，公司前期的所有投入将会一无所得。如果他把已经取得的成果卖给公司的竞争对手，那么，公司的损失会更惨重。尽管公司还有能力支付这样的一笔钱，但是对这样的不负责、随时都有可能出卖公司利益的人，留下他不是留下了更大的隐患和危机吗？

这家公司毫不犹豫地将丹尼尔赶出了公司。

聪明的老虎都知道，与其放一只狐狸在身边给自己出谋划策，倒不如放一只狗在身边。因为遇到危难时，第一个弃老虎而去的肯定是这只狐狸，而能和老虎出生入死的肯定是那只狗。

大多数老板都是这样认为的，毕竟在人生事业中，需要用聪明来作出决策的大事很少，需要用行动来落实的小事却甚多。丹尼尔不是想贪小便宜，他是想贪大便宜，他以为公司没有了他就无法进行下去了，职场之上根本就不存在这样的情况。一个员工对自己的公司连最起码的忠诚都没有，这样的员工还留作何用？

出来做事的人就需要有出来做事的样子，在你进入公司的第一天，你就应该把它当做自己的家一样来爱护，那些贪占公司便宜的员工，在他们的理念里公司不过是一个工作赚钱的地方。

就举个最简单的例子，很多员工都会把公司电话用于私人用途，他们觉得不就是打了个电话嘛，“我辛辛苦苦给老板打工，打个电话算什么？”这就是这些贪占公司便宜的员工的心理。浪费别人的水，不算浪费水。因为他们浪费的水，不是自己家里的水，不需要他们缴纳水费。

华夏被经理狠批了一顿，因为他用公司电话打长途，他自己很不服气。

临下班的时候，于强接到华夏的电话，问他晚上有没有空，一起喝酒去。从电话里就听出来他心情不好，于是便答应了。

他们来到平常去的这家酒吧，华夏的神态明显放松下来了，一杯啤酒喝下去之后，他把白天挨批的事情向于强说了：“我也就是偶尔打了个5分钟的长途电话而已，可是行政部却认为那个打了2个小时的长途电话是我打的！你说，我多冤枉啊！”

于强一直以来都是华夏最要好的朋友，他们毕业于同一所大学，工作的公司也离得很近，于强呷了一口酒说：“我先举个例子吧，昨天也有一个人来问我，他不过是帮朋友在公司打了点资料，结果挨了领导的批。他问我说，其他人浪费得更多，为什么领导不说，而且这么大的公司，不就是一点打印纸吗？你怎么看待这件事?”

华夏想都没想:“那他当然做的不对了，他是给公司之外的人打，相当于把公司财物拿到了公司之外，不仅仅是浪费公司财产的问题了，性质不一样了。”

于强一看华夏说得这么严肃，马上也改变了口气:“对，没错，每个人都知道别人做的是错的，而与此同时，又往往老能发现自己做的和别人的有很大区别，并为自己的行为辩解。实际上每个人都知道使用公司财物来挪作私用是不对的，因为，无论如何也不应该让公司来为你埋单，而且任何公司都规定了不准打私话等，可是很多人还是如此做了。而大家从如此类似的问题中居然能找到区别:用公司财物给公司外人员埋单和给自己埋单是有区别的!这明明是五十步和一百步的区别嘛。”

华夏在一旁感叹道:“还是制度不严的问题!如果制度再订得狠一些就会好一些，比如一经发现罚100倍，第二次发现就开除，像伊斯兰法律一样，用手偷就砍掉手!看他们还敢不敢?”

于强笑了笑说:“法不能解决所有的问题，尤其这种私话的问题、打印东西的问题，每个公司都实际上没法监督，总不能都安监听器吧。实际上大家都心里有个理由，第一个理由:公司这么大浪费这点儿算什么，反正其他方面浪费的比这更多;第二个理由:别人都这么做，我为什么不能，别人都打了2个小时，为什么我不能打5分钟;最后有一个委屈:别人做了都没事，我偶尔被看到了，就有事，是领导对自己不公平，下次我做的时候一定要小心，一定不被领导看到。”

华夏:“是啊，大家都是这么想的，制度虽然有，可是谁都知道，是无法执行的制度，只要偷着做，很难被发现的，因为这和工作是混在一起的，谁能知道你的电话是工作电话还是私人电话。”

于强:“古代的秦王朝的法家管得就很严，还是公司管理松散的问题。”

华夏：“可是这里有个矛盾呀，一方面现代公司提倡Y管理，也就是人性化管理；另一方面却理论上把每个人都当做窃贼来监督，怎么能让员工舒服呢?”

于强又笑了：“是你们自己愿意当窃贼的，这可是没有人把你们逼上梁山。”

华夏抡起拳头向于强比画着，原本是一场哭诉会，现在反变成辩论会了。

公私分明是每一个员工都应遵守的职业纪律和必备的职业道德。可总是会有违反规则的人，他们动辄就“一不小心”地将公司的物品私有化了，而且在他们眼中，占用公司的一张信纸、一个信封等这些细小物品都是理所当然的，是很正常的事，其实，正是这些看起来微不足道的细节却恰恰反映出一个人的职业操守的高低。

职场中的你要想脱颖而出，就应该在小节上下工夫，不要贪那些小利，因为时刻都会有人注视你。要克制住自己的“私欲”，“利益于我如浮云”，有了这样超然的境界，便容易在别人眼里树立起高大的形象，让自己成为另一个优秀的人。

［提示］

1. 记住，作为公司的员工，就需要把公司当做自己的家一样爱护，不贪占公司一点儿小便宜，这也是一个关乎员工个人操守的问题。

2. 当你看到公司里的圆珠笔很漂亮，想要占为己有的时候，瞻前顾后地想一想，你拿了这么小小的一支笔，就可能会背负上贪占公司便宜的罪名，何必那样做呢？其实，你根本就不需要这样做，因为你每天上班工作的时候，圆珠笔都会在你的身边。

3. 不要把公司的电话用于私用。不要有“谁知道我打的是公用电话还是私用电话”的侥幸心理，古语说得好，“要想人不知，除非己莫为”，不要为了几块钱的电话而给自己惹上不必要的麻烦。

4. 如果你想要成为一名优秀的员工，那么你就需要注意这样的细节，不要贪占公司的小便宜，很多时候，上司与老板就是从这样的小事上看出一个员工的品质来的。

我们的身边每天都充斥着各种各样的信息，很多人对这些东西不太在意，而有些人则能在其中找到“黄金”。

你要想成为一名优秀的员工，就需要多留意对公司有利的信息，这应该作为你的一种工作习惯加以培养。

48. 多留意对公司有利的信息

知识不能单从经验中得出，而只能从理智的发现与观察到的事实两者的比较中得出。

——爱因斯坦

我们生活在一个信息时代里，身边随时都被信息包围着。我们每天会接收到千千万万条信息，有些是对我们有利的信息，有些则是没用的。要想让那些有利的信息为我们服务，关键在于我们如何去认识这些信息，利用这些信息。

信息如此之多，如果这些信息未经消化吸收，那只能是一堆废物。有时不懂得运用信息，消化吸收，即使是对我们有利的信息也未必能起到相应的效果。

不论是什么信息，也不管它有多大的价值，如果没有经过消化吸收，加以有效运用，那么再有价值的信息也不过是一堆废物，对于你的成功将毫无帮助。还有，你所搜集的信息不见得都是正确的，如果不保持清醒的头脑，不懂得如何分辨和取舍，也很难保证你不会受到模糊信息的干扰，或者一不小心就走向了错误的道路。

要使信息发挥效力，就得充分地整合信息，正确地分析模糊信息，然后加以有效运用。这样，你才能达到预期的效果。

作为一个员工，也应该注意身边的信息，特别是那些对公司有利的信息。有人把现在的竞争比喻为信息之战，其实一点都不过分，在同行业的竞争中，谁优先掌握了有利信息，谁就会更胜一筹。

薛建波是一家文化传播有限公司的图书销售代表，他有不错的业绩，这也得益于他善于留意身边的图书信息。

前段时间，该公司想要推出一系列图书，薛建波在采用纸上提出了自己的见解。他把一种谁都没有用过的纸推荐出来，开始的时候，大家都有些怀疑，毕竟没有做过，万一读者不接受，损失将会很大。

薛建波说出了自己的想法："这种纸的确没有人用过，我为了确保准确无误，私下里找印刷厂印了一点东西，不妨给大家看一看效果如何？"他把样本依次分发给在座的同事。

同事们先用手仔细地摸着纸的质量，然后再看印上文字之后的效果，他们开始左顾右盼，相互说着自己的感觉，最后慢慢平静下来，有人问："我想问一下，这种纸的价格如何？"

薛建波笑了一笑，回答说："它要比过去我们用过的那种纸便宜很多，也很适合大批量印刷。"

上司决定先用这种纸印一本书，看看读者的反应效果，如何不行，赶紧换回原来的那种。

新书上市之后，读者对于这种新的纸十分喜欢，反馈说给人一种耳目一新的感觉。

该公司整套书都采用了这种纸，不仅节省了很大一部分资金，而且还开创了一种新的模式。薛建波也得到了领导的嘉奖。

不要以为薛建波只是运气比较好而已，没有长期的对信息的积累，是做不出这样的成绩来的。这需要有敏锐的视听能力，对于公司有利的信息，随时多加留意，之后还要经过比较，最好也能像薛建波那样，自己先把它运用于实践看看效果如何，这样，对自己、对公司都是有备无患的。

我们身边每天都充斥着各种各样的信息，有些人对这些信息并不在意，觉得是与自己没有关系的事情；而有些人则注意留意这些信息，并在其中发掘出对自己有利的信息，也可以说，他们能在其中找到“黄金”。

面对着各种各样的信息，一定不要道听途说，别人怎么说，你就怎么信以为真，最好能亲身考究一下，否则吃亏的是你自己。如果一名员工这样，那么你还会损害公司的利益。

丹尼身为一家装潢公司的材料采购员，他有一个朋友叫格威特，在一家材料市场上班，有一天，格威特邀丹尼一起喝酒，丹尼心想好长时间没见面了，就一起吃个饭吧。

在酒桌上，格威特说自己工作不太顺心，丹尼便问其原因，格威特说，自己刚来不久，手里的客源不多，销售业绩不太好，最近也就为这个烦心。

丹尼听了，拍着自己的胸口说：“哥儿们，你放心，以后只要是我需要的材料，你那里有，我都从你那里进，如何？”

格威特当然很高兴，端起酒杯，说：“那就先谢谢你了，来，我们干杯！”

没过多久，丹尼的工地上急需一种材料，之前的供应单位说要月末才能发过来，有点太迟了，他想起了格威特，就给他打电话。

在电话里，格威特说，他那里有一种类似的材料，性能一样，价格还便宜很多。

丹尼一听转身去向上司请示，上司问质量能保证吗？丹尼说，这个您就放心吧，出事了，我负责。

哪里知道，在完成之后的第三个月出现建筑问题，经调查得知，正是丹尼从格威特那里购进的材料有问题。

上司责问丹尼，丹尼哑口无言，因为他已经找不到格威特这个人了。

丹尼之所以会把事情搞砸，怪不得别人，谁让他过分相信朋友，得到信息之后没有经过核实，就投入使用。所以说，信息是好东西，但是，如果你运用得不得当，它就会给你带来麻烦。

对于一名员工来说，留意对公司有利的信息是一件好事，但是一定不要盲目，需要经过对比、核实之后，再下结论。如果你多加注意这样的信息，对你的工作与事业一定会有所帮助的。

细节决定成败，想要成为一名优秀的员工，想要成就属于自己的事业，那么，就需要多留意身边的信息，从中选取对自己、对公司有利的信息，这样也会令上司器重你，让同事对你刮目相看。

有一个有效运用信息的典型例子。曾经有一个商人，在与朋友的闲聊中，朋友说了一句话：今年滴水未降，但据气象部门预测，明年将是一个多雨的年份。

说者无心，听者有意。商人从朋友的话里发现这是一条十分有价值的信息，也是一个不可错失的商业机会。什么与下雨关系最密切？当然是雨伞，下雨天人人都需要雨伞。

商人立即着手调查当年的雨伞销售情况，结果是由于雨水甚少，雨伞生产商都有大量的积压。于是，他同雨伞生产厂家谈判，以明显偏低的价格从他们手中买来大量的雨伞囤积。

转眼就是第二年，天气果然像气象部门预测的那样，雨真下个没完没了。商人购进的那些囤积雨伞一下子就以明显偏高的价格出手了，仅此一次，商人就大赚了一笔。

在现代社会里，信息变得越来越重要，对于人们的生活和事业的成功更起着非常重要的作用。而面对纷杂的各类信息，你一定要判断准确，正确分析，对信息加以消化，并加以善用，果断决策，这样才能成为驾驭信息的高手。

如果你想成为一名优秀员工，那么你就需要养成多留意对自己、对公司有利信息的习惯，它会对你的事业有很多的帮助。

［提示］

1. 多看与同行业产品有关的广告或促销活动，发现其中的好与坏，提出自己的看法。

2. 在接收用户信息时，多留意用户所反映的问题。

3. 多留意对公司有利的信息，建议你不妨找一个笔记本，专门用来记录这样的信息，这样可以方便相互鉴别、比较。

4. 一定不要盲目信从他人口中所谓的“好信息”，耳闻不如亲身实践，为保准确无误，不妨自己动手实践一下，这样自己心中就会有数了。

变化，是不可避免的，也是必须面对的。优秀的员工总是能顺利地应付这些不可预料的变化，并把工作做得更出色。当然，企业对这样的员工也会更倚重。

要想应付这些突如其来的变化，最直接、最有效的方法就是学习。

49. 不放过任何一个学习充电的机会

具有丰富知识和经验的人，比只有一种知识和经验的人更容易产生新的联想和独到的见解。

——泰勒

商场也好，职场也罢，充满活力的最根本原因就是市场总是充满了变化。变化，是企业间和企业内竞争的根本原因和原动力，也是企业不断欣欣向荣成长的活力！而一个企业、一个员工优秀与否，主要看他是否能应付随时随地可能发生的任何变化。

学习专业知识，提高自身素质，是应对职场变化最有力的法宝！善于学习可以让你在各种变化中应付自如——无论是分配给你一个紧急任务，还是反复要求你在短时间内完成某个新项目，都可以助你顺利完成！

俗话说："磨刀不误砍柴工。"平常积累的经验和知识，看似用处不大。然而，当变化发生时，别人可能会手足无措，而那些平常善于学习的人就能胸有成竹，"任它风吹雨打，胜似闲庭信步"。

一个商人并不擅长经营，从商几年，把仅有的一点本钱赔得精光，商人走投无路的时候唯有企求上帝，上帝被商人感动，就问商人："你需要我给你什么帮助？再给你一些金钱作为经商的资本?”

商人说:“万能的主啊,即使有再多的金钱,如果我还是不会经营的话,也不是长久之计,我更想获得经营的秘诀。”

上帝指着一屋子书对商人说:“经营的秘诀就在这些书里,你自己慢慢去寻找吧。”

于是商人就走进了屋子,一年以后,商人读完了里面所有的书,出来的时候虽然消瘦了很多,可是他睿智的目光里却透出无比的自信。

商人又踏上了经商之旅,很快就白手起家,成为一方巨富,商人感慨地说:“原来世界上最宝贵的财富就是知识!”

知识犹如一块金子,总能使拥有它的人闪光,知识是人类能够拥有的最宝贵的财富,渊博的知识会塑造出完美的人生。

当市场运作正常,企业处于平稳发展的时候,知识量多的员工与平常不学习的员工相比,可能看不出有什么大的优势,可是当变化如飓风一般袭来时,比如经济危机、公司裁员、评比提升、业务拓展等变化,知识积累丰富的员工就会像放在口袋里的锥子,优势就会明显地脱颖而出。

企业中,尤其是世界知名的企业中,几乎每一个员工都是经过精挑细选、战胜无数的竞争者才得到某一工作的机会。企业中的每一个人都是如此的优秀,一粒黄金放在沙子里很容易被人认出来,可是如果人人都是黄金,那么如何才能在这样的环境里凸显自己呢?

答案很简单,大家都站在同一高度,你要想使自己看得远,唯一途径就是垫高自己——也就是通过不断的学习来丰富自己。只有这样,才能在情况发生变化的时候处变不惊、胜人一筹。

玛丽和依莎贝拉同时被微软录用为程序员,玛丽毕业于一所著名大学的电子系，她才华横溢，设计的程序简洁明了，而且漏洞非常少，一开始就赢得了主管的青睐。而依莎贝拉却是靠自学成才的，她甚至连一个像样的文凭都没有，有人传言说，依莎贝拉之所以能够被录取，完全是因为上层主管当中有她的亲戚。

为此，玛丽总是瞧不起依莎贝拉，她甚至说："和这样的傻瓜在一起工作，简直是我的耻辱。"平常的工作量对玛丽来说很轻松，所以她花费了大量的时间在交际、购物上，而依莎贝拉却只能起早贪黑，才能勉强完成工作任务。

半年以后，依莎贝拉却被提升为设计部的主管，对此玛丽愤愤不平："只要高层有亲戚就可以顺利提升，完全不考虑工作能力，这样的公司有什么前途！"

主管给玛丽拿来了一份依莎贝拉的设计程序，玛丽看后大吃一惊，依莎贝拉的程序和原来的相比竟然有了脱胎换骨的变化！简直可以用完美无缺来形容。

原来，在玛丽自得于自己才能的同时，依莎贝拉却在努力学习，而此时，依莎贝拉设计出来的程序已经比玛丽的优秀得多了！

两年后，依莎贝拉已经成为微软某部门的高级主管、高级程序设计师。而玛丽，依然是一个普通的程序员。

玛丽在安逸的生活中忘记了变化的存在，而依莎贝拉却可以通过不断的学习来充实自己，提高自己，最后在变化当中独领风骚。

学习也是一种生存能力的表现，你的天资聪颖，别人的天资也并不见得比你差。他人在不断地学习，而你止步不前，到最后，你必落后于人。而在当今的企业里，落后就要挨打，落后就意味着被淘汰。同时也就意味着你的生存能力在一步步降低。

随着社会科技的不断进步，如果你止步不前，不愿学习，你将永远生活在社会的最底层，你会一直做着那些最机械的、最单调、最简单的重复性工作，而那些技能性的、技术性较强的工作因为你的无法胜任而与你无缘。这同时也就意味着你的升迁、加薪是一个遥遥无期的梦想，因为像你这样低水平的人才，不可能得到任何老板的重视。

不努力地学习新的知识，即使是想保住自己目前的工作也十分困难，如今的工作如逆水行舟，不进则退，在企业当中你不努力学习知识，别人就会随时赶超你，一旦情况发生变化，提升就会与你无缘，相反地，很可能你会出现在被淘汰的名单当中。

一家汽车修理厂的职工都是从乡村里来的一些小伙子，平常大家工作之余就在一起喝酒聊天。一天，他们当中来了一个“傻子”，他并不是真的傻子，而是一个新来的员工，他除了正常地完成工作以外，还总是泡在几辆教练车里，东拆拆西动动，而大家出去玩乐的时候他却无动于衷。

“干什么啊？兄弟，难道你想自己开个公司造这玩意？”一个伙计劝他说。

“傻子”只是笑笑，并不说什么，没两个月“傻子”已经完全学习完了关于汽车维修的所有知识，被提升为经理，薪水是那些“聪明”的小伙子的几倍。

“傻子”并没有满足，而是继续学习汽车制造的其他知识，并自学外语，每个月还自费去总部参加培训。

又过了半年，“傻子”成为总公司家用汽车生产设计部门的主管，两年以后“傻子”自己的公司上市，并很快取得了巨大的成功。

是什么让一个资质平庸的人从一个小伙计成为一个优秀的企业家？是不间断的学习！

刚进企业的员工就好比是野生的花草刚进了花圃，求知学习好比是修剪移栽，修剪是一个长期的、不间断的过程，花草如果长时间不修剪，就会变得杂枝横陈，一个榜样员工如果长时间不学习，大脑就会迟钝，原有的知识就会落伍，原本作为榜样的优势就会荡然无存！

微软在录用员工的时候往往注重的是员工的其他综合能力，而不仅仅是一张文凭，新员工刚入公司，首先被告知的就是：在微软，文凭唯一能代表的就是你前三个月的基本工资。

众所周知，学习能增长我们的智慧，能更好地与职场飞速发展趋势相适应。但是，你有没有想过，你赖以生存的知识、技能会随着岁月的流逝而不断地折旧，它就像大海的波浪一样，不管前浪多么汹涌澎湃，马上就会被随之而来的后浪所淹没。在风云变幻的职场中，脚步迟缓的不愿继续汲取知识的人瞬间就会被甩到后面。

对于知识的不断发展、更新，除非你与时俱进，不断地学习和提高自身的工作技能，否则就不能跟上职场的发展需要。

为什么微软要制定如此“不通情理”的制度呢？

看似不通情理，实际上却体现出了企业管理者的一番苦心，现在的时代是一个信息爆炸的时代，知识更新的速度快得惊人，一个人所掌握的知识，一年当中有20%会变得老化、无用，而作为尖端科技的电子企业，知识更新的频率就更快，微软要想保持电子行业的龙头老大的地位，必须要保证一直拥有世界上最先进的技术，也就是说，必须拥有最善于学习新知识的员工。

为了使员工不间断地学习新知识，微软甚至每三个月就进行一次全体的岗位轮换，让所有员工从事和原来完全不同的工作，这样所有的员工都必须时刻学习以适应新的工作需要，而整个企业也处在知识更新迅速、活力永在的情形当中。

企业中的员工，即使是起到表率作用的榜样员工，也必须从小学生做起，积极主动地寻求新的知识。面对信息爆炸的知识经济时代，必须在自己头上随时都接通天线，广泛接收来自各个领域的信息和知识，只有这样，才能拓宽你的视野，而且会培养你良好的市场反馈能力。

说到底，学习能力就是一种工作能力。一个不善于学习的人，一个不知道自己该学习什么的人，往往工作能力也很糟糕。

在现在的职场上，不管你从事的是哪种行业，没有知识总是愚蠢和可怕的，不继续加强知识和技能的深化更是可悲的。因为这将意味着你丧失继续前进的动力，意味着你很难对周围不断发展的事物进行理性的分析和理解，意味着你将失去人生的方向，逐渐被更多掌握新知识和拥有新技能的人所取代。

一个人之所以出色，不是他懂得多，而是他掌握了最有用的东西！

那么怎样才能突出自己呢？那就是针对自己的强项进一步学习，在这一方面做到最好。

现代企业最需要的是专业人才，而不是全才，只要你在某一方面特别出色，就一定能获得更大的竞争优势。

史蒂夫是微软公司举足轻重的人物，但他在电脑方面并不是特别精通。可是比尔·盖茨却为他付出了一年数百万美元的薪金，很多人都表示不理解。

曾经有记者问过比尔·盖茨："史蒂夫先生不懂电脑，他为何能成为一个软件巨人？"

比尔·盖茨答道："史蒂夫确实不懂电脑，但他的外交语言和风度无与伦比。"说白了，外交就是史蒂夫的看家本领，微软的很多商务谈判都离不开他，他是世界上最优秀的谈判专家之一，为微软的软件销售、法律谈判作出了巨大的贡献，这一点是那些精通编程的工程师们望尘莫及的。

甚至至今为止，仍然无人能取代史蒂夫在微软的位置。

必须有专长这一点在员工来企业之前参加面试的时候就体现

出来了，面试官对那些自称无所不能的人是不屑一顾的，因为这些人往往什么都懂一点点，却哪一样都拿不出手，而那些坦然承认自己不足，却能强调自己有某一方面专长或者优势的人反而会获得青睐。

美国是一个十分注重效率和功利的国家，你要对美国的社会经济发展有益，美国才会接纳你。在美国拿绿卡，只有两种人可以：一种是来美国投资或消费；还有一种人，就是有技术专长。一位商界朋友前不久回国，给我讲了一个他在美国移民局亲眼目睹的事，使我更深刻地理解了美国。

他在美国移民局申请绿卡的时候，曾经遇到过一位中年妇女，从她被晒成古铜色的皮肤看，可以断定是一位户外工作者。出于好奇，他上前和她搭话，一问才知，她来自中国北方农村，因为女儿在美国，才申请来美。她只读完小学，汉语都表达不好。

可就是这样一位英语只会说“你好”、“再见”的中国农村妇女，也在申请绿卡。她申报的理由是“有技术专长”。移民官看了她的申请表，问她：“你会什么？”她回答说：“我会剪纸画。”说着，她从包里拿出一把剪刀，轻巧地在一张彩色亮纸上飞舞，不到3分钟，就剪出一群栩栩如生的各种动物图案。

美国移民官瞪大眼睛，像看变戏法似的看着这些美丽的剪纸画，竖起手指，连声赞叹。这时，她从包里拿出一张报纸，说：“这是中国《农民日报》刊登的我的剪纸画。”

美国移民官员一边看，一边连连点头，说：“OK。”

她就这么OK了。旁边和她一起申请而被拒绝的人又羡慕又忌妒。

这就是美国，这就是今天的世界。你可以不会管理，你可以不懂金融，你可以不会电脑，甚至，你可以不会英语。但是，你不能什么都不会！你必须得会一样，你就会 OK 了；假如你还能竭尽全力把它做到极限。这样你就永远 OK 了！

如果你是一把刀，完全没有必要为了像剑那样两刃锋利而把厚重的刀背也磨成刃，你只要用尽全力学习，磨好属于你自己的一面刃就可以了，使之达到最锋利，同样能使你无坚不摧。

两军作战，全面进攻劳而无功的时候，集中优势兵力打击敌人一点，往往会取得意想不到的效果，企业中也是如此，碰到新的课题、开拓新的市场或者整个企业面临困境的时候，往往集中优势学习最难的一部分知识，解决最关键的部分，其他的问题也就迎刃而解了。

随着知识、技能的折旧越来越快，不通过学习、培训进行更新，适应能力就会越来越差，而老板又时刻把目标盯向那些掌握新技能、能为公司提高竞争力的人。

作为企业里的员工，本身就具备一定的竞争优势，如果再能百尺竿头更进一步，通过有针对性的学习来强化自己的优点，在某一方面做到独一无二，无可替代，那么就更加前途无量。

［提示］

1. 要做好本职工作，对自己的工作、自己公司的产品要完全地熟悉和精通，在工作中不断地学习新知识、巩固旧知识。

2. 要勇于挑战新工作，新的职位或者新的工作会让你处于一种压力下，催促你不断地学习来满足工作的需要。

3. 抓住一切公司培训的机会，一般公司的培训都是免费、带薪的，这并不会影响你的收入和日常工作，而且员工培训有一定的针对性和周期性，省却了自己选择的麻烦。

4. 针对自己的不足和公司的发展给自己补充新知识，工作中时刻注意发现自己与其他优秀的员工相比有哪些不足，并通过不断的学习来弥补。

5. 切不可随大流，别人做什么你也做什么，那样只能让你的时间和才华浪费在无效率的学习和工作中。

6. 找出自己最擅长的东西，有针对性地学习。首先要看清自己，要发挥自己原来的专长，把自己的专长做到更好，而不是拿自己的弱势去和别人的强势比拼。

7. 了解企业最需要的是什么类型的人才，学习一些对企业发展无用的知识，只是在做无用功，只有把自己的特长和企业的需要结合起来，才会找到自己需要学习的东西，也就是自己的闪光点。

随意请假实际上是对自己不负责的表现，当你请假的同时，你的位置很可能被别人替代，你就会失掉了一次良好的工作机会和一个展现自己的舞台，也给公司和同事带来不便。

很多公司都不愿意自己的员工随便请假，不过，当你有急需要办的事情不得不请假的话，你就要知道请假也需要艺术。

50. 请假也需要艺术

合理安排时间，就等于节约时间。

——培根

在职场上打拼的员工，一定不要把请假看成一件小事，更不要随意请假，这样会给上司与同事留下不好的印象，会让人觉得你纪律性很差，同事就会慢慢疏远你，上司也不会把重要的事情交给你去完成，因为他们不知道你哪天会请假。

前不久看过一档访谈节目，说的内容恰巧与请假有关，请来的嘉宾都是身居领导阶层的人物，主持人出了一道题，请各位依次回答，如果你是上司，你将会如何处理？

题目是这样的：你手下有这样的一个员工，三天两头请假，到后来想要请假的时间长一点儿，就跟你说，他老丈人生病住院了。

其中有一个嘉宾的说法让人印象深刻，他说，那我就马上拎一篮子水果去医院看他老丈人去。

主持人似乎是想故意刁难，接着发问，要是没过多久，他又以他母亲生病住院为由请假，你怎么处理呢？

这个嘉宾笑了笑，说，那个好办，我就再拎一篮子水果去医院看他母亲去。

听到了这样的回答，全场的人都笑了。

其实这回答看似是一个笑料，但是却能充分看出这位领导者的聪明才智，再怎么请假肆意妄为的员工，遇到这样的一位上司，恐怕也不好意思继续请假了吧。

职场如同战场，战场上的每一个战士都有自己需要完成的任务，职场也是如此。我们不妨把一个部门比作一台高速运转的机器，每一个员工就好比是这台机器上的一个零件，如果有一个零件出现故障，那么就会影响到这台机器的运作。

所以说，员工自己要有责任感与危机意识，本该你完成的工作，你临时有事不在，这样的半拉子工作他人接手起来很费劲，也会因为你的请假而导致工作的延误。不过，你也千万别把自己当回事儿，觉得没有了你，整个任务就进行不下去了，前面说的也不过是接手起来比较费劲，但是一样是可以完成的。

沈桦在一家公司里担任会计，她是靠关系进入这家公司的，这样一来，她身上就会有一种优越感，她甚至不把公司的规章制度当回事儿，有事没事请假不上班。

沈桦的工作其实很简单，也就是当月末的时候结算一下该部门员工的薪水，偶尔开张支票，也没什么要紧的活儿，可她就是不愿意在公司待着，她有这样一句口头禅："与其在公司待着，我还不如在麦当劳待着呢。"

大家也都知道沈桦的大小姐脾气，一般都会把要开的支票预先找她开，害怕工作起来找不到她的人。

部门经理一直都看不惯沈桦的这种作风，只是碍着她父亲的面子，再加上她也没犯什么大错，只好忍着了。

不知道是谁把沈桦那句口头禅传到经理耳朵里去了，经理十分生气，这时候，沈桦刚巧从经理办公室门前经过，被经理撞见了，经理打开门，一张脸拉得好长。

沈桦却没发现经理的异常，看到经理出来了，说："经理好，真巧，我刚好想找您请假呢。”

经理一听又是请假，更为生气，声音也大了起来：“你不是说与其在公司待着，还不如在麦当劳待着嘛，那你就到麦当劳待着好了，上的什么班啊?”

沈桦一听经理的话，扭头就走，她想一周不进公司的门，背地里她在打着自己的小算盘，好，我倒要看看，我不去，你们的支票怎么个开法。

沈桦没上班的第三天，有员工来找经理，有一笔货款客户来结账，可沈桦不在，开不了发票，经理也有点为难，不过，他知道客户就是上帝，不能让人家白来一趟。转念一想，对那个员工说，那就结现金，我签字，你直接去财务那里领。

以后遇到同样的问题，经理都这样处理的，这也引起了老板的注意，老板问经理，我们一向都是开支票的，最近是怎么了。

经理苦笑道，沈桦已经一星期没出现了，没请假，电话也关机。

老板一听也有些生气，想了一会儿说，“经理啊，公司不是有规定，员工无故一周不上班就开除的吗？你怎么能如此纵容自己的属下?”

经理领会了老板的意思，回答说，是我的错，我这就去办。

沈桦被开除是早晚的事情，哪个公司都不会容忍这样的员工，就算你家里有关系，公司最起码的规章制度也要遵守。还有一点，不要觉得一个部门离开了你，就无法运作下去，人是活的，总能找到办法把问题给解决掉，与上司耍性子是最愚蠢的行为。

想要在竞争如此激烈的职场上生存下去，就必须注意这样的小节。很多公司都不愿意自己的员工请假，不过，当你有急需要办的事情，不得不请假的话，还是得请，这时候，你需要知道请假也需要艺术。

阿明与阿海在大学里是睡上下铺的好兄弟，毕业之后，各奔东西一个在深圳，一个在长沙，已经有5年的时间没见过面了。

一天，阿海突然打电话给阿明，说他从深圳出差去北京，马上到长沙站了，希望能见上一面。

阿明接完电话，急忙去找主任请假，他看到外面天正下着雨，就顺手拿了雨伞到了主任办公室。听了他的讲述，主任二话没说就准假了。

从火车站回来，副主任把阿明叫到一边："小鬼，以后请假不要拿雨伞了。"

"为什么？"阿明疑惑不解。

"你想想看，碰到这种情况，你不拿雨伞，主任也会准假。可是，你拿了雨伞，意义就不一样了。"他意味深长地笑了笑。

"拿着雨伞又怎么啦？"阿明还是不明白。

"你拿了雨伞，就是暗示主任你要出去，主任要是不准假，你心里势必不舒服，就是说你无形中给主任造成了一种压力，懂了吗？换句话说，你拿雨伞的行动表示你已经作出了决定，而你的决定又是在没有得到主任批准之前作出的，就是说，主任准不准，你都已经作出了决定，那主任的批准还有意义吗？"

副主任的一番话，令阿明恍然大悟。

故事中副主任的话说得很有道理，阿明其实根本就没有那种意思，但是如果遇到一位不通情达理的上司，看到他拿着雨伞，恐怕就会真的不批准他的请假了。

这就是请假的艺术，即使你请假的理由十分充分，就像阿明这样，你也要顾及上司的感受，也就是说要给足上司的面子，这也是你作为一名员工应该考虑到的地方。别小看了一把雨伞，里面蕴涵着大道理，如果你想成为一名优秀的员工，想得到上司的信任与重用，那么你就需要注意这样的小细节。

现在很多公司都规定，你要有事需要请假必须提前一天请示，并写好请假条，一般公司都有专用的请假条，切记不可随便抓起一张纸用来写请假条。

岩崎弥太郎，日本第一财阀三菱集团的创始人，明治前期著名的企业家。在他的领导下，三菱奠定了雄厚的经济基础，成为“海上霸王”。经过一百多年的发展，三菱在今天的日本，是六大企业集团的魁首，被称为日本“最强最大的企业军团”。岩崎弥太郎因此成为三菱甚至整个日本、亚洲的传奇人物。

在日本，三菱集团的历史可谓是跌宕起伏，从最初的成立到发展壮大，几经生死。它的发展史有着浓厚的传奇色彩，正如它最初的创立者一样。而在企业日常管理中，岩崎更是注重从小事抓起，从一件小事就可以看出他的这种精神。

一次偶然的机会，弥太郎把一位高级干部叫到他私人的住所去，交给他一张公司的便条纸写的请假单，并斥责他说：“你到底在干什么？”那位高级干部突然遭到严厉的斥责，完全不知所措，仔细看过字条后，才发现是自己前几天所写的一张请假单，而这张请假单是用公司的便条纸写的。

这时岩崎弥太郎语气更为严厉地说：“你身为公司的高级干部，都无法公私分明，浪费公司的便条纸写私人的请假理由，究竟是什么道理？我要严厉地处分你！”于是当场下令罚他减薪一年。这位干部自己也知道犯了大错，立刻就向岩崎弥太郎道歉，并且心甘情愿地接受处罚，此后的工作态度变得更加积极活跃。

这件事使人们感触很深，因为在日常的工作生活中，如果只因误用了一张公司的便条纸，就必须接受减薪一年的处分，可能是太过分了。一般而言，如果现在发现这么微不足道的过失，可能会看情形放过算了，顶多告诫他“以后要多加小心”或“以后不可以这样”，把事情交代过去。岩崎弥太郎能留意到每件细微的小事，且做适当的处理，使员工知道警觉而改善，他的细心，就是建立庞大的三菱财团的重要因素之一。

所谓千里堤防，溃于蚁穴，就是这样，一张小便条纸的浪费，可能就是公司经营危机的开始。这就是岩崎精神，事实上，今天三菱的壮大，如果没有岩崎弥太郎最初的忍辱负重和成业后的勤俭节约、用人艺术，是无法想象的。一个贫苦人家的子弟，靠着自己的努力白手起家，创立了如此非凡的业绩，相信他的成功，给后人留下的是太多的深思和感慨。

这就是一张请假条的故事，一般人看来不过是一张便条纸，何至于如此地大动干戈，也正是因为你把它当做一张简单意义上的便条纸，所以你做不出这样的伟业来。

不要随便找个借口就去找老板请假，比如身体不好、家里有事、孩子生病……这样既会让老板反感，而且还会影响工作进度，很有可能导致任务逾期不能完成。即使你认为工作效率较高，即使耽误一两天也不会影响工作进度，那也不能轻易请假，因为你身处的是一个合作的环境，一个人的缺席很可能会给其他同事造成不便，影响其他人的工作进度。

所以不要随便请假，即使生病，只要还能上班就不要请假，更不要因为逃避繁重的工作或无关紧要的小事请假。在公司里，有很多人一旦所负的责任较平时重，便会产生逃避心态，这可以理解但绝不被支持。更大的责任是提升一个人工作能力的绝佳机会，抓住它，业绩就会更上一层楼。

最后，即使你不得已必须请假，你也要注意讲究请假的艺术，多站在上司的位置想一想，对你只会有好处。

[提示]

1. 不到万不得已时不要请假。你要把自己当做整个部门里的一员来考虑，可能因为你的请假而导致本该完成的任务推后，所以，不到万不得已时不要请假。

2. 如果你实在需要请假，那么需要注意以下事项：

（1）必须提前一天向你的上司提出请假申请，并把你手头的工作交代给其他同事。

（2）请假时一定要用公司里的请假条，切不可随便拿一张纸就写，这样会显得你很不认真对待这件事，还有不要忘了上面提到的请假条的故事。

（3）若临时有事，需要请假出去一会儿，向上司说明原因的时候，一定不能把你心意已决的迹象表露出来，比如，外面下雨了，你拿着雨伞向上司请假；本来在公司里不穿外套，你穿着外套去请假……这些都应该是你需要注意的地方。

（4）重新上班之后，一定要亲自到上司那里销假。

在职场中你需要知道这一点，那就是你过去的事情不必全让他人知道。要知道，秘密只能自己独享，不能作为礼物送人。

世界上的事情没有固定不变的，人与人之间的关系也不例外，过去的事情只属于你自己，你可以把它当做一杯红酒，茶余饭后慢慢品味。

不相信任何人，无疑是自我封闭，永远得不到友谊和信任；而相信任何人则属幼稚无知，终归会吃亏上当。

51. 过去的事情不必全让人知道

你若要体现自己的价值，你就得给世界创造价值。

——歌德

很多刚刚毕业的大学生在找工作的时候，很容易把自己在学校里的表现说得天花乱坠，故意提高自己。想对这些稚嫩的大学生们说句，你可知道，招聘单位更看重的是什么？

现在越来越多的公司在招聘新员工的时候，他们看重的不是你是否有很高的学历、是否有辉煌的过去，他们更看重你是否具有胜任工作的能力。所以，对于你的过去，你最好不提或者少提。

我们要有一个归零的心态，好比把一个杯子里的水倒掉重新开始。什么叫“归零心态”，中国有句古话“满招损，谦受益”，我们要将经验归零、认知归零，随时问自己，假如我随时开始我会做什么？我要不断总结、不断提高、不断进步。说白了就是过去的成功只代表过去，昨天的成功只代表昨天，明天我们还要重新开始，这个是归零的职业心态，就是不要骄傲，不要自满，好汉不提当年勇。

要有珍惜的心态，要珍惜工作机会，珍惜的心态就是要看重自己，热爱自己，珍惜我们现在拥有的一切。

郭强身为一家文化公司的人事经理，很多员工都是他亲自招聘来的，他也眼看着这些人在公司里的工作表现。

肖明一直都是郭强最为关注的一名员工，不是因为他每月的工作业绩都是部门第一，也不是因为他很少表达自己的内心想法，而是因为那次到学校里招聘，肖明给他留下了很深的印象。

肖明大学4年下来之后，总共贷款2.4万元。他的父亲在他8岁的时候就不在了，母亲含辛茹苦地把兄妹三人抚养长大，肖明靠自己的努力考上大学，去大学报到的那天他是向全村每家每户都借了钱，凑够路费去上学。

上了学以后，他是学校里面最贫困的人，肯定要贷款。他的衣服总是很干净，但他的衬衫领子是破损的，胳膊肘是带补丁的。郭强确确实实见到有补丁衣服的，但肖明丝毫没有感觉到命运待他不公平，他非常感激，因为毕竟他是村里面30年来唯一的大学生，尽管他在班级里面的学习成绩并不是很好，这是因为他的大部分时间都要去打工，说难听点，只要给钱他都干，因为他要生存，他吃饭没有钱，他还要交学费，他这种人表达能力也很差，但是从他的眼里郭强丝毫没有感觉出他的抱怨，他感觉自己是幸运儿。因为弟兄三人就他上了大学，他是老二，他觉得不管怎么样，总能找到一份工作，他还有一个大学的学历，最终命运总会改变。

给郭强印象很深的是什么？就是肖明跟他说话没有一丝的抱怨，他眼睛中流露出的是确确实实很祥和、很自然的神情，不是消极、郁闷、忧郁的那种。郭强觉得他的心态很好，虽然他的表述能力很差，但是这种人只要你给他一份工作，他一定会十分珍惜，并尽自己的可能做到最好，事实也验证了这一点。

肖明来到公司之后，没有把自己的过去说给任何一个人听，在整个公司里郭强是唯一的一个知情者，他也亲眼看到了肖明的努力与付出。

肖明并没有忘记自己的过去，只是把它深深地藏了起来，因为它只属于他一个人，是不需要与外人分享的。也正因为他有这样的经历，对于自己现在拥有的一切他更懂得珍惜。

若能常怀平常心，身在万物中，心在万物上，立定自我，也就能自然随缘地应世，拿则拿得起，放也放得下，保持平和协调的心绪。平常心是收放自如之心，是可以自我把定之心。虽处外境物欲之中，也不放纵，但也不是干枯如死井。平常心舒放于收摄之后，也就可鼓畅天机，融入大化自然。

我们都需要有一颗平常心，对于自己的过去不必都让他人知道，那是属于自己的秘密，我们可以把它当做一瓶珍藏多年的红酒，午后斜阳自斟自饮。

王雪是公司销售部的秘书，一身得体的职业套装，配上一双高跟鞋，优雅大方又不造作。她做起事来也很干练，公司里很多同事都与她开玩笑，王雪，我看你去竞选世界小姐也会得奖。

王雪每当这时候，都会报以微笑作答，谁都不知道她心里藏着一个秘密。

王雪小时候并不是这个样子，她有一个先天性的毛病，小脑发育不好，容易摔跤，但是这个女孩子非常坚强，她自己摔倒以后都是自己爬起来，后来就给自己养成一种信念，那就是不管摔得怎样重、怎么疼都不哭，爬起来就走路。从小学起她就不让父母接送，自己摔得伤痕累累。

随着年龄的增长，王雪的小脑正常了，也不容易摔跤了。现在看她是一个文静的女孩子，说话能娓娓道来。她现在能走到这一步是她自己努力的结果。她感谢父母、感谢社会，现在在营销部，非常不简单，从她微弱的外表上体现出潜在的巨大的精神，影响着很多人。

王雪现在还是会时常想起自己经常摔跤的样子，但是，这是属于她自己的欢乐时光，想着想着她会自己笑起来，她不会告诉身边的任何一个人，也是一种自我保护，因为她不想成为他人的话柄。

像肖明与王雪这样把自己的过去珍藏起来是一种很聪明的做法，一方面是在保护自己，并时刻鞭策着自己，珍惜现在所拥有的一切；另一方面，如果说出来，不难保证所有的人都会用一种理解的眼光看待，不乏有小人把它当做笑料或话柄相互传说。

人在职场，实力证明一切，而实力又并非仅靠关系和曾经的辉煌，它更看重个人的实际和眼前的一切。

有个全球性的知名品牌，其内部的行销圣经里有句话，大意是指，当商品不够好时，做过度的形象包装是不恰当的。这句行销圣经，说明了该公司对真实、诚实、实力的注重程度。换言之，他们宁可在强化产品力与提升竞争力上努力，而非行销上的过度膨胀与不当的包装。这种观念用在职场人际互动上，也可以令人有异曲同工的联想。

在职场，我们不难交换到印着七八个抬头以上的名片，也不难在公众场合听到某些人一边拿着名片，一边说“我是××的亲戚”、“我是贵公司总经理的大学同学”等。这是一个拿别人来帮自己加分、填厚度的标准社交模式。它在拉近人际距离上或许可以发挥妙用，但一旦涉及专业合作或商业利益，实力与资源筹码永远是最实际的谈判天平。

有的人经常会提到当年跟某位大老板共事的精彩故事，让别人看重他的经历记录。其实，当你一次次地把昔日的辉煌挂在嘴上时，说明你已经把自己定位成一个过气的将军，说明你的职场生涯已经没有了新的记录。职海沉浮，大家习惯快餐而短视地评估人际间的利益得失，所谓好汉不提当年勇，眼前看到的才是最真实的。

曾有一名公司的经理，在自己公司经营不善倒闭之后，他改头换面、隐姓埋名来到一家知名公司做业务员，对于自己过去的风光只字不提，他在默默地学习该公司的经营方式与管理理念，与此同时，他也把自己的工作做得十分出色。

他从最底层的业务员做起，逐渐做到了销售经理的职位，就在他得到公司的同人看好的时候，他果断地辞职，引起很多人的非议。

他从不辩解，他用自己积攒下来的积蓄重组自己的公司，这一次他小心谨慎地经营管理，他的公司很快发展起来，当他再次西装革履地走在同行业人面前时，大家才想起他就是当年那家倒闭公司的经理，也有很多同人认出了他就是某公司里的那个业务员。就在大家称赞他的胸襟与抱负的时候，他已经消失在人群之中。

欲成大事者，必有大胸襟，能承载下大喜大悲。如果在他进入那家公司工作的时候，拿自己过去的风光伟业炫耀，相信很多同事都会看不起他，过去的就让它过去，不要把当年的事情挂在嘴边，更多人看重的是你现在的身份与地位，只要你在现在的工作上做出成绩，同样是一位英雄。

随着年龄的增长，我们经历的事情也会越来越多，曾经的事情，无论悲伤喜悦，我们无法再经历一次，所有的思绪，仅能靠回忆。面对人生经历的各个阶段，或顺畅、或坎坷，但需要淡然处之，回味过去，会心一笑，毕竟是我们改变不了的事情，自己过去的事情不必都让人知道。

无论以前是多么辉煌，抑或多么坎坷，都已成为过去，好汉不提当年勇，英雄不问出处。历史永远朝前发展，人生梦想有待明天实现，忘记今天的成就，你重新获得新的起点，忘记今天的坎坷，你重新找寻奋斗的动力。委屈不会永远跟随你，困难不会一直眷顾你，不管昨天怎么样，它都只是为你的明天做嫁衣裳。

人生的精力和时间都有限，我们需要用有限的精力做我们喜欢做的事情，无论是为开创自身事业奋斗，还是为实现人生梦想努力。只要记得你还有纯真，记得你还有梦想，记得忘记该忘记的一切，你的明天，你的将来，你的一切，都将随心所欲。

我们虽然不能沿用庄子的逍遥游的做法，但我们可以有逍遥的境界，我们用我们的境界为我们的明天喝彩，为我们的今天努力，让我们的昨天远去。

［提示］

1. 警告那些喜欢把自己过去的事情挂在嘴边，向他人炫耀或诉苦的员工，你这样做只会让同事看不起你，他们会认为你是一个拿不起放不下的人。

2. 我们每个人都是有成长印记的，这些属于自己的秘密，最好不要向他人诉说，过去的事情就让它过去好了，我们更应该珍惜现在的工作，并尽自己的所能把它做到最好。

3. 职场之上，实力说明一切，你不需要用过去为现在的过失辩解，这也是最愚蠢的做法。

4. 想要做一名成熟的职业人，想要成为一名优秀的员工，那么就请你记住，你过去的事情不必全让人知道。

与同事、同学或朋友一起聚餐应该是一件令人很愉快的事。可有时候等到大家高高兴兴地吃完一顿饭时，却在付账方式上面出现一些分歧，使原本一直很愉快的场面变得有些尴尬，或是出现不愉快、过后好长时间想起来郁闷等情形。这不仅有煞风景，使原来聚餐的目的大打折扣，更给参加会餐者留下很多负面的影响。所以，在与同事、同学或朋友聚餐时，事先讲好付账方式十分必要。

52. 与同事、同学或朋友聚餐先讲好付账方式

亲兄弟，明算账。

——民间俗语

国人历来注重人来送往的礼节，互相之间请客吃饭也是再平常不过的事情。同事之间可能会为升迁问题举杯共庆，或是为某同事喜添贵子把酒言欢，也可能为某人生日举办 Party，或者干脆仅仅为相聚而相聚，不一而足。喝酒吃饭都不是什么问题，随之而来的，就是吃完饭由谁来付账的事。

有人请客吃饭，而且说明由他来埋单，如此问题就变得简单，尽管带张嘴去参加就是；事先说好实行 AA 制，在大家共同赞成或理解的情况下，聚在一起你好我好大家好，也不错。怕的就是在聚餐前，召集人并没说明聚餐之后的付账方式，到后来，埋单时他都好生纳闷，自己全包又好生不自在。掏一个人的又觉得脸上挂不住。最后这顿饭吃得真是有些稀里糊涂。

聚餐付账方式无外乎两种：分摊式（也称 AA 制）与请客式（也叫承包制）。不管是哪一种，如果能够掌握好的话，不管是在人际关系上还是在日常生活中，都是大有裨益的。

小高的老妈是开小餐馆的。有一天，小高召集几个在本城的同学，来他妈的餐馆聚餐。几个同学收到消息后，都风尘仆仆地赶到了小高他妈开的餐馆。几位同学目前的处境各不相同，有上班族的，有打小工的，还有当老板的，有好有坏。因为有些日子没见了，所以见面时都感觉很亲切，气氛很好，大家也都非常高兴。

席间小高显得很豪爽，劝过这个让那个，一个劲儿请大家吃好喝好，就这样，上了十多个好菜，喝了几瓶子好酒，大家都感觉非常尽兴。没想到最后当大家起身要离席时，小高却迷迷糊糊地对同学们说："同学们请慢。大家吃完了，喝完了，总得把账结一下吧！这餐馆是我妈的！可不是我的！掏钱！掏钱！"虽然他说这话的时候，是迷迷糊糊的，半醉半醒的样子，几个同学却一下子都愣住了。有个同学反应很快，也很识趣，赶紧让服务员算了一下账，掏出自己的那份钱，对大家说："AA 制吧，AA 制好。"就这样，大家都开始掏钱，然后简单敷衍两句就都散了。

没过多久小高又打电话邀请同城的同学聚餐，令他奇怪的是每个人都说自己有事，竟没有一个人前来。

其实 AA 制并没什么不好，那几位同学反感的肯定是因为小高事先没有讲清楚付账的方式，弄得大家心里别别楞楞的。

小高的做法是很容易让人有想法的。假如会餐前说好 AA 制，那么大家就能够事先理解，事后也不会有任何的尴尬局面。所以说，生活中的一些吃喝问题不得不引起我们高度的重视。毕竟这是现实生活嘛，所以要想活得更现实一些，在请客吃饭方面，不要把你的想法想当然地强加到别人身上，也应做得细致周到。

同事之间，事先不说好会餐的付账方式，等到埋单时，可能一方因为考虑到面子问题，会在表面上看起来很爽快地付款，但是，付完款后的感受，只有他自己知道。再大方的人，也要看他的经济状况如何，量力而为，超额的付出是谁也不愿承担的。反过来，再有钱的，也要看他性格如何。如果他是一个小气的人，你让他付一笔小钱，都无疑是要了他的命。所以说，聚餐时事先讲好付款方式，大家坦诚相待，更会使大家乘兴而来，高兴而归。聚餐并不仅仅只是一起吃顿饭，而是拥有一个良好的谈话交流的环境，不该在最后付款的时候，有什么不和睦或是不理解的情形发生。所以，事先说好聚餐的付款方式，是一个聪明的做法。

假如会餐是在家里的话，那按照中国人的习惯自然不用说了，一切都会安排好。不管是主人家自己去买还是同事买菜送上门，在餐桌上吃饭的时候，谁也不用担心吃完饭后谁付钱。最后，最多是谁要是觉得过意不去，挽起袖子刷碗好了。

问题就出在男人们不喜欢收拾会餐后的锅盘碗筷。所以，酒店、饭店又成为会餐者必不可少的场所。

小松是公司新来的员工。因为在工作上有一些不懂的问题，所以想请老员工老李指教指教。当然，请客吃饭那是在所难免的了。

第一次，小松请老李到了一家海鲜楼吃海鲜。他们边吃边谈，吃得很好，谈得也相当高兴。最后结账的时候，当然是小松掏的腰包。

第二次，还是工作上面的事情，小松又请了老李去吃大餐。结果一顿造下来，确实也花了不少。后来，过了两天，老李主动找上门来，说是有一些工作要找小松谈。小松看到老李有工作要谈，当然很高兴了。虽然上次花了不少钱，但还是咬咬牙，又请老李吃了一顿。

没过几天，老李在路上碰见小松，于是很高兴地走过去，满脸欢笑地对小松说："小松，走，喝酒去。"出于尊重，小松又跟老李去酒店撮了一顿。最后，小松也不好意思开口问结账的事，只好把身上准备买衣服的钱，掏出来埋单了。老李走后，小松那个心疼啊！

小松是东北人，长得跟南方人似的。但是，老李就认定小松是个非常好客且十分大方的年轻人。那天还没等下班老李就跟小松提议下班去喝一盅。听得小松魂飞魄散！来这个公司没多久，目前连基本生活费都成问题了。碍于脸面，小松和别人借了几百块钱，下班后和老李一同迈进了酒馆。

接下来的日子，小松都不敢看老李，跟个精神病似的，神情恍惚紧张兮兮的。老李还不知道怎么回事。这段时间，小松省吃俭用，就盼开工资的日子早些到来。

故事中的小李其实够可怜的了。其实他完全可以摆脱自己的窘境，那就是和老李明说自己的经济状况，在聚餐前就将付账方式说明白，量力而行，不应该如此这般死要面子活受罪。长此下去，倒霉的还是他自己，就那么对老李躲来避去的，别说是学到工作上的经验了，就是同事间的关系能否相处得好，都令人非常怀疑。

有一对夫妇，待人非常热情，同事们都说他们是好客的主儿。其实他们为人处世相当地精明与细致。在他们家里聚会总是不断，而且每一次来的客人，都是高高兴兴地来，欢欢喜喜地回。临走前，都会说一句：谢谢你们的宴请。夫妇也会说，谢谢您的光临。整个的宴会过程，菜很丰盛，酒很香美。难道说，他们真的很有钱吗？不是的。因为每次宴会前，妻子总会先打电话给要来的客人，今天大家准备吃什么菜，应该掏多少钱，有愿意来的，就来；不愿来的，就等下次。所以每次来的客人都非常满意他们家的美餐。当然，也有人图个热闹，过来聚聚餐。因为事先讲好了付款的方式，所以大家在餐前付完钱后，就不会有什么顾虑了。来吃饭的同事或朋友，花的只是自己的那份钱，每次都享受到了集体的快乐。

当然并不是每一餐都是AA制，有时候他们会根据自己的经济状况，自掏腰包请朋友们来聚一聚。还有时他们会把前几次实行AA制聚餐剩下的钱积攒在一起，自己在稍许添加些，请大家过来，并向大家讲清楚此次聚餐的费用是哪里来的。

这对夫妇一直深受朋友们的尊重与好评。在朋友们眼里，那两口子是值得交往和信赖的人。

事先说好聚餐的付款方式，这样就不会让客人感觉到尴尬，也不会让自己感到难堪。是AA制的形式还是一方埋单的形式，这些都不重要，重要的是要事先说好应该怎么做。不要等到聚餐后才向聚餐的人说明，这样往往所起到的效果和当初背道而驰。

所以，先讲好聚餐后的付款方式，看起来简单，说起来可能要磨一些嘴皮，做起来也可能会有些不自在，但事情过去后你就会感觉到，这种办法带来的将会是更加的和谐。其实在我们的生活与工作中，这种预约式的坦诚聚会，真的显得非常重要。

因此，为在聚餐时能够让每一位客人都能够怀着一份愉快的心情而来，过后带着满意的笑容回去，事先讲好付账方式很重要，我们不妨试一回“先小人，后君子”。

［提示］

1. 没有明确表明付款方式的会餐，最好慎重对之，必要的时候可以推掉。

2. 要量力而行，不要勉强自己去做“打肿脸充胖子”的傻事，更不要因为事先的不好意思说出口，让一方请客吃饭之风一发不可收。聚餐重要，口袋里的人民币也很重要。

3. 如果你觉得吃人家一顿感觉非常的不安或是总有欠人家的感觉，那么你最好事先付一半的钱或是干脆不去。

现在越来越多的职场中人会在年终的时候跳槽，面对着新公司更丰厚的诱惑，他们的心中早已开始了蠢蠢欲动。

不过，跳槽归跳槽，在你离职前一定要把自己的工作安排好，因为这关系到你在职场上的声誉。

53. 离职前安排好自己的工作

蜜蜂从花中啜蜜，离开时总会般般地道谢；浮夸的蝴蝶，却相信花是应该向它道谢的。

——泰戈尔

年终跳槽似乎已成为一种职场现象。尽管有年终奖、年终礼品，还有来年看得见的职位提升，可还是有人等不及过了春节就选择了“年终大逃亡”，交上辞职信就走人。这是因为新公司画了个更大更圆的饼在等待着他们。

对于辞职，很多公司都有规定，必须提前30天递交辞呈，但是选择“年终大逃亡”的人对这样的规定已经顾不上了，他们会觉得旷工就旷工吧，扣我年终奖也无所谓，因为新公司已经允诺了他们一定的补偿。

其实，这个世界很大也很小，更何况同在一个“抬头不见低头见”的职场里混，弄不好你就会落下“身败名裂”的下场，再也没有一家公司敢聘用你了。而一个成熟的职场人应该在辞职时多考虑一下自己的离开对原公司可能造成的冲击，更应该考虑尽量降低自己的辞职成本。

张晓东想要离开现在的公司的心意已决，毕竟面对着新公司开出的工资是现在的双倍的条件，一般人都会选择离开。

张晓东是一个做事情很有原则的人，他按照公司的规定，已经在一个月之前就给上司递交了辞呈，上司对于他的离开也表示理解，并希望他能在新公司里工作愉快，但上司表示他需要在找到接班人的前提下离开。张晓东表示，这是一定的，毕竟公司对他有栽培之恩。

在之后的半个月时间里，张晓东对于工作的责任心与工作态度并没有因为辞职而有所影响，这也是让上司十分欣慰的地方。

一天，上司把一位新同事领到张晓东的办公桌前，张晓东看了新人一眼，立刻明白了，这就是接替自己职位的人，他对上司说，您放心，我一定会利用半个月的时间，把我的工作交代清楚。

在剩下的半个月时间里，张晓东与这位新同事可谓是形影不离，张晓东把该说的都说了，把该提交的工作也都处理清楚了，最后离开的时候，他请整个部门的同事一起吃饭，大家都预祝他能在新公司里工作开心。

来到新公司之后，新上司早已听说张晓东在原公司离职前的表现，一个员工能够这样对待自己的接班人，这不禁让上司对他刮目相看。

相信像张晓东这样的员工，在新公司里也会有很好的人缘，因为他懂得做人的艺术，他会感谢新公司对他的知遇之恩，新上司已经对他有极佳的印象，可想而知，他在这里必定会大展拳脚。

并不是所有跳槽的员工都是这样的，有很多人在离职前会故意刁难接替自己位置的新员工，使其无法顺利接手自己的工作。其实这样的做法真的很愚蠢，你不想想，你还是要在这个行业里打拼，你的做法也一定会被新公司的上司与同事知道，这样你就会给他们留下一个不好的印象，这对于你以后的发展是很不利的。

当你决定辞职的时候，不仅对你自己有影响，对同事对上司，甚至对部门都会有影响。所以，辞职也需要艺术，最好的做法是直接跟主管提辞呈，而且诚实地说明辞职的原因。有些人可能会选择欺骗，这种逃避的方法短期或许可以避免尴尬，但很快就会“穿帮”，难保你的信誉不受影响。

郭华就犯了这样的一个错误，他是被猎头公司找到的，他也是为新公司的丰厚条件而心动，可是与现在公司所签订的工作合同还差半年才到期限，他想缓一缓再去新公司，但猎头公司把话放出来了，说你那点工资算不了什么，这边会给你补偿的。郭华更加动心了。

经过考虑，郭华决定辞职，在向主管辞职的时候，他并没说出真实的原因，而是以其母亲十分想念他，一再要求他回家乡工作，最近身体还不好，可能是思念过度的原因。主管一听，也被其母亲的事情所打动，谁没个父母啊，人老了都希望儿女能在身边。就这样，主管同意郭华辞职，也因为他母亲的缘故，没有扣除他没到时间就辞职的违约金。

郭华来到新公司之后，虽然小心行事，但是这世界上没有不透风的墙，有道是“要想人不知，除非己莫为”，原主管没过多久就知道了郭华的真实去向，一种被欺骗的感觉包围着他。

巧的是原主管在郭华的新公司里有熟人，郭华是如何离开原来公司的真相很快就在新公司里传开了，人言可畏，流言蜚语一出来，添油加醋的成分也就不可避免了。新上司也有耳闻，自然会觉得郭华的做法欠考虑，对他的印象也不太好，他担心郭华什么时候也会欺骗自己。

一个不能让上司放心的员工，会有多大的发展空间呢？这都是郭华自己造成的，他不应该欺骗主管，这也是关系到一个员工的为人问题，其实，你尽可以与上司实话实说，一般情况下领导都是会通融的，他们也希望自己的下属能有更大的发展空间，并且你还应该与主管沟通，解决什么时候让同事知道和如何将工作合理移交的问题。

职场是一个诚信为重的地方，就算你想要跳槽，在辞职的时候也要把你的诚信体现出来，这也是你想成为优秀员工所需要注意的地方。所以，纵使你对公司有强烈不满，离职也要低调一些。因为外人很难搞清楚你与公司到底发生了什么事情，如果你弄得满城风雨，不免让人质疑你的 EQ 和为人处世的方法。既然想除旧布新，不妨调整心态，一切向前看，这样你才能在新的工作环境里有更好的发展。

［提示］

1. 如果你想把属于自己的档案带走，交辞职信前就应该处理好。离开前匆匆忙忙地准备，难逃“瓜田李下”之嫌。

2. 任何资料要带走，先确认是否有知识产权问题，伤害原公司利益的事情不要做。

3. 若是进入原公司的竞争公司，尽量少谈原公司的竞争策略与业务机密。谈论这些虽然可能会暂时性地讨得新主的欢心，甚至可能因此提高自己的薪酬与职位，但更会因此而落个背叛与出卖的恶名。

4. 避免以负面方式谈论原公司，这会影响你在行业内的声誉。

5. 不要挖原公司的人进新公司，否则新公司虽然短期获益，却会令新公司对你渐生防范之心，怕你再度离职时再挖墙脚。

很多职场中人，他们在下班之后，并不急于离开公司，而是静下心来把这一天的工作好好回顾一下，并作相应的笔记，还会把第二天要做的工作准备一下，之后，他们才会安心地离开。

54. 下班后别急着立即离开单位

人应尊敬他自己，并应自视能配得上最高尚的东西。

——黑格尔

很多员工在一天的工作完成之后，到了下班的时间就匆忙离开，他们并没有想到有心人会晚走一会，利用下班之后的安静时间，做一个当天的工作总结并把第二天的工作准备好。

这就是员工之间的差异，也是很多员工不明白为什么自己也很努力工作，但是上司并不是很看好自己的原因所在。上司的眼睛是雪亮的，他们会留心这样有心的员工，也会特别器重这样的员工，因为在上司心目中，这样的员工相比下班之后就匆忙离开的那种，更热爱自己的工作。

小刘与小李工作表现相当，可是上司偏偏钟爱小刘，小李一直都很困惑，他开始比较自己与小刘在工作上有什么明显差异，为什么会形成这样的局面。

上班来到公司基本上是相差不大，工作起来也都很带劲，小李观察到这里还一直很纳闷，直到下班的时候，他终于找到了原因所在。

这一天小李没有像往常那样一到时间，就离开公司，他坐在自己的位置上观察小刘的举动。其他同事都在忙着做好离开的准备，小刘好像一点都不着急的样子，坐在那里一动不动，丝毫没有着急，他把自己办公桌上的文件重新整理了一遍，一边整理一边还在笔记本上写什么，等到全过程完毕，已经下班20分钟了，小刘耸了耸肩膀，起身准备离开。

小刘回头一看，发现小李还在，跟他说："还不走啊?"

小李托词说："哦，我还得等会儿，你先走吧。"

"那好，明天见。"

"嗯，明天见。"

小李估计小刘已经离开公司大楼，他来到小刘的办公桌前面，笔记本也摆在上面，带着好奇的心理，小李打开一看，他找到了自己比小刘差在哪里了。上面密密麻麻地记录着每天的工作进展以及完成与未完成的工作，第二天还需要做些什么，都详细记录在案。

很多员工都像小李一样，一到下班时间，匆忙离开公司，而有心的员工就不会这样，他们在下班之后会静下心来，将一天的工作简单做个总结，制订出第二天的工作计划，并准备好相关的工作资料。这样有利于第二天高效率地开展工作，使工作按时或者提前完成。

想要成为一名优秀的员工，你也应该像小刘这样，每天都比其他同事多那么十几分钟的后备工作，那么你取得成功的机会就会比他们多一些，机会总是留给那些有准备的人。

某公司办公室，上司正在大发雷霆，在场员工面面相觑。

昨天下班后有人忘记了关掉空调，一直到今天上班的时候，空调还在开着，白白浪费了一晚上的电费。

"昨天下班之后，谁最后离开的?"生气的上司朝员工厉声喊道。

场面静得吓人，过了一分钟，还是没有人吱声。

“难道你们中间没有一个人是最后离开的吗?”

又过了一分钟，还是没有人说话，大家都低着头，这时候似乎不适合说话，即使知道也不会说。

“我要是问谁每天第一个到办公室，想必你们都会争着说是自己。”上司转换了话题。

下面的员工开始小声嘀咕了。

“既然你们谁都不说话，那么只能这样了，把大家当月的奖金都扣除一半，包括我在内……”

上司还没有说完，已经有人说“这不公平”之类的话了。

“不公平？我觉得很公平，你们在座的每一个人都有责任，包括我在内，首先是我领导无方，我手下竟然是这样一群敢做不敢当的员工，其次，为了让你们都记住这个教训，这个处分一点都不为过。”

这下子下面又恢复了安静，似乎大家都觉得心服口服。

其实，这样的情况并不少见，很多员工看到这样的情况都是默不作声，即使知道是谁最后离开的，他们也不会说出来，一方面不愿充当“坏人”，另一方面，这似乎是一条约定俗成的规定。下班之后，大家都急于离开工作了一天的公司，很多时候谁都不会注意这些细节，再说就算是浪费了也是在浪费公司的，与自己关系不大，说到底，就是员工的集体责任感不强，他们并没有把公司当作自己的家那样对待，如果是自己的家，恐怕随时都留意空调、电灯、电脑关了没有。

[提示]

1. 下班之后，不要急着离开办公室，你可以把当天的工作做一个回顾，看看自己在哪些地方做得还不是很好，并在笔记本上做出记录，这样既可以做到心中有数，又可以避免以后犯同样的错误。

2. 你还可以把第二天的工作准备一下，这样第二天上班的时候，即使来得不是很早也没有关系，你同样可以有条不紊地顺利进行一天的工作。

3. 离开办公室的时候，检查一下空调、电灯、电脑之类的电器是否已经停止工作，窗户是否关闭了，你要把公司当作自己的家一样对待，这样你就会与公司融为一体，工作起来也会更加开心。

4. 一定要在离开的时候，把自己的办公桌收拾好，文件放得整齐一些，切不可一堆一堆的，这样你既可以给上司和同事一个好印象，又可以给自己第二天一个好的工作心情。

工作加班，在如今竞争如此激烈的职场已经是很平常的事了。不过，很多员工在对待加班的态度上却存在着很大的差异。有的员工加班之后，会显出一副精神委靡、毫无斗志的样子；而有的员工则不是，他们是越加班精神越是饱满。

若你是老板，你更器重上述的哪类员工呢？

55. 越是加班越要精神饱满

比别人勤奋一点点，就能超前别人一大步。

——唐骏

立军独自一个人在北京打拼，短短3年的时间里，他有了属于自己的房子、汽车。

常常有朋友问他，你那么努力为什么啊？

还有朋友问他，你成功的秘诀是什么？

立军总是笑笑说，其实很简单，你们一天工作8小时，还在考虑怎么早点下班去玩，我每天工作12小时，而且还是在全心全意地工作。

很少见到立军疲倦的样子，也正是因为他如此努力地工作，并在工作中找到了快乐，所以加班对他来说，也是一件乐事。

时常看到一些出入写字楼的人，他们一脸倦容，走起路来没精打采的样子，让人一看就知道他是那种开了夜车、连续加班的人。这样的人尽管辛辛苦苦做了事，可能并不能赢得老板的赞赏。一般说来，老板不喜欢那些提不起精神的人，不管你是出于何种原因。

在现代职场打拼，不可避免地碰到加班加点的事。加班，一直被作为一种美德受到赞扬，因为一说到某某员工工作表现好时，总是说："某某放弃休息时间，连续加班加点地工作，不仅没有丝毫怨言，而且还能精神饱满地完成工作……”

张文在一家文化公司做秘书，因为工作多，白天常常完不成任务，所以连续加班是常有的事。不过，越是加班，工作越是繁重，他的精神反而越来越好，工作也越做越出色。于是，老板对他的赞赏也多了。

在一次会议上，老板当着全体员工的面表扬了张文：“小张这个人很有活力，无论干什么事情都非常有精神，我见过他连续加班之后精神焕发的样子。我们做工作就需要有一股乐观向上的劲头儿……”

无疑，小张连续加班依然充满活力赢得了老板的好感，这对他的未来发展是很有利的。员工加班后仍然精神饱满，让老板看了觉得精神振奋、耳目一新，他一定会因此而对你报以乐观的看法，对你做好工作充满信心。

精神饱满是一个员工的金字招牌，没有一个人愿意跟一个整天提不起精神的人打交道，没有哪一个老板愿意提拔一个精神委靡不振、牢骚满腹的员工。

前微软公司中国区总裁唐骏在央视做《对话》节目时说的一句话，深获我心。那句话是：“比别人勤奋一点点，就能超前别人一大步。”

我们身边不乏这样的例子。一位我所尊崇和熟悉的经济学家，他平时研究、讲学工作已极其繁忙，同时还身兼多家机构的顾问之职，不过就是这样一位大忙人，在最近2年间，居然独自出了4本书。一次他告诉我，为了工作，他每天只睡6个小时，可见再怎么才华出众的人物，要成就事业，也须付出常人无法想象的代价。

在最新公布的国内平均薪资排行榜中，MBA继续以71074

元的年薪均值位于首位，在国外，他们的收入显然更高。但若你知道了其工作时间，可能会让你对他们能拿这样的高薪感到心理平衡些——现在我国多数单位每周工作时间是 40 小时，而在美国服务于世界一流咨询公司的 MBA 们，每周工作 80 多小时；服务于顶级金融机构的 MBA 们，每周工作超过 100 小时。这是什么概念？这相当于没有周末，从星期一到星期日每天工作 15 个小时！

美国隔得太远，我们再看看香港的 MBA。一群毕业数年后聚会的 MBA 学生，当知道其中一位同学每天晚上九点半可以下班，只有周六要加班，周日可以休息时，齐齐发出羡慕之声。所以说，MBA 是一种生活方式，是一种为追逐金钱和成就，不惜付出常人无法忍受的代价的生活态度。而这也正是每一位工作狂共同秉持的生活方式与态度。

小李大学毕业之后就来到这座城市，在一家报社当上了摄影记者，这是小李工作以后第一个没有回家的春节，但是他一点儿也不寂寞。

热火朝天的报社里都是“无家可归”的人，大家一起买了快餐，就算是吃了年夜饭，物质上的贫乏带来了精神上的富足。然后一起挑选哪张照片最适合做明天的头版，少不了争论，最后选出的一定在每个人心中都实现了一个心愿。

一年 365 天不停刊的报社是没有节假日的，所以小李对放假本来就没有什么概念。放假的这几天，报纸上要时效的硬选题很少，他就每天背着相机“扫街”，看到有意思的画面就按动快门。没有平时赶时间、赶工作量的压迫，小李反而找回了最初爱上摄影时的拍摄冲动和满足感。傍晚的时候，小李站在河边支上三脚架准备拍摄落日余辉的倒影时，华灯初上的夜空中突然绽放了第一朵烟花，打破了镜头中的宁静。

小李惊异地抬头，第二朵、第三朵烟花接连盛开在淡紫色的天空上，远远近近的鞭炮声好像得了信号一样一同爆响起来。但小李觉得，孤独的他仿佛是和整个世界一起过年。

同样是加班，而且小李还是过年时候的加班，不过你在他的表现当中看不到一丝的疲惫。这样的加班已经不是一般意义上的加班了，与其把它说成是加班，还不如把它称之为一次心灵之旅，同样都是加班，但意义与收效却是不同的。

和家人相聚固然重要，但有些探亲访友如今已流于形式和客套，仿佛明星串场时的演出，空虚而嘈杂，来来往往之间充满是是非非。而饭桌上的狂吃豪饮最是留下节日病的源头。这些不良状况正好通过加班敷衍过去。节日加班的宁静放松也是平日里难得的境界，在这样的时候把自己投入工作状态，一定会有让人惊喜的效率和感受。

现在是崇尚只问结果不问过程的年代。在老板眼里，不管你是不是加了班，他只问结果，他要看到的是员工永远精神饱满，能把事情做好。

以最佳的精神状态工作，不但可以提升你的工作业绩，而且还可以给你带来意想不到的成果。因为良好的精神状态是你责任心和上进心的外在表现，这正是老板期望看到的。

很多成功的职业人士，越是疲倦的时候，越有精神，让人看不出他有丝毫的倦怠。工作起来依旧神情专注，走路时依然昂首挺胸，与人交谈时面带微笑，一副轻轻松松的样子，这样的人，自然会让老板觉得你是一个积极向上、值得信赖的人。

“工作狂”之所以被认为是一种不健康的生活方式，是因为其吃饭没有准点、睡觉更没规律、熬夜是家常便饭。但现在的心理学专家却提出了不同的见解：“最重要的是个人对工作的态度。对工作不满的情绪非常有损健康，而对工作的满足感则对健康有利。”

或许你有这样的感受：当人被卷进某种巨大的狂热之中时，是不知道累也不知道饿的，整天神采奕奕、精力无限，甚至根本不生病。工作狂正是这样的“狂热分子”，他们因为热爱自己的工作而全身心投入，工作时间虽长，但他却感到是一种享受而不是压力；相反，一种令人感到无能为力而又没有安全感的工作，才会对健康造成损害。

如今有不少企业提倡“工作就是娱乐”，这是非常聪明的做法。因为雇员如能在工作中找到乐趣，发现乐趣，这种源自工作又能推动工作的愉悦感，就能提供源源不断的工作激情和动力，帮助他们达到心态健康的快乐工作新境界。而这，也正是工作的最高境界！

小黄是一位公司白领，过年的时候，他没有买到回家的车票，于是决定用加班来度过这喜庆的日子。

年夜饭是一个人吃的，公司里的好朋友都回家了。平常可以呼朋唤友，但在这一天，所有的人都属于家庭。出租房里没有电视，小黄翻出了闲置多日的书，给心情加点儿营养，顺便计划了一下加班的日子要进行的工作。

首先要处理那些被一再推迟的琐碎小事，那些琐碎的小事从来没有被完成过，让人仿佛永远欠着巨额债务。午饭的时候，小黄惊喜地联系上了一个重要的客户，午饭时间在轻松的气氛和融洽的交流中度过。下午，一个人坐在办公室的宁静时间，不会有紧张压力，让小黄头一次清空了思想上的包袱，开始冷静思考，制订计划。事实上在办公室的气氛中思考，远比坐在咖啡桌前空想要现实和有意义得多。

业绩无疑是“工作狂”最好的回报。常有刚踏入职场的年轻人，不愿为工作牺牲哪怕一丁点儿的私人时间，坚拒加班，理由是——下班后的时间是属于我自己的，况且即使我加班，也未必能被领导看见，那还争什么表现？对于这种朋友，我们只能对其职场前途表示悲观和寄予同情。

加班岂止对公司有利？白天的干扰和杂事太多，相比之下，晚上尤其难得地能静下心来思考、学习和工作。如能充分加以利用，不仅可以借此及时充电、不断提升自身能力，更可以做出优于别人的成绩。你不得不承认的一点是，个人能力与绩效的提升最能说明问题：领导可能没看到你长期废寝忘食忙工作的剪影，但不会对你的进步视而不见。而你非但无须为此支付培训费，却要由单位因你的加班贴补电灯费、空调费、电话费，兴许还有加班费，岂非也是赢家？

休闲和赚钱，哪一个优先？

一位游客看见一个渔翁在海边闲散而卧，便问他为何不出海捕鱼。渔翁反问为什么要出海捕鱼，游客说可以卖鱼赚钱。渔翁问赚钱用来干什么，游客说那样就可以不干活了。渔翁问不干活了干什么，游客说就可以永远在海边休闲了。口令绕到这里，渔翁最经典的一句话就出来了——我现在不就在休闲吗！

我们可以把游客换成工作狂，把渔翁换成休闲一族。工作狂是历经千辛万苦之后再休闲，后者的主张则是现在开始就休闲。两种不同的观点，代表了处世哲学截然不同的两种人，而这两种人在国内的地域分布也颇耐人寻味。

从人们看电视的时间多少、快餐店的多少、步行速度的快慢、作息时间的不同以及其他指标里，可以分辨一个城市面对现在和未来的态度是忙碌还是懒散，并了解这是一个“海滨游客”闹猛扎堆的地方，还是“渔翁”密集汇总之地。

长沙是个懒散的城市，懒散的城市有一些共同点：很多时间花在桌上和嘴上；快餐业发达；多是旅游目的地；消费拉动经济；容易滋生艺术灵感；夜晚的精彩胜过白天……还有成都，一个月收入300元的人跟月收入3000元的人的生活形态，在本质上没有多大的差异，都一样地坐在那里喝茶打麻将，只不过茶水的价格和输赢的数目不同而已。笔者在成都出差，遥见一辆大卡车停在街旁不动，走近一看，车上赫然设了一桌麻将，四个人正怡然坐在那里大摆龙门阵呢。感觉上，即使在上班时间逛街，人气依然极旺，好似全城在轮班逛街，恐怕只有一场暴雨才能驱散路上的人群。

忙碌的城市也不难找到一些共同点：外来人口多；快餐店多；交通便利；物流兴旺；城强民富；跳槽现象频繁；品牌消费流行；交通事故多；身体和精神疾病多且对健康敏感；排队多；市民的城市自豪感和个人发展压力都很强；自由职业者多……在深圳、宁波等东部沿海城市，每个路口总有一队人等着冲锋，出租车24小时营业，便利店和快餐店的覆盖已达到“三步一亭、五步一岗”的地步。

西方有这么一句谚语：“没有痛苦就没有收获。”这句话最好的解释是在最新的一份调查里，在美国，有33%的人同意长时间工作，因为，长时间工作也就意味着有更高的收入，也就意味着经济繁荣和更高品质的生活。

几乎所有欢乐的取得都要经历痛苦，只是承受痛苦的方式不同而已。可是不管怎样，我们绝不应自暴自弃，为了成功，唯有竭尽全力，默默忍受一切。等待我们的当然并不都是成功和喜悦，但是我们最终明白，那些曾经奋斗拼搏的日子正是追求幸福的过程，也正是我们希望拥有的美好日子。

良好的精神状态不是财富，但它会带给你财富，也会让你得到更多的成功机会。

总之，不管加不加班，每天都要精神饱满地去迎接工作挑战，以最佳的精神状态去发挥自己的才能，去充分展示自己的潜能。这样，你的内心同时也会变化，变得越发有信心，别人也会越发认识到你的价值。

［提示］

1. 如果你想成为一名优秀员工，那么在加班的时候就不要满腹牢骚，你要知道，加班也是你工作的一部分，而且你还要把它做好。

2. 如果你能把工作当作一件快乐的事情来做，那么即使加班你也能找到其中的乐趣：夜深人静的时候，你可以把忙碌一天的紧张心情收起来，静静地坐在那里，总结一下这段时间工作上的得与失，并不是谁都可以拥有这样的时刻。

3. 加班的时候，不妨为自己准备一杯咖啡，它可以提神；也可以准备一些糖果，糖果可以令人心情愉悦。

现在流行这样一句话："做朋友容易，借钱难"。很多时候，我们身边有很多朋友，当你向朋友借钱的时候，他们就会以各种理由推辞，但也不乏借钱给你的人。不过，但凡不到万不得已，不要向朋友借钱。

职场之上，你想要成为一名优秀而成熟的职业人，最好谨慎向同事借钱或借钱于同事。

56. 职场中谨慎向人借钱或借钱于人

君子爱财，取之有道。

——孔子

很多人都会遇到同事或者朋友向你借钱的事情，数目小还好点，借给他吧，就算不还，你也可以不当回事儿；数目大就不太好办了，最后你碍于都是朋友的份儿上借给了他，他当时定会说，你放心，到时间我一定还你。你眼看着时间一天天过去了，可是，你的朋友一点还钱的意思都没有，你又不好意思开口，反正自己有钱花，但这样下去也不是个事儿啊，你就开始为钱烦恼了。

阿婧是IT行业的职员。将近30岁了还是小姑独处，是为数不多的单身贵族。只是她的人缘好像不太好，一个院的老同学私下都说她小气。总说就她工作好，负担又没有。可见，她不是一般的小气了。

一次，在她妹妹的婚礼上，他们一帮朋友同一桌吃酒。不知说了什么转到了借钱的事上，阿婧似乎也吃酒多了，拉住小梁小声说，都说我小气，可他们都是些什么人啊，借了钱三五年不还，要是真没有就算了，都小日子过得好好的，有钱请客、买皮衣，没钱还我。还说，你又不急用。天，我是肥肉吗？我的钱放在银行利息再低也不用倒找吧，最少用起来也方便。我是把他们当朋友才借的。可是……都说我赚钱多，可他们知道，我一年花多少钱去念书，还不知道什么时候就可能被炒。我有什么，自己不准备点钱行吗？今后，谁也别想从我手里借一分钱出去。我的钱是我一分一分赚的，那是血汗啊，提钱我就烦。

说着，阿婧的眼里有了潮意，小梁知道话深了。

他问，借出了多少？

阿婧伸出了两个手指。

二千元？

阿婧摇头，一共二万元，好几个人的。无一还款的。

要了吗？

要过，有的当面说了很多好话，说就还，一转脸就骂得可难听了；有的当场就阴了脸，说现在手头紧。借钱时满脸笑，还钱怎么这么难啊。我真是“人财两空”啊。要钱，这几个没一个说我好，都说我小气，外面还不一定传成什么样子。一提钱，朋友都没得做了。

一天，小梁在菜市场遇见阿婧买菜。小贩说找不开钱，他问多少啊，我有的。阿婧笑着说，不用，还要买点别的，一会再来就可以了。

远远看见阿婧进了超市买了口香糖出来，知道她是串钱去了。小梁对阿婧的小心，心里有点不是滋味。

阿婧是被朋友借钱借怕了，借钱不还不说，还在背后说她坏话，她当然不会再借钱给任何人，甚至一提到借钱两个字就烦。

所以说，职场之上，需要谨慎处理借钱于人，不是很好的朋友不要借钱给他，有这样一句话，不和朋友借钱，也不借给朋友钱；跟朋友借钱会使你忘了勤俭，借给朋友钱会使你人财两空。

虽然说得有些偏激，但是我们还是可以看出一些端倪来，两个关系不错的朋友或同事，一旦与金钱有了关系，他们的关系就可能会受到损害，伤害双方的感情。欠债就相当于你把自己的自由交给了别人。如果你不能到时偿还，你将羞于见到你的债主，和他说话时心里十分害怕，在他面前，你会找出种种借口来推托，渐渐地就会失去你的诚实。

小美又找阿丽借钱，这已经是第三次了，阿丽本想拒绝她，可又怕得罪人，最终还是借给了她。虽然每次只借几块钱，但只借不还总让人感觉很不是滋味，甚至一想起来就非常气愤。这种如鲠在喉的折磨持续了很长一段时间，后来，阿丽学会安慰自己，她对自己说算了吧，权当被抢劫了吧！

就这样阿丽对小美还钱已不抱任何希望。谁知有一天，小美居然把那些钱还给了阿丽，当时阿丽真有一种喜从天降的激动，差点儿热泪盈眶。

回到宿舍阿丽把这事告诉同室好友小娟时，她发现小娟表情十分复杂，一脸无奈，欲言又止，甚至五官都挪动了位置。天哪，怎么啦！她有什么不幸吗？

阿丽急忙追问再三，终于小娟红着脸说："很久以前你也找我借了 10 元钱呐！"

因为像借钱这种情况，借钱的人可能一转眼就忘了，而出借的人即使想起来也不好意思催讨。小娟当时听到阿丽这么一说，万般思绪涌上心头，她不知道自己是说好还是不说好，在阿丽的追问之下，小娟说了事情的本末。

借他人的钱，特别是小钱，你一定要记着还，如果在还钱时拖拖拉拉，稍有疏忽，朋友之间的信任、交情就会受到影响，很容易陷入感情交恶的地步。

“背后说人坏话，娶了朋友的妻，借钱不还”，这些是做人的大忌讳。两个关系不错的朋友或同事，一旦与金钱有了关系，他们的关系就可能会受到损害，伤害了双方的感情。

不到万不得已，千万不要借朋友的钱，哪怕是借1元钱。因为朋友之间一旦发生了借贷关系，他们之间平等的关系就破坏了，出借方往往就会居于上风，而借方则明显处于下风，这样借方一定会处于屈就的位置，没有了朋友间的平等关系，以后在工作和交往中可能就会受到很大的影响。

小高因家里急需用钱，向一个要好的同事借了2万元钱。此后，这位同事就在他面前趾高气扬，还经常将自己该做的事推给他去做，在工作中小高有了好主意或好创意时，那个同事就占为己有。

因为小高借了那个同事的钱，欠了他一份人情，所以说话做事都展不开手脚，连平日敢说的话，也不敢出声了。即使心里有怨言，也是埋在心里，敢怒不敢言。

小高也很郁闷，不就是借了他钱嘛，就这样对待我？

小高在后来的3个月时间里，憋足了劲，拼命工作，有时候也很少与这位同事说话，他不想再犯上面的错误，但是，这位同事还是会时不时地把自己分内的工作让小高帮他完成，小高表面上不动声色，背地里不知把他骂成什么样子了。

有一天，在办公室里，小高把2万元现金摔在这位同事的办公桌上，大家都很奇怪，平日里温文尔雅的小高今天是怎么了。

小高说话了：“好了，我把钱还给了你，你再也不用指使我干这干那了。”

大家从小高的话里也明白了几分，对这位同事的为人都表示怀疑。

当你伸手向朋友借钱时，你们之间就会显露出一种“控制权”的问题，很多的误会往往由此而产生。而某些借钱给你的朋友，会认为自己具有了某种权威，至少在决策工作上的事时，他们就自认为有说话权，而你也因“借人家口短”而不好意思反驳他。

小高还钱之前也只能忍气吞声，因为他毕竟拿了人家的手短，他也一直憋足了劲，想要赶快把钱还了，也好让大家都知道这位同事的真实为人。这位同事做得实在很过分，不过，小高与他的同事却因为两万元钱而看清楚了一个人的本质。

富兰克林在《致富之道》一书中就提醒人们不要随便向别人借钱，他说：“欠债就是相当于你把你的自由交给了别人。如果你不能到期偿还，你将羞于见到你的债主，和他说话的时候心里会十分害怕；在他面前，你会找出种种借口来推托，渐渐就会失去了你的诚实。”

富兰克林的话尖锐地道出了借钱对一个人的危害，它可以影响你的人际关系，影响你正常的人格。从另一方面说，借钱会使你养成不良的习惯，因为你仿佛觉得别人的口袋是自己的，因此，可能不断地去掏，这会使你难以自立，而自立是成功的前提，一个不能自立的人无法想象他会取得成功。因此，你要记住债务往往是一个人不能自立的开始，而随便向朋友借钱则是你的人际关系开始恶化、事业走向毁灭的开始。

小李是我的同事，和邻班的小刘是好朋友，平时两人关系很好。小刘没事总像长在我们单位一样。

两人各自谈恋爱了，但是两人还是一如既往的好，说将来把房子买在一起什么的。

后来，小刘贷款买了房子，小李的婚事似乎没有多大进展。小刘装修结婚了，小李也帮着忙前忙后的。只是小刘来找小李的次数越来越少了，小李提起小刘的次数也越来越少了，总以为是因为结婚的原因。小刘结了婚有了自己的家，自然不比单身时了。

小李的婚礼上小刘送来了礼物，很漂亮很别致，人却没来。小李的新房离小刘的很远。

小李后来说，小刘跟他是越来越疏远了。因为钱，说小刘装修需要钱，在他面前说缺钱。他没有吱声，因为他手头也很紧。他当时也在凑钱，因为没房子，女朋友家里一直不同意，女朋友的态度也摇摆不定。他也想买房子的，他说了钱不凑手。小刘也没吱声。

后来，小刘的另一朋友借了钱给他。小刘时不时说起这事，在很多场合里，说那朋友把钱从银行直接打入了他的借记卡上，他在银行一划多了2万元，关键时刻还得是朋友啊。脸上的笑意是满足的。在旁的小李从歉意到了尴尬，后来是无语。

那朋友成了小刘的座上客，小李说，朋友分贫富也就分了高低了。

小李与小刘就是因为钱而逐渐疏远了，很多时候，我们身边有很多朋友，一旦涉及到与金钱有关的事情，朋友就发生了改变。

前些日子，有一朋友感叹借钱，他说，我的幸福是因为我的贫穷，目前没有人问我借钱。我的幸福是因为我的满足，我目前还不用向人借钱。

古人说，朋友有通财之宜。没人敢说永远不用别人帮忙，不用借钱。也没人敢说，永远不会有人向你借钱。只是，我们珍惜自己的所有，也应该爱惜别人的所有。也许只有这样，人情才不会越来越薄。就像存款，我们储备的多，用时才可以取用的越多。

处理好同事之间的经济关系相当重要。由于平时会在一起聚会游玩，发生经济往来的情况可能会比较多，最好的办法是AA制。当然，特殊情况下向同事借钱也没有什么不妥，但记住要尽快归还。如果经常向别人借钱，会被认为是个没有计划的人，别人会对你的为人处世产生不信任。记住不要轻易欠别人一块钱，并把这一点作为一个原则。当然也不要墨守成规，遇到同事因高兴的事请客时不要执意拒绝，同时记得要多说一些祝贺的话。

［提示］

1. 如果你想要成为一名成熟的职业人，那么请你记住，不到万不得已，不要向你的同事借钱，如果借了，不管数额多少，你一定要按时归还，否则会影响你在职场上的名誉。

2. 有同事向你借钱的话，那么你一定要分清楚，如果是一般朋友，你大可以找一借口推辞掉，这样你就可以少很多不必要的烦恼了。

3. 很要好的朋友向你借钱，你最好还是借给他，因为不到万不得已，他也不好意思向你开口，不过，借条之类的相关字据还是需要写的。这与信任无关，是为了以后你们之间能友好相处。

与同事相处，太远了肯定不合适，人家会认为你不合群；太近了也不好，容易被人说闲话，而且也容易令上司误解，认为你是在搞“小圈子”。

所以说，不即不离、不远不近的同事关系，才是最理想的一种关系。

57. 工作之余多和同事协调关系

友谊不是别的，而是一种以善意和爱心去连接世上一切凡俗事物的和谐。

——西塞罗

在中国的处世哲学中，中庸之道被奉为经典，中庸之道的精华之处就是以和为贵。同事作为你工作中的伙伴，难免有利益上的或其他方面的冲突，处理这些矛盾的时候，你第一个想到的解决方法是和解。毕竟，同处一个屋檐下，抬头不见低头见，如果让任何一个人破坏了你的心情，说不定将来吃亏的是你，而不是别人。

与同事和睦相处，在上司眼中，你的分数将会上一个台阶，因为人际关系的和谐处理不仅是一种生存的需要，更是工作上、生活上的需要。

和同事相处是一件容易的事。和谐的同事关系让你和你周围同事的工作和生活都变得更简单，更有效率。工作中，每个人都感觉到自己是这一大家庭中的一分子，然而在实现这一共同目标的过程中，每一个人所扮演的角色又各不相同。如果你的同事，也包括你自己并不明白自己究竟在干些什么，目标是什么，那么不妨请教上司，让他帮你弄清（老板在这方面通常是会很乐于帮助的）。

李建军刚结婚不久，可能是自己仍沉浸在幸福当中，成天乐呵呵的。

转眼李建军已经结婚一个月了，他还是保持着这种傻乐的状态，这就不禁让他的上司郭总有些担忧。

有一天，郭总看见李建军又在那里发愣，他叫道："小李啊，来进我办公室一下。"

李建军跟着郭总进了办公室，郭总先问道："结婚已经一个月了，感觉挺好的吧?"

小李如同一个羞涩的青苹果，一脸红晕，"谢郭总关心，挺好的。"

郭总也被他的表情给逗乐了，呵呵，"工作如何?"

小李的脸色起了变化，不过，他还是说，还行。

以郭总阅人无数的经验，他知道李建军应该是遇到什么问题了，"没事，我是你的上司，工作上有问题，你大可以和我说。"

小李寻思了半天说："我觉得，我一方面还被新婚的喜悦冲击着，另一方面，我还感觉到我肩膀上的责任，我不仅仅是一个丈夫，我还会成为一个父亲，有高兴也有忧虑，我怕我……"

郭总感觉到小李话中的意思，这让他回想起了自己刚结婚的那会儿，也有与小李相同的思虑。

在接下来的两个小时里，郭总与小李的交谈很愉快，临走的时候，小李很感谢郭总对他说的这一番话。

郭总让李建军与刘波搭档一段时间，他认为他们是最适合的工作伙伴，刘波刚做了父亲，在工作上可以帮助小李，生活上也可以起到示范的作用。结果真的像郭总预料的那样，他们搭档得很好，完成了一个又一个大的case。

同事们如果目标明确，那么实现目标就容易得多。平时不妨和你周围的同事谈谈你们共同的工作志向，一来可以让自己了解自己的工作职责，另外还可以得知你周围的人是怎样看待你的工作的。清楚自己的权限职责，并懂得如何朝着目标迈进，这种良性循环会在公司内部形成一种和谐的气氛并能培养一支高素质的团队。在同事们都有共同目标的前提下，同事之间出现的问题往往都因担心影响工作而很快解决。

和团队工作没多大关系的简单手势也可以提高你和同事相处的能力。随时对他人保持兴趣，也不要整天对你的同事喋喋不休地谈论工作上的事，你完全可以利用早上的一点时间，问候一下你的同事，或者聊几句，例如，他们坐什么车上下班，或者是问问他们在这个公司做多久了等都可以。

你的同事对你的了解也相当的重要。制造一些机会和大家一起外出。如果你收到别人的邀请，要欣然接受。和同事一起打球、一起共进午餐都是和同事相互沟通、相互了解的有效途径，从而建立一种积极的、良性的工作伙伴关系。

如果你的同事今天很糟糕，并且对你又有些出言不逊，这时最好不要计较，因为这不是针对你个人的，这一切很快就会过去。如果某人的行为真让你忍无可忍，并且像你上司一样对你指手画脚，并对你大吼大叫支使你做这做那，你很可能会想要找你的上司来处理这个问题。这不是个坏主意。但大多数情况下，老板比较关心某人的行为是否严重影响了员工的士气，或是工作有没有按时完成。

尽可能和同事保持一致，并要注意，你现在是不是太尽责或是有点不合群，还是责任心不够。如果你离开想泡杯咖啡，要问问你周围的同事他们是否需要。你如果想尽能力所及去帮助他们，他们会更乐于回报你，付出你想得到的。你需要帮忙的时候，也可以请求别人的帮助，并乐于尽自己所能帮助别人。

你和同事之间的关系不仅仅是协作，对于你更重要的是一个竞争伙伴。如果你跟他亲密无间，连你最隐私的事他都知道，那么在将来的竞争当中他可能以此要挟，来点中你的命门死穴，如果那样的话，你岂不是很被动吗？

与同事相处，太远了肯定不合适，人家会认为你不合群；太近了也不好，容易说闲话，而且也容易令上司误解，认定你是在搞小圈子。所以说，不即不离、不远不近的同事关系，才是最理想的一种关系。

“好朋友最好不要在工作上合作”，有一定道理。

一天，公司来了一位新同事，他不是别人，正是郭亮的好友薛晓明。郭亮眼看着他走进上司的办公室，伸着脖子朝他做鬼脸，薛晓明终于看到了，也朝郭亮抱以久未相逢的微笑。

郭亮想到他可能会成为自己的搭档，心里十分高兴。结果真的如他所料，上司将薛晓明交托给郭亮，让郭亮先介绍公司分工和其他制度。

出了上司的办公室，郭亮就把自己的胳膊搭在薛晓明的肩膀上，这时候，公司的同事就有人在那里交头接耳了。这一点并没有引起他们两个人的注意。

在公司里，他们是搭档，合作得很愉快，工作效果也不错。

由于他们十分了解对方，私底下也很关心对方，他们跟原来在大学里一样，一起去逛街、闲谈、买东西、打球，公司里就出现流言蜚语，说什么的都有，甚至还有传他们会不会是一对？这令郭亮与薛晓明很烦恼，怎么会这样？

其实，这都得怪他们两个人走得太近了，两个男人成天形影不离，又都没有女朋友，能不招人在背后猜测吗？所以说，即使是再好的朋友在一起共事，也应该保持适当的距离，只有这样，你才能成为一个真正受同事欢迎的人。

当一位旧同事吃回头草，重返公司工作时，你有必要注意自己的态度。因为旧人对你和公司都有一定的了解，也就是说他并不需要时间去适应。首先，你得清楚，这位仁兄以前的职级如何？与你的关系怎样？他的作风属哪一类型？如今重返旧巢，他的地位会改变吗？

此君若以前与你共过事，请不要在人前人后或他面前主动再提以往的事，就当是新同事合作吧，避免大家尴尬。要是他过去与你不相干，如今却成了拍档，不妨向对他有些了解的同事查问一下他以往的历史，但要装作轻描淡写，不留痕迹。

不论职位高低，每个人都有自己的工作范围和责任，所以在权力上，切莫喧宾夺主。不过记着永不说“这不是我分内事”这类的话，过于泾渭分明，只会搞坏同事间的关系，你应当学会体谅别人。在筹备一个任务前，谦虚地问上司：“我们希望得到些什么？” “要任务顺利完成，我们应该在固有条件下做些什么？”

比较小气和好奇心重的人，聚在一起就难免说东家长西家短，成熟的你切忌加入他们一伙。偶尔批评或调笑一些公司以外的人，倒是无伤大雅，但对同事的弱点或私事，保持缄默才是聪明的做法。

王宏在公司里人缘极差，其实这样的局面都是她自己造成的。

在公司里，中午饭一般都是到外面吃，过去王宏喜欢拉帮结伙，今天与李四一起去，明天与张三一起去，然后有说有笑地回来，在吃饭的过程中，王宏会收集到一些员工的个人资料，回到公司之后，她再用自己的“语言”说给身边的同事听，开始的时候，大家还会在好奇心的作用下，饱饱耳福，可时间长了，这些话终会传到当事人的耳朵里，当事人就会十分气愤，我当时不是这样和她说的，她造谣。

一个人这样说还不算什么，关键是很多员工都说王宏说的事情不属实，慢慢的，大家就开始疏远她，因为和她在一起没有安全感，说不定哪天，自己的私事就会变成流言蜚语被四处传播了。

大家在一起工作，都是同事，应该一视同仁，一般远近。不能今天跟张三好，明天又背弃张三跟李四好，不去团结大多数，非要去搞“小圈子”。这样做的人本意是想在自己周围团结一伙人，结果不但脱离了大多数，有时连暂时笼络的几个人也会离你而去。因为你抛开大多数，只与几个人亲热，大多数人会对你产生看法。你笼络的几个人，因为不是在原则基础上的团结，是以个人利益为准绳的结合，一旦个人利益得不到满足，便会反目为仇。在现实生活中，每个人都有朋友，亦有对手，可是更多的是跟你无冤无仇、无恩无义的关系。真正拥护你的和真正反对你的都是少数，关键时候得票多少主要取决于对你不亲不近这部分人对你的评价。如果你抛开大多数，很显眼地只与几个人交往过密，你我不分，很可能失掉大多数人。

人与人相处，最忌交浅言深。这种情形如果发生在办公室，它所造成的负面影响不容忽视。

小黄刚来到一个新的工作环境，同事对他表示友善而欢迎的态度，大家一起，无所不谈。但其中一名同事跟他最谈得来，乐意把公司的种种问题及每一位同事性格都说给他听。

小黄本来对公司的人事一无所知，自然也很珍惜这样一位“知无不言，言无不尽”的同事，彼此显得相当投契，他开始将平时看到什么不顺眼、不服气的事情，也与这位同事倾吐，甚至批评其他同事的不是，借以发泄心中的闷气。

有一天，小黄被上司叫进办公室，上司的脸色极为难看，小黄站在一边不敢说话。

“你不是挺能说会道的吗？现在怎么不吱声了？”

小黄被上司突如其来的话给问傻了，只好保持着沉默。

“是你说我‘老拉着一张老脸，自己还不知道难看，总以为还了不起呢？’”

这会小黄真的傻了，这话他是说过，不过是说给一个人听，就是对他十分要好的那位同事。

须知道“来说是非者，便是是非人”。你了解这位同事有多少，你怎么知道你与对方不过数月的交情，比他与其他同事的感情来得深厚？为这一时之快，你把不该说的话说出来，对方手上便有了一张王牌，随时随地都可以加害你，把你曾批评过其他同事的话公之于众。

同事是同事，朋友是朋友，好朋友是好朋友，这些关系在你的脑中应当有个清晰的印象，绝不能混淆了其中的任何一种关系，否则，你是要吃大亏的！

好同事并不等于好朋友，朋友圈是八小时之外的天地，而同事则是八小时之内的空间。好朋友之间的友谊，多数是建立在共同的性格、经历、爱好、习惯等不可选择的“天然因素”之上；而好同事之间的友谊固然也不能排除这些因素，但双方之所以能“好起来”的原因，则多数是由于共同的工作态度，在单位中共同的地位、处境和工作经验，乃至对某些领导的共同不满，及对某些同事的共同看法等临时性因素的作用。

好同事也许在你工作上因大意出小差错时，在你因私事迟到早退或花 3 个小时吃午饭时，为你隐瞒、掩护。然而如果都面临共同的利益得失，难以同时顾及的时候，好同事也许只能是先向你道声“对不起”，然后便义无反顾地舍你取他了。而你那些好朋友们的做法也许正好“恰恰相反”。

如果把好同事等同于好朋友就不对了。同事毕竟是同事，与朋友不可同日而语。

每个人都有自己的岗位与责任，能够尽本分做好自己的工作，已属难能可贵。若要助人排难解困，就要视具体情况而定。如果他根本不想张扬出去，而想借此机会考验一下自己的能力，计划独自面对困难，而你却一相情愿，强迫同事接受你的援助，这不是会适得其反吗？

如果你想扮演和平天使的角色，首先你要学会体谅别人，尊重对方以自己的方式解决困难的权利，勿自视太高，以为同事必是独木难支，急需你的援助。

积极、主动地拓展同事关系，与同事建立起良好的友谊与私交当然是没错的，但要注意“火候”，免得吃力不讨好，弄得“乘兴而去，败兴而归”。

［提示］

1. 保留意见：过分争执无益自己且又有失涵养。通常，应不急于表明自己的态度或发表意见，让人们捉摸不定。谨慎的沉默就是精明的回避。

2. 认识自己：促进自己最突出的天赋，并培养其他方面。只要了解自己的优势，并把握住它，则所有的人都会在某些方面显赫。

3. 绝不夸张：夸张有损真实，并容易使人对你的看法产生怀疑。精明者克制自己，表现出小心谨慎的态度，说话简明扼要，绝不夸张抬高自己。过高地估价自己是说谎，它会损坏你的声誉，对你的人际关系产生十分不好的影响，有损你的风雅和才智。

4. 适应环境：适者生存，不要花太多精力在杂事上，要维护好与同事间的关系。不要每天炫耀自己，否则别人将会对你感到乏味，必须使人们总是感到某些新奇。每天展示一点的人会使人保持期望，不会埋没你的天资。

5. 取长补短：学习别人的长处，弥补自己的不足。在同朋友的交往中，要用谦虚、友好的态度对待每一个人。把朋友当作教师，将有用的学识和幽默的言语融合在一起，你所说的话定会受到赞扬，你听到的定是学问。

6. 言简意赅：简洁能使人愉快，使人喜欢，使人易于接受。说话冗长累赘，会使人茫然，使人厌烦，而你则会达不到目的。简洁明了且清晰的声调，一定会使你事半功倍。

7. 绝不自高自大：把自己的长处常挂在嘴边，常在别人面前炫耀自己的优点，这无形中贬低了别人而抬高了自己，其结果则使别人更看轻你。

8. 绝不抱怨：抱怨会使你丧失信誉。自己做的事没成功时，要勇于承认自己的不足，并努力使事情办得圆满。适度地检讨自己，并不会使人看轻你，相反总强调客观原因，抱怨这抱怨那，只会使别人轻视你。

9. 不要说谎、失信：对朋友、同事说谎会失去朋友、同事的信任，使朋友、同事不再相信你，这是你最大的损失。要避免说大话，要说到做到，做不到的宁可不说。

10. 目光远大：当财运亨通时要想到贫穷，这很容易做到。聪明人为冬天做准备。一定要多交朋友，维护好朋友、同事之间的关系，总有一天你会看重现在看来似乎并不重要的人或事。

11. 要处处替他人着想，切忌以自我为中心。要搞好同事关系，就要学会从其他的角度来考虑问题，善于作出适当的自我牺牲。

要做好一项工作，经常要与别人合作，在取得成绩之后，要共同分享，切忌处处表现自己，将大家的成果占为己有。提供给他人机会、帮助其实现生活目标，对于处理好人际关系是至关重要的。

替他人着想还表现在当他人遇到困难、挫折时，伸出援助之手，给予帮助。良好的人际关系往往是双向互利的。你给别人的种种关心和帮助，当你自己遇到困难的时候也会得到回报。

12. 要胸襟豁达、善于接受别人及自己。要不失时机地给别人以表扬。但须注意的是要掌握分寸，不要一味夸张，从而使人产生一种虚伪的感觉，失去别人对你的信任。

13. 要掌握与同事交谈的技巧。在与同事交谈时，要注意倾听他的讲话，并给予适当的反馈。聚神聆听代表着理解和接受，是连接心灵的桥梁。在表达自己思想时，要讲究含蓄、幽默、简洁、生动。含蓄既表现了您的高雅和修养，同时也起到了避免分歧、说明观点、不伤关系的作用，提意见、指出别人的错误，要注意场合，措辞要平和，以免伤人自尊心，产生反抗心理。幽默是语言的调味品，它可使交谈变得生动有趣。简洁要求在与人谈话时掌握该说的说，不该说的不说。与人谈话时要有自我感情的投入，这样才会以情动人。当然要掌握好表达自己的技巧，需要不断地实践，并不断地增加自己的文化素养，拓宽自己的视野。

14. 要抽时间和同事打成一片。培养自己多方面的兴趣，以爱好结交朋友，也是一种好办法。另外，互相交流信息、切磋自己的体会都可融洽人际关系。

一个人缘好的员工在企业当中一定能顺风顺水，工作生活起来也会格外顺利，要想做到这一点，有时候你就要学会说善意的谎言。

58. 学会说善意的谎言

有时候善意的谎言能够化解一切的不快。

——莎士比亚

企业是社会的一部分，或者说企业本身就是一个社会的缩影，其中，人是企业最主要的构成部分，一个优秀的员工在努力做好工作的同时，更应该协调好人与人之间的关系。如果和同事或者上司的关系处理不好，工作也就不可能做好。上司与员工或员工与员工之间就好像大脑和各个器官，有效的交流就是联系其中的神经，而神经是否能够通畅无阻，主要靠大家能不能做到善解人意。

善意的谎言是做到这一点的不二法门。在工作当中，与主管或者同事出现摩擦或意见不统一很正常，这时候需要你马上去做的不是伸长脖子去争论谁对谁错，而是要冷静下来，把自己放在对方的角度上仔细想想，总结寻找出矛盾的根源，求同存异，达成共识。毕竟做好工作，维护好公司内部和谐、团结的气氛是最重要的，就算通过争吵证明了你是正确的，但对于解决问题来说却一点好处也没有，因此这时你就应该说一些善意的谎言，可以先假装同意他们的见解，等事情过去之后再旁敲侧击地阐明你见解的正确性，这样的话他们就会有一个平静的心情来考虑你的问题了。

与上司交往的诀窍在于在第一时间准确地领会上司的意图，很多员工对上司有生疏和恐惧感，一看见上司就噤若寒蝉，好像老鼠见了猫一样，想方设法逃避与上司正常的面对面的交流，更别说在提出意见的时候说一些善意的谎言了。不知你想过没有，长此以往，在你与上司之间就会形成阻断交流的高墙。理所当然的下次晋升的机会也就与你无缘了。

切尼下属的一个分公司进行人事调动，主管肯亚对年轻员工约翰说："把手头的工作放下，去销售部工作吧，我想那里更适合你。你有什么意见吗？"

约翰嘴巴动了动，说道："意见？您是主管，我能有什么意见，去就是了。"其实，他对此很有意见，当时销售形势不尽如人意。他私下暗想：这一次人事变动把我调到那个最不好的部门去，肯定是主管肯亚捣的鬼，见我工作出色就伺机报复，怕抢了他的位置。好吧，你就等着瞧吧，我会让你难堪的。

到了销售部，约翰一直一副阴沉的样子，对所有的新同事也都爱答不理，别人主动和他打招呼，他也只是木然地点一下头，一点诚意都没有。一来二去，同事们渐渐疏远了他。

有一天，一个重要客户打电话来，请约翰转告肯亚，说第二天叫肯亚到客户那里参加一个洽谈会，请肯亚务必到，因为这关系到一大笔业务。约翰认为这是绝好的报复机会，他装扮成没事人一样，打着口哨回家了。

第二天肯亚将他叫进自己的办公室，很严肃地说："约翰，客户那么重要的通知你为什么不告诉我呢？你知道吗？要不是客户早晨打电话催，险些耽误了一千万美元的大生意啊！"

肯亚接着说道："本来我认为你工作表现良好，就是待人处世欠老练，想趁此机会对你加以磨炼，然后重用你，可现在，你不但不和我多沟通，反而暗中使绊，部门的前途差一点儿毁在你手里。对不起，我只能遗憾地宣布你被解雇了。"

同样的悲剧在很多企业里上演，一个本来有可能提升的、工作能力很强的员工往往就因为缺乏交流而与上司背道而驰，最后离开了公司。这既是个人的损失，也是企业的遗憾，试想如果约翰当时能够说些比如“我可能不适合销售部”之类的善意谎言，或许主管肯亚就会告诉他自己的真正用意，那么故事也一定会是另一种结局。

丹尼是希尔顿公司亚洲事务部的总经理助理，她善解人意，总是能在经理做出决定前就安排好一切，因此颇受经理的倚重。

经理的健康状况一直不是很好，丹尼就经常假装说自己略懂医术，要经理时刻注意一些对其身体有害的事情，其实丹尼是私下与经理的私人医生保持着密切联系，并让他的医生不要告诉他此事。于是，丹尼也就能随身带着一些必备的药品，对经理的起居饮食等也根据其习惯和健康状况安排得井井有条。

即使是诸如外出等生活上的细节，丹尼也能根据经理的身体状况来妥帖安排。

有一次，经理下榻在日本东京的一家酒店，一进房间，他就惊喜地发现窗帘是自己最喜欢的米黄色，床上摆着一对很小的枕头——这位经理腰椎经常有疼痛的毛病，平时睡觉时习惯用这种小枕头垫在腰下。但他不愿意让他的下属知道他有腰椎疼痛的毛病，他怕下属因此而特别地关照他这位“病人”，甚至连丹尼他也没有说。

经理就问丹尼：“这家酒店怎么跟别的酒店不一样？他们给客人用的都是这样的小枕头吗？”

丹尼笑了笑说：“东京很多酒店都会配有这样的小枕头，而并非就这家酒店有。”其实这是丹尼两天前订房间的时候特意让酒店备的。

经理当然知道丹尼在说谎，既然这是一个善意的谎言，经理也就会心地笑了笑，从心底里感激丹尼。

后来，经理因为健康的原因，不得不辞去了工作，在他的极力推荐下，丹尼接替他成为希尔顿公司亚洲事务部的总经理。

很多时候看似你对老板或上司说了谎言，但往往能决定你的未来。善意的谎言有时候总是能把握住与老板或上司的沟通机会，甚至赢得他们的感激。

上司因为需要面对很多员工，所以有些时候在表达上往往过于程式化，这就需要你对上司多加体谅和理解，可以适当地说一些赞同上司观点的谎言，而不是直接挑剔或讽刺。如果你能用善意的谎言引起上司与你沟通的意图，并不失时机地表现自己，就可以让上司更早地发现你的才能，你也就能获得比现在高得多的重用。

另一方面，在你与同事相处的时候，善意的谎言有时候是你与同事沟通的桥梁，它是打开同事心扉的万能钥匙。同事是什么？同事就是半个朋友加半个家人。现代职员每天的大多数时间不是与家人相处，而是在公司里和同事相处，试想一个冷冰冰的、丝毫没有人情味的工作环境是多么地令人难以忍受。

呆板、沉默和不善说善意的谎言是与同事相处的毒药，它能在你和同事之间筑起一道冰冷的高墙，阻断了交流的所有通道，这样又怎么能做好工作？一位企业家曾说过："一个不会说善意的谎言，把自己与别人隔离起来的员工只会让自己待在角落里发霉，而不可能胜任任何工作。"管理者对于员工之间交流的重视可见一斑。

相信我们每个人都曾经碰到过自己因为说了真话而让人下不来台的尴尬情况，也因此而得罪了不少人，让自己的人际关系一落千丈，这就好比皇帝的新装，主要的原因就是你不会说善意的谎言。

个人的学识、经验和力量终究有限，如果不能协调好与同事之间的关系，刻意地把自己关在一个小圈子里，对他人漠不关心，纵使他有再强的能力，也不会有大的作为。现代企业更多讲求的是合作，而主动地沟通与交流是员工间合作的基础和前提。假如你能够做到说一些善意的谎言来赢得同事的好感，你会发现，工作其实并不是一件很无聊、枯燥的事情，你会拥有良好的人际关系和友善的工作氛围，这往往会让你工作起来更有活力，更有效率。

在职场中，很多人的工作是直接面对客户的，在你与客户的交流过程中，有时候也需要一些善意的谎言，因为你要想使客户达到满意，就得知道客户的心理，而作为人来说赞美总比挖苦更容易接受，即使你的赞美只是一个谎言。

乔·吉拉德是世界上最伟大的销售员，他连续12年荣登世界吉尼斯纪录大全世界销售第一的宝座，他所保持的世界汽车销售纪录——连续12年平均每天销售6辆车，至今无人能破。

乔·吉拉德认为诚实虽说是推销的最佳策略，而且是唯一的策略。但绝对的诚实却是愚蠢的。他说推销是容许谎言的，这就是推销中的“善意谎言”原则，乔对此认识深刻。

有一次，有一位顾客带着他的太太和儿子一起来看车，乔·吉拉德虽然觉得那位顾客的孩子实在是长得难看，但还是对顾客说：“你的小孩真可爱。”

那位顾客听了乔·吉拉德的话很高兴，交易就在这种轻松愉快的氛围中顺利地达成了。

乔·吉拉德善于把握诚实与奉承之间的关系。尽管顾客知道乔·吉拉德所说的不尽是真话，但他们还是喜欢听这种赞美人的善意的谎言。

有时，顾客会问乔·吉拉德他的旧车可以折合多少钱，遇到这样的情况有的推销员可能会粗鲁地说：这种破车……但乔·吉拉德绝不会这样，他这时会说这样善意的谎言：一辆车能开上12万公里，说明你的驾驶技术的确高人一等。这些话使顾客开心，立刻赢得顾客对你的好感。

有一天，一位中年妇女从对面的福特汽车销售商行走进了吉拉德的汽车展销室。她说自己很想买一辆白色的福特车，就像她表姐开的那辆，但是福特车行的经销商让她过一个小时之后再去，所以先过这儿来瞧一瞧。

“夫人，欢迎您来看我的车。”吉拉德微笑着说。

妇女兴奋地告诉他：“今天是我55岁的生日，想买一辆白色的福特车送给自己作为生日礼物。”

“夫人，祝您生日快乐！”吉拉德热情地祝贺道。随后，他轻声地向身边的助手交代了几句。

吉拉德领着夫人从一辆辆新车面前慢慢走过，边看边介绍并时不时地赞美夫人几句，说她长得这么年轻，根本看不出55岁的样子，说得那位夫人很是开心。

当他们来到一辆雪佛兰车前时，乔·吉拉德说：“夫人，您对白色情有独钟，瞧这辆双门式轿车，也是白色的。”

就在这时，助手走了进来，把一束玫瑰花交给了吉拉德。他把这束漂亮的花送给夫人，再次对她的生日表示祝贺。那位夫人感动得热泪盈眶，非常激动地说：“先生，太感谢您了，已经很久没有人给我送过礼物。刚才那位福特车的推销商看到我开着一辆旧车，一定以为我买不起新车，所以在我提出要看一看车时，他就推辞说需要出去收一笔钱，我只好上您这儿来等他。现在想一想，也不一定非要买福特车不可。”

后来，这位妇女就在吉拉德那儿买了一辆白色的雪佛兰轿车。

正是这些许许多多的细小行为和驾驭善意谎言的能力，为吉拉德创造了空前的效益，使他的营销取得了辉煌的成功。

诚为上策，这是你所能遵循的最佳策略。可是策略并非是法律或规定，它只是你在工作中用来追求最大利益的工具。因此，诚实有一个程度的问题，有时候善意的谎言却能帮你在职场中取得意想不到的成功。

在沃尔玛的员工培训当中，重要的一项内容就是把员工置于顾客的位置上，让员工充分体验顾客的感受：他们有什么要求？需要什么样的服务？对企业有什么希望？通过这种换位思考，员工们就很容易发现很多顾客都喜欢善意的谎言，特别是赞美他们的谎言。

［提示］

1. 当同事穿了一件新衣服的时候，你不管好看还是难看，都应该说点好听的，比方：你今天这身衣服看起来真精神……虽是善意的谎言，但对同事来讲却很中听。

2. 当你去谈客户的时候，你可以不失时机地夸一下他的手表、衣服等等，这都能令他感到开心，也有利于你工作的完成。

3. 遇到年纪比较大的客户时，你不妨这样说：您看起来很年轻！对方知道是恭维话也不要紧，因为没有人希望有人说自己老的，这也是人性。